南开人文社科文库

从无限供给到有限剩余

——中国经济发展中的剩余劳动与刘易斯转折问题研究

郭金兴 王庆芳 著

南開大學出版社
天 津

图书在版编目(CIP)数据

从无限供给到有限剩余 ：中国经济发展中的剩余劳动与刘易斯转折问题研究 / 郭金兴，王庆芳著. —天津 ：南开大学出版社，2021.1

（南开人文社科文库）

ISBN 978-7-310-06087-0

Ⅰ. ①从… Ⅱ. ①郭… ②王… Ⅲ. ①农村剩余劳动力—劳动力转移—研究—中国 Ⅳ. ①F323.6

中国版本图书馆 CIP 数据核字(2021)第 005499 号

从无限供给到有限剩余：中国经济发展中的
剩余劳动与刘易斯转折问题研究

CONG WUXIAN GONGJI DAO YOUXIAN SHENGYU:ZHONGGUO JINGJI
FAZHAN ZHONG DE SHENGYU LAODONG YU LIUYISI ZHUANZHE WENTI YANJIU

南开大学出版社出版发行

出版人:陈　敬

地址:天津市南开区卫津路 94 号　　邮政编码:300071

营销部电话:(022)23508339　营销部传真:(022)23508542

http://www.nkup.com.cn

天津午阳印刷股份有限公司印刷　全国各地新华书店经销

2021 年 1 月第 1 版　　2021 年 1 月第 1 次印刷

210×148 毫米　32 开本　10 印张　1 插页　286 千字

定价:42.00 元

如遇图书印装质量问题,请与本社营销部联系调换,电话:(022)23508339

本书得到国家社科基金青年项目“中国农业剩余劳动力的估算：理论与实证”（批准号：07CJL018）、中央高校基本科研业务费项目“中国经济重大问题的理论争论研究”（批准号：63182003）和南开大学中国特色社会主义经济建设协同创新中心项目“中国跨越中等收入陷阱的政治经济学分析”的资助，特此致谢。

前　言

长期以来，作为一个人口众多，耕地有限，且以农耕文明为根本社会、经济和文化支柱的发展中国家，中国经济似乎特别适用于由刘易斯开创的古典二元经济范式。作为刘易斯古典二元经济范式的核心概念，中国农村地区和农业生产中的剩余劳动问题历来受到国内外学者的高度重视。对中国农村过剩人口的研究甚至可以追溯至 20 世纪 30 年代的民国时期。黄宗智（2000）以“过密化”或“内卷化”解释为何中国经济长期处于马尔萨斯高水平陷阱。经济规模的扩张带来人口的增加，新增的人口消耗掉所有的农业剩余，经济增长仅体现为经济总量和人口数量的增加，人均收入水平长期保持不变，甚至还有所下降，经济发展停滞不前。为了糊口，人们不得不在有限的土地上投入越来越多的劳动，劳动边际产出持续下降，直至微乎其微，这是中国版本的刘易斯发展范式。如何推动经济发展，转移剩余劳动，实现现代意义上的经济增长，是中国经济几百年来未解的难题。

我国实行改革开放后，逐步解除了长期束缚中国农民的制度枷锁，数以亿计的中国农民像舒尔茨所描述的农民资本家那样，以无比的活力和创造性，充分利用一切可以获得的获利机会。20 世纪 70 年代早期开启的乡村工业化点燃了农村剩余劳动转移的火种，20 世纪 90 年代之前乡镇企业的飞速发展，90 年代以后世界历史上罕见的乡—城人口流动，使数亿的农村剩余劳动在短短的时间内，由田间走进工厂，由农村走向城市。劳动力在工农、城乡之间的重新配置，是中国经济保持长期持续快速增长的根本动力，是中国成为世界制造工厂的根本要素。变革经济结构，突破马尔萨斯高水平陷阱，实现现代经济增长，创造中国经济奇迹，背后都有亿万农民和农民工辛勤劳动的身影。

多年来产业之间和城乡之间的劳动流动，孕育了中国劳动市场的巨大变革。节约劳动型的农业技术变迁，农产品价格上涨引发的结构性通货膨胀，非熟练工人的短缺和工资上涨，从不同侧面为这一变革提供佐证。时至今日，中国农村和农业生产中还有多少剩余劳动，其数量和结构发生了哪些趋势性的变化，未来是否还能继续作为中国经济增长取之不尽、用之不竭的劳动供给的蓄水池，劳动供给的历史性变革对未来的中国经济发展会产生哪些重要影响，目前的劳动、产业和宏观经济政策是否需要进行有针对性的调整，这一系列关系中国未来经济增长和经济发展的重要问题，有赖于对我国剩余劳动数量和结构的发展现状与变化趋势进行较为准确的估计。

本书的实证研究表明，我国剩余劳动数量和结构确实已经发生了重要的变化。伴随着农村劳动的大规模转移，农村剩余劳动的数量持续下降，且剩余劳动的结构以年龄较大、受教育程度较低的女性劳动者为主，劳动力转移的能力明显低于已经转移的其他农村劳动者，农村劳动已经由无限供给转为有限剩余。但是，这并不意味着剩余劳动的供给已经完全枯竭，这是因为在已经实现转移的劳动者中，非正规就业和非充分就业仍是重要的就业形式。中国未来就业的困难不仅仅是创造更多的就业机会，而是实现更充分、更高效、更体面的就业。显然，这与中国的经济发展转型、产业结构升级、提高劳动报酬比重、加强劳动者权益保护等重要的经济发展问题紧密联系在一起。在农村剩余劳动数量和结构已发生重要变化的背景下，本书继而关注城镇非正规就业问题，是理论与现实发展合乎逻辑的结果。

刘易斯转折是古典二元经济发展中的重要节点。2003 年以来越来越明显的“民工荒”和工资成本的上涨引发了关于中国是否实现刘易斯转折的激烈讨论。剩余劳动的估算是判断中国经济是否接近、实现或超越刘易斯转折的重要标准之一，而对非正规就业的研究则为分析刘易斯转折的现状及其影响提供了新的视角。对刘易斯转折的判断标准、主要争论和重要影响进行系统的分析，有助于更好地理解我国当前发展阶段的主要特征，以更好地把握未来经济发展的趋势，为制定相应的发展战略和经济政策提供科学的依据。

本书对中国经济发展中的剩余劳动、非正规就业和刘易斯转折问题进行系统的研究，包括以下相互联系、逻辑连贯的三部分。

第一部分是农村剩余劳动的理论探讨和实证研究。第 1～2 章探讨剩余劳动理论的发展与演变，以及国内外实证研究结果。自刘易斯提出剩余劳动这一概念以来，秉承理性和最优传统的新古典经济学家不断从理论和实证上提出异议，难以接受传统部门劳动边际产出为零或为负的零值剩余劳动假定。一些发展经济学家对此做出回应，并促进了相关理论的发展。本书通过对实证部分文献的梳理，归纳了剩余劳动估算的主要方法及其对应的剩余劳动概念，这有助于理解估算结果的差异。第 3 章考察农业剩余劳动的数量和变化趋势。本章运用随机前沿模型，利用各省农业生产的产出和要素投入数据，估计 1996～2005 年农业剩余劳动的数量。第 4 章应用直接估算法估计了 2002～2010 年我国农村剩余劳动的数量和结构，发现近些年我国剩余劳动的数量在迅速减少，结构也发生了明显的变化，剩余劳动转移的能力尤其是异地转移的能力在不断下降。

第二部分是中国当前刘易斯转折问题研究。2007 年左右，蔡昉（2007a）率先提出伴随着人口结构变化的“民工荒”并不是短期的或周期性的现象，而是劳动力从无限供给到有限剩余的重要标志，中国经济已经接近或跨越了刘易斯转折点。这一观点引发了学术界的广泛争论。第 5 章对当前刘易斯转折的悖论、争议和共识进行了系统的梳理。第 6 章研究在刘易斯转折的背景下，二元经济结构调整对结构性通货膨胀的影响。农业部门与非农部门的结构调整是二元经济发展的重要内容，而剩余劳动转移是调整工农部门结构的重要方式。伴随着两个部门之间的结构调整，工农业贸易条件将会发生有利于农业部门的变化，即农产品与工业品的相对价格上涨，进而造成食品类价格的上涨。由于食品类价格在 CPI（Consumer Price Index，居民消费价格指数）统计中一直占有很高的比重，如果以 CPI 作为衡量通货膨胀的主要指标，工农业贸易条件的变化将会表现为较高的通货膨胀率。这种由相对价格变化引起的通货膨胀是一种结构性的通货膨胀，并非绝对价格水平的上涨。本章在实证分析部分分析了食品类价格变动对CPI的影响，对食品类与非食品类的价格变化进行了比较；建立计量模型分析工农业价格相对变化对通货膨胀的影响。

第三部分是对我国非正规就业问题的研究。对农村剩余劳动的估算，假定已经转移到城市或非农部门的劳动者实现了充分就业，但是，经济发展的实践表明，城市非正规部门就业及正规部门的非正规就业是非常普遍的现象，这意味着劳动者由农村转移到城市，由农业转移到非农部门，仍有可能存在不充分就业和剩余劳动的现象。第7章分析了非正规经济和非正规就业概念的界定、产生的原因、主要的经济影响。第8章选取非正规就业较为集中的建筑业，运用数据包络分析法（Data Envelopment Analysis，DEA）和结构比较法估算了其中剩余劳动的数量和比例，对非正规就业存在的剩余劳动进行实证分析。第9章梳理了非正规就业问题研究的理论文献，重点对二元经济理论、新自由主义理论和结构联系理论三大理论学派的主要观点和理论争论点进行深入阐释，由此构成第11～14章理论和实证研究的理论基础。第10章从非公有制经济发展政策、劳动力流动政策、国企改革和劳动立法改革四大政策背景出发，对1949年以来我国城乡劳动力转移、城镇正规和非正规就业发展情况进行分析，进而展现了中华人民共和国成立以来我国劳动力市场发展和变化的全貌。第11章从二元经济理论的基本假设出发，构建了包含农村部门、城镇正规部门和城镇非正规部门的三部门模型，对我国城镇非正规就业的产生机理和影响因素进行分析，提出城镇非正规就业规模与经济发展水平之间的倒U形假说。实证研究利用2000年、2005年和2010年人口普查和1%人口抽样调查统计的地级市数据对假设进行了验证。结果发现，非正规就业规模下降的拐点出现在2004～2007年，与劳动力市场出现“民工荒”和农民工工资上升的时间基本一致，从而为我国已经通过“刘易斯转折”提供了证据。第12章对非正规就业与经济周期的关系进行实证检验，发现私营企业就业在经济运行特征上更接近于正规就业，而个体就业、“未统计就业”在经济运行特征上更接近于生存就业，从而验证了我国城镇非正规就业的“异质性”。第13章从二元经济理论和新自由主义理论的理论争论出发，构建模型对非正规就业与经济发展和政府管制的关系进行实证研究，并利用夏普利值分解方法对各变量的边际贡献度进行测算。第 14 章利用微观个体数据，对 1997～2011 年城镇正规就业和非正规就业的收入差距及其变动趋势进行实证检验。

本书以古典二元经济范式研究我国经济发展中的剩余劳动、非正规就业和刘易斯转折问题，囿于作者研究水平，书中难免有疏漏之处，恳请广大读者予以批评指正。

作者

目　　录

1 剩余劳动的理论发展与主要类型

剩余劳动是二元经济模型的重要特征之一。早在 1943 年，罗森斯坦-罗丹（Rosenstein-Rodan，1943）就注意到经济较为落后的东欧和东南欧地区与较为发达的西欧和北欧地区相比，一个显著的差别就是在农业部门存在着大量“农业过剩人口”（Agrarian Excess Population），而 1954 年刘易斯（Lewis，1954）的开创性文献将剩余劳动（Surplus Labor）正式纳入欠发达地区的经济发展分析中，自此以后，剩余劳动成为发展经济学的一个基本概念。[①]剩余劳动由传统经济部门向现代经济部门的转移被视为经济发展的主题，而剩余劳动数量的减少以至消失，是经济发展成功的主要标志（Fei and Ranis，1964）。因此，准确地估算剩余劳动对于制定经济发展政策有重要的现实意义。

然而，在理论发展的过程中，学者们对于剩余劳动的准确定义、产生原因，甚至是否存在都曾经进行激烈的争论，这些争论促进了理论的发展，但是并没有形成完全的共识。在使用剩余劳动及隐蔽性失业（Disguised Unemployment）、不充分就业（Underemployment）等相关的概念时，不同的学者常有不同的假定，进而产生了不同的剩余劳

---

① 刘易斯（1954）、Fei 和 Ranis（1964）等发展经济学家划分传统部门和现代部门的标准是生产方式，而不是产品或地域，因此二元结构并非仅指农业与非农业二元结构，或者城乡二元结构，他们都注意到剩余劳动的存在并不仅限于传统农业部门，在城市中按照传统方式生产的非正式部门（如传统服务业）中也大量存在。但传统农业部门无疑具有最显著的特征，因此，对剩余劳动的估算主要是对农业剩余劳动的估算。为了行文简便，如无特别说明，本书中剩余劳动即指农业剩余劳动。

动估算方法和不同的估算结果。[①]理论与方法的混乱妨碍了不同经验结果之间的比较，而只有明确不同估算方法的理论前提，才能清晰地说明估算结果的政策含义。因此，有必要梳理理论发展的脉络，梳理剩余劳动的不同概念和准确定义。本章将从理论发展的角度说明剩余劳动理论的演变进程，阐明不同剩余劳动概念之间的联系，区分剩余劳动的不同类型及相互之间的联系，以厘清剩余劳动概念和方法的真正含义。

1.1 剩余劳动理论的发展与演变

20 世纪中期，剩余劳动概念开始以不同的术语出现在发展经济学文献中，不同的术语强调了剩余劳动不同方面的特征。剩余劳动隐含了劳动边际产出与工资水平不一致的假定，一些经济学家对此进行了解释，但这并不能令坚持“理性”和“最优化”假设的新古典经济学家满意，他们试图通过实证证明并不存在所谓的剩余劳动。这引发了广泛的争论，并促进了剩余劳动概念的进一步发展。

1.1.1 剩余劳动概念的提出与阐释

20 世纪中期以后，发展经济学的迅速发展激发了大量有关剩余劳动的研究。罗森斯坦-罗丹（Rosenstein-Rodan，1943）和纳克斯（Nurkse，1953）解释东欧和南欧等地区经济落后现象时，明确提出了剩余人口的概念。刘易斯（Lewis，1954）以剩余劳动为基础构建了二元经济模型用于说明经济发展，费和拉尼斯（Fei and Ranis，1964）进一步完善了刘易斯的理论，使剩余劳动成为经济发展理论的核心概念。剩余人口（Surplus Population）、过剩人口（Over Population）在文献中有着与剩余劳动相似的含义（Ellis，1966）。

---

① 虽然目前剩余劳动的概念已经被广泛使用，但剩余劳动理论的发展还不能解决由此引发的理论与实证的混乱，原因可能在于尚未出现一个被广泛接受的定义（Ghosh，1977）。

与隐蔽性失业最早使用时的含义相比，剩余劳动似乎是一个更准确的概念。罗宾逊（Robinson，1936）最早采用“隐蔽性失业”一词，是指发达国家周期性衰退中由于有效需求下降，被解雇的工人被迫由高收入部门转向低收入部门的现象，这显然与发展中国家传统部门存在的失业现象有本质的不同。[①]联合国（United Nations，1952）一份关于最不发达国家经济发展问题的报告中，“隐蔽性”（Disguised）这一术语关系到传统部门劳动者自我雇佣而非工资雇佣的生产方式，隐蔽性失业是指其失业方式有别于现代部门的公开失业。

莱伯斯坦（Leibenstein，1957）在解释剩余劳动边际产品为零而劳动工资为正这一悖论时，使用“不充分就业”一词，其含义与隐蔽性失业和剩余劳动相同。但是，“由于‘剩余劳动’一词激起了太多‘感情上的痛苦’（Emotional Distress）”，刘易斯在后来的论著中声明放弃使用这一术语，但保留了现代部门现行工资下劳动力供给具有无限弹性的假设（Lewis，1979）。然而，剩余劳动等概念在发展经济学文献中仍居于核心位置。[②]

总体而言，在论及经济欠发达地区的发展问题时，相关文献并没有明确区分剩余劳动、隐蔽性失业与不充分就业之间的差异，常常将它们作为同义词相互替换，但是，这并不意味着它们有共同的、准确的界定。重要的不是术语本身，而是术语隐含的或明确的内涵。如同罗宾逊（Robinson，1969a）所做的比喻，剩余劳动的概念就像感冒，“并不是一种单一的病症，而是一个宽松的范畴，包含了各种具体的条件”。不同的概念暗含了不同的经济社会状况的假设，产生的原因与解决的方法不同，因此，有必要从理论发展的角度把握剩余劳动概念的准确含义。

刘易斯（Lewis，1954）将剩余劳动明确地定义为边际产品微不足道，或者为零，甚至为负的劳动数量，这是因为在传统农业部门，与资本和自然资源（主要指土地）等生产要素相比，劳动人口的数量过

① 有效需求的下降将会减少产业正常运行时所提供的就业数量，这并不会导致完全闲置意义上的“失业”，但会驱使劳动者从事销售火柴盒、丛林伐木、挖土豆等职业（Robinson，1936）。

②“只占世界资本投资不足 15%的发展中国家却占据了世界劳动力增加部分的 95%，所以创造就业的需要将特别紧迫”，“发展的核心问题将仍是剩余劳动”（迈耶和斯蒂格利茨，2003）。

于庞大。这是使用最为广泛的定义，这一定义有着很强的政策含义，它意味着部分农业劳动力对产出的贡献微薄，甚至没有贡献，当它们转移到其他部门时，农业产出可以维持在与原来产出相当的水平上，正是在这一意义上，这部分劳动力被称为剩余劳动或隐蔽性失业。当农业剩余劳动转移到现代工业部门时，工资水平与劳动的边际贡献相等，并严格大于零，因此，剩余劳动的转移在不减少农业产出的同时，增加了工业部门的产出，总产出将会增加，剩余劳动转移（劳动力的重新配置）也因此成为经济发展的核心问题。

在刘易斯模型中，在自给自足的传统部门（Subsistence Sector），剩余劳动的边际贡献为零，而得到的报酬却保持在生存工资水平以上，这有悖于新古典经济学经典的要素定价理论与利润最大化原则，刘易斯将其笼统地归于制度因素，而另外一些经济学家试图给出更合理的解释。埃卡斯（Eckaus，1955）从新凯恩斯主义的角度提出了不完全市场假说（Market Imperfections）和技术约束假说（Technologic Restraints Hypothesis），试图为刘易斯的剩余劳动假说提供更坚实的理论基础。根据不完全市场假说，在存在大量冗余人口、人均收入水平较低的情况下，发展中国家一些积极的社会政策，如完善社会保障体系、受到政府鼓励的工会组织的发展可能导致不完全的劳动力要素市场，使劳动力的实际价格高于由供求决定的均衡价格，从而导致更多地使用资本相对密集的技术，在资本稀缺的落后经济中，传统部门必然存在着失业或就业不充分的状况。根据技术约束假说，由于受到技术选择的限制，在发展中国家劳动与资本不能完全替代，在资本短缺的情况下，能够吸收的劳动数量是有限的，因而长期存在着公开的或隐蔽的失业。[①]

莱伯斯坦（Leibenstein，1957）通过营养水平将工资收入与劳动的边际产出联系起来，以解释工资水平高于劳动边际贡献的现象，这使其成为效率工资理论的先驱者之一。地主或土地资本家之所以愿意

---

① 根据埃卡斯的理论，发展中国家的失业问题与发达国家有着显著区别，发达国家旨在解决就业问题的扩张性的凯恩斯主义财政政策，并不能使发展中国家就业得到显著改善，反而导致严重的通货膨胀。

支付更高的工资水平，是因为较高的工资水平可以增加工人的食物支出，提高营养水平，从而增加边际产出。根据莱伯斯坦的理论，在不具备充足的食物摄入情况下，实际的劳动供给水平低于潜在的供给水平，这是一种不同于刘易斯理论的剩余劳动。高木（Takagi，1978）进一步将效率工资理论和工作与闲暇的理性选择结合起来，分析剩余劳动的存在条件。高木明确地将剩余劳动定义为在保持产出水平不下降条件下可以减少的劳动数量，劳动投入的边际产品为零是存在剩余劳动的充分条件，但并不是必要条件。当劳动投入的边际产品为正数时，如果一部分劳动力从农业生产中转移出来，保留下来的劳动力的人均收入由于人均耕作的土地面积增加而相应增加，一方面，根据效率工资理论，这会出现人均有效劳动投入的增加；另一方面，收入提高会影响闲暇与工作的替代，使保留下来的劳动力减少闲暇而增加劳动时间。这两个方面的原因有可能使农业劳动力减少时总产出保持不变，因而存在着剩余劳动。

马瑟（Mathur，1964）指出了莱伯斯坦的效率工资理论仅适用于解释以工资雇佣方式工作的农业劳动者，而在欠发达国家自我雇佣是传统部门生产的主要特征，并且隐蔽性失业主要发生在自我雇佣劳动者中。马瑟从微观角度解释剩余劳动与隐蔽性失业。他按照人口—土地比例将所有农场划分为三类，比例较小的是地主所有的农场，除了自身投入的劳动外，还需要雇佣额外的劳动力；比例较高的是农业劳动者，他们人均拥有的土地较少甚至没有土地，收入不足以维持生计，必须向外提供劳动服务。当前者不能为后者提供足够的就业机会时，就会形成公开失业。介于上述两者的是家庭农业耕作者，他们的收入可以维持家庭成员的生存，由于这些家庭农场自我雇佣的性质，以及为每个成员都提供经济庇护的家庭联合生产方式，劳动者获得的报酬与他们对产出的贡献并不一致。这些家庭农场是以总产出最大化为目标而不是以利润最大化为目标的，当劳动投入超过边际产品为零的界限时，就会通过减少劳动时间或降低劳动效率来减少有效的劳动投入，这就形成了发展中国家的隐蔽性失业。[①]隐蔽性失业与公开失业共同

---

① 一些地主拥有的大农场采用半封建方式，并不完全遵循利润最大化原则，因而支付的工资有可能超过劳动投入的边际贡献，这也会构成一部分隐蔽性失业（Mathur，1964）。

构成了传统农业部门的剩余劳动。

1.1.2 新古典经济学家的异议

刘-费-拉提出的剩余劳动概念被广泛采用，但并没有得到完全的赞同，遵循新古典传统的经济发展分析否认剩余劳动的存在。罗森齐格（Rosenzweig，1980）认为传统部门与现代部门一样，劳动力市场具有普遍的竞争性，个人依据最大化原则在劳动与闲暇之间进行决策。在乔根森（Jorgenson，1961，1967）构建的新古典二元经济模型中，农业劳动的边际产出贡献为正，不存在边际贡献为零的剩余劳动。鲍尔（Bauer，1956）认为欠发达国家的小规模农业不是停滞不前的，而是进步迅速的，之所以仍停留在较低的生产水平上，是因为快速的增长是最近时期才出现的，而且这一类型的农业生产部门存在着重要资本形成。当考虑到农业生产的季节性、各种类型的非农生产活动及对闲暇的偏好等因素时，那些看上去明显闲置的农业劳动力，实际的机会成本是显著为正的，因此，不存在刘易斯意义上边际贡献为零的剩余劳动。维纳（Viner，1957）对剩余劳动的反驳被广泛引用，“我发现，要是认为在其他生产要素的数量及形式都不变的条件下，通过已知的方法，即通过更仔细的选种和播种，更广泛的除草、耕作、间苗和施肥，更辛勤的收割、拾穗和清扫谷物来追加劳动不会使产量有所增加，这是不可能的”（舒尔茨，1987）。

最重要的反驳来自舒尔茨（1987），他考察了1918～1919年印度传染病对农业生产的影响，试图通过经验证据证明剩余劳动是不存在的。有2000万印度人在这次疫情中丧生，相当于当时人口的6%，而农业劳动力大约减少了 8%。舒尔茨以播种面积作为农业产出的代理变量，观察到劳动力数量的减少使印度播种面积显著减少，因此，推断农业劳动数量的减少使产出相应下降，得出结论，即“贫穷社会中部分农业劳动力的边际生产率为零的学说是一种错误的学说”。此外，乔根森（Jorgenson，1961，1967）构建了新古典二元经济模型，在模型中农业劳动的边际产出贡献为正，不存在边际贡献为零的剩余劳动，这说明剩余劳动不是二元经济分析范式的必备要素。

1.1.3　剩余劳动概念的发展

新古典经济学家对刘易斯边际贡献为零的剩余劳动概念的质疑，使剩余劳动概念得到了重要的发展，主要的贡献来自森。森（Sen，1966）明确区分了劳动时间（Hours of Work）与劳动数量（Numbers of Person）。劳动时间是每个劳动力投入的劳动与劳动数量的乘积，相当于投入的劳动总量。对于现代部门而言，由于每天工作时间相对固定，劳动时间与劳动数量可以相互替代，而在传统部门，工作时间具有很强的随意性，因此，劳动时间与劳动数量的区分是十分必要的。当投入的劳动时间减少时，农业总产出相应下降，因此，劳动时间的边际产品为正，而维纳等新古典经济学家正是在这一点上反驳刘易斯的剩余劳动概念。但森正确地指出，当一部分劳动力从农业部门转出后，其余劳动力可以通过增加劳动时长而保持劳动时间不变，从而使农业产出维持不变，因此，边际贡献为正的劳动时间与就劳动数量而言的剩余劳动概念并不相悖。森的观点后来被刘易斯（Lewis，1972）接受。

以对剩余劳动概念的发展为基础，森（Sen，1967）对舒尔茨（1987）的观点进行了反驳。他认为舒尔茨使用的剩余劳动的概念并不准确。如果将剩余劳动定义为劳动总量的 $N\%$，并非指劳动总量任意下降 $N\%$，农业总产出都会保持不变，而是指减少的劳动数量在家庭和地区之间合理分布时，或者劳动数量的减少是出于对某些经济激励的恰当反应时，产出可以保持不变。印度发生传染病之后，劳动数量显然不是按照某种合理的分布模式减少的，即使在市场完全的条件下，也需要时间来重新调整劳动的分布。因此，农业产出暂时性的下降可能是调整尚未完成的结果，这并不能否定边际产品为零的剩余劳动理论。拉尼斯（Ranis，1997）进一步发展了森给出的剩余劳动概念。他强调从长期来看，发展中国家劳动供给是一条水平的曲线，更准确地说，随着时间的变化，伴随着“生存工资”的上升，劳动供给曲线是一组分段的水平曲线。

总体而言，剩余劳动这一概念在争议中不断发展，这主要体现在两个方面，一是剩余劳动是一个宏观的和总量的概念。在劳动数量减少时，可以通过其余劳动者增加劳动时间或提高劳动效率，使总的有效劳动投入保持不变，从而不减少总产出。因此，从微观的角度，存在边际贡献为正的劳动投入并不能否定剩余劳动的存在。二是剩余劳动是一个时期性的、动态性的概念。在经济利益的激励下，劳动数量的减少导致劳动力与其他要素资源的重新配置（主要是土地），剩余劳动概念强调，资源重新配置完成后总产出并不会由于劳动数量的减少而下降。这一配置应当是由市场机制自发调节完成的，并需要一定的时间。因此，由于自然灾害等外生因素的影响，劳动数量突然减少，在资源重新配置完成之前，总产出水平有可能下降，但这也不能否定剩余劳动的存在。

1.2 剩余劳动的类型

剩余劳动总体上可以分为两种基本类型，即结构性剩余和季节性剩余（陈吉元，1991）。结构性剩余直接联系到二元经济结构与经济发展，是剩余劳动研究的主要内容。季节性剩余与农业生产劳动投入的非连续特征有关，与经济发展水平关系不大，因此不是剩余劳动研究的重点。按照产生的原因，剩余劳动可以分为五种基本类型。一是由于贫乏的营养和健康水平，劳动者不能充分有效地工作，实际的劳动供给低于潜在的劳动供给，由此形成了剩余劳动；二是由于传统农业生产的市场化程度较低，生产者缺乏追求最大化的强烈动机，因此劳动投入与农业产出低于潜在水平；三是由于农业劳动收入水平低，劳动者更为偏好闲暇，使劳动供给低于潜在的供给水平；四是由于要素替代的有限性，相对于土地与资本，过多的劳动成为冗余的要素；五是生产技术的无效率导致的多余的劳动投入（Robinson，1969a；Bhattacharyya and Parker，1999；Ng，et al，2000）。

几种不同的剩余劳动概念之间的关系如图 1-1 所示。在图 1-1 中，横轴均为劳动要素投入，纵轴分别为其他要素投入和劳动边际产出。

MM' 为等产量线，$LL'L''$ 为劳动的边际产出曲线，w_1 为农业部门联系到生存工资的"制度工资"，w_2 为工业部门工资水平。在射线 Ou^* 和 $(\dot{L}_F / L_F)^2$ 之间，土地与劳动可以相互替代；而在射线之外的区域，两种要素是完全不可替代的。要素投入组合为 OB 与右边纵轴的交叉点，实际的劳动投入为 Ox。L' 所代表的劳动投入在射线 Ov^* 之外，意味着劳动投入增加而产出保持不变，因而相当于边际产品为零的剩余劳动。由于要素组合没有在等产量线上，因而存在着效率损失。劳动投入可以沿 OB 由 Ox 缩减到 Ox_1，xx_1 是生产无效率导致的剩余劳动。x_1x_2 所代表的劳动投入被 Ng 等（2000）称为净剩余劳动。

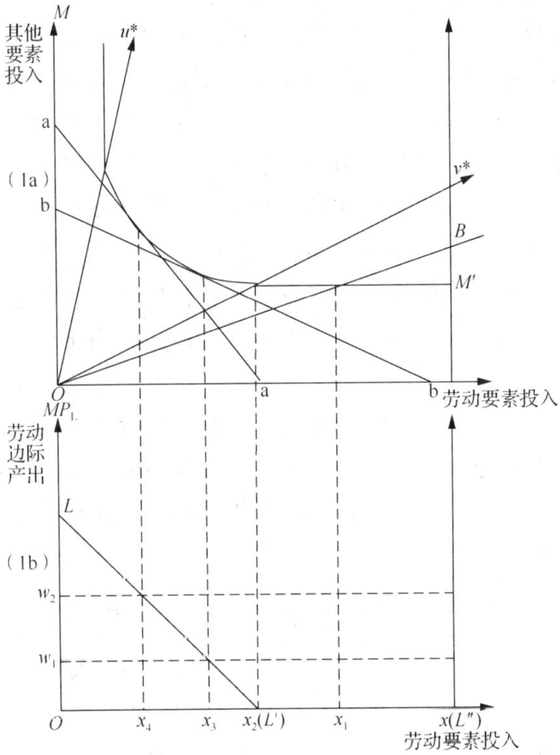

图 1–1　剩余劳动的类型

在图 1-1 中，直线 *bb* 代表农业部门劳动与其他要素的相对价格，它与等产量线相切于劳动投入为 Ox_3 之处。当劳动投入位于 x_2x_3 之间时，边际产出大于零，但低于农业部门的工资水平，因而 x_2x_3 是不充分就业劳动力[①]。即使考虑到劳动力迁移成本和人力资本差异等因素，在工业部门和农业部门之间也可能存在着工资差异，工业部门具有更高的工资水平，这表现为劳动与其他要素的相对价格曲线更为陡峭。它与等产量线相切于劳动投入为 Ox_4 处。当劳动投入位于 x_3x_4 之间时，劳动的边际产值与农业部门工资相等，但低于工业部门工资水平。在这一时期，当劳动由农业部门转移到工业部门时，劳动边际产值增加而导致总产值上升，因而，经济仍能保持较快的增速。当农业劳动力数量减少到 Ox_4 水平时，工农业两个部门工资水平相等，并且与各自的劳动边际产值相等，二元经济彻底转变为一元经济。

在图 1-1 中，总的剩余劳动由 xx_4 表示，由生产的效率损失、边际为零的劳动投入、边际产值低于农业部门工资的部分，以及边际产值低于工业部门工资的部分四部分组成，这样，我们可以更直观地了解剩余劳动不同概念之间的关系。

近三十年来，我国经济快速发展使居民生活水平有了大幅提高，从平均预期寿命、人均摄入的食物热量、按购买力平价计算的人均收入、贫困人口比重等发展指标来看，营养或健康并不是形成剩余劳动的主要原因。[②]从 20 世纪 70 年代末期开始的农业改革，使传统生产方式有了极大的改变，农业生产市场化程度不断提高，因此，农业劳动者不会由于缺乏收入或净收益最大化的动机而减少劳动供给。与其

---

① 费和拉尼斯相应地将劳动力转移划分为两个阶段，第一个阶段农业劳动力由 Ox 下降到 Ox_2，x_2 点称为劳动短缺点，这一阶段农业劳动力的转移不会减少农业产出；第二个阶段农业劳动力由 Ox_2 下降到 Ox_3，这一阶段如果不提高农业生产技术水平或增加其他要素投入，农业劳动力的转移将会导致农业产出下降。x_3 点称为商品化点，经过商品化点之后，农业生产将遵循要素报酬与要素收入相等的利润最大化原则（Fei and Ranis，1964）。

② 我国 2000 年人口平均预期寿命为 71.4 岁，高于世界 2003 年 66.8 岁的平均水平；2002 年人均每天食物摄入热量为 2951 大卡（1 大卡=4.1868 焦耳），高于世界 2804.4 大卡的平均水平；2003 年按购买力平价计算的人均国民收入为 4980 国际元，高于中低收入国家 4300 国际元的平均水平（国家统计局，2005）。2006 年我国农村绝对贫困人口和低收入人口分别为 2148 万人和 3550 万人，合计约占农村全部人口的 7.7%（国家统计局，2007）。

他发展中国家的农民一样，我国农村居民虽然收入水平有了很大提高，但仍处于相对贫困的状态，不可能对闲暇有很强的偏好，不会由于偏好闲暇而拒绝额外的就业机会。众所周知，中国拥有丰富的农村人口与相对稀缺的耕地资源，劳动要素不能完全替代土地，这是我国剩余劳动产生的根本原因。我国幅员辽阔，地区经济发展不均衡，不同地区农业生产存在较大的技术差异，因此，可能存在着相当数量由于无效率的劳动投入而形成的剩余劳动。另外，农业生产的季节性形成了剩余劳动在一年中的周期变化，农闲时期剩余劳动问题尤为突出。

1.3 本章小结

基于发达国家早期发展阶段和当代发展中国家经济发展实践提出的剩余劳动理论，虽然貌似有悖新古典传统有关经济理性的假设，但长期以来一直作为经济发展理论的核心概念和有力的分析工具，尤其是在与新古典经济学家争论的过程中，森等进一步发展了剩余劳动的概念，正确区分劳动者数量和劳动时间，使剩余劳动与经济个体的理性决策协调起来。这进一步揭示剩余劳动的本质是就业问题，经济发展的本质在于创造更多更有效率的就业机会，从而提高人均收入水平。劳动者由相对低效率的传统、农村、农业部门向相对高效的现代、城市、工业部门转移，使剩余劳动数量减少乃至消失，这是经济发展必须经历的途径。这一转移能否顺利实现，决定了经济发展的成败。

2 剩余劳动的估算方法与国内外实证研究

我国是一个典型的二元经济结构国家，拥有大量的农业人口，国内外学者对我国剩余劳动的数量和比例进行了大量的研究。但是，由于使用的概念、方法和数据的不同，估算的结果存在着很大的差异。本章试图在总结剩余劳动理论文献的基础上，对其中一些主要文献的经验结果进行比较和评述，以期说明我国剩余劳动的现状和变化趋势，并说明不同估算结果的经济意义与政策含义。

2.1 剩余劳动估算方法

伴随着剩余劳动理论的发展，产生了各种对剩余劳动的估算方法。按照估算的剩余劳动的类型，估算方法大致可以分为四类，即要素比例法、结构比较法、技术效率法与直接调研法。要素比例法是最直观、最常用的估算方法。这一方法主要根据农业生产中投入的数量固定的要素（主要是土地）或者实际产出估算出必需的劳动投入，将其与实际的劳动供给相比较，差额的部分即为剩余劳动。这相当于图 1-1 中等产量线水平的部分，即 xx_2 。我国 20 世纪 90 年代之前主要采用这一方法估算农业剩余劳动的数量。

经验法、基准法和劳动定额法常被用来估算在其他要素和总产出既定的条件下必需的劳动投入数量（Taylor，1988）。经验法由农业生产基层组织的领导者估计本生产单位所需的劳动投入。基准法首先选择基准年，根据基准年的土地劳动比或劳动设备比确定总的劳动需求。劳动定额法是根据农业技术经济的研究，计算每种作物单位产出需要投入的劳动数量，再根据实际产量计算每种作物的实际劳动需求，将其加总得到总的劳动需求。如果生产方式转变、生产技术水平提高或者缺乏相关农业技术经济研究的支持，将会影响估算的准确性。此外，通过跨国或跨地区农业生产的比较，也可以估算必需的劳动投入数量。

结构比较法，是指在二元结构模型中，农业部门与非农业部门之间存在着效率差异和工资差异，假定提高农业部门生产效率至某一特定水平，如与非农业生产部门效率相同，或相当于非农业生产效率的1/3，将此时所需的农业劳动投入与实际劳动投入相比，其差额作为剩余劳动数量的估算，这相当于图 1-1 中 xx_4 或者其中的一部分。通过构建农业部门与非农业部门的生产函数得出相应的估算条件（刘建进，1997；王红玲，1998）。

如果经济结构的转变如钱纳里等（1989）的研究所表明的那样，遵循一定的程式化规律，那么，通过国际比较可以得出一定经济发展水平下"正常"的产业结构，进而得出农业部门必需的劳动投入数量和剩余劳动数量[①]。由于不同国家经济发展模式有着很大差异，国际比较并不能提供一个确定性的标准，这必然影响剩余劳动估算结果的准确性。

技术效率法，是指利用农业生产的要素投入和实际产出的数据，估算有效的生产前沿（Frontier），实际的劳动要素投入与按生产前沿估算的必需的劳动要素投入之间的差距，被视为生产的无效率部分，在估算剩余劳动时，则被视为剩余劳动比例，这相当于图 1-1 中的 xx_1 部分。估算生产前沿的方法可以分为非参数法和参数法。非参数法使用线性规划的方法估计有效的生产前沿，即数据包络分析法。这种方法将所有对生产前沿的偏离均视为无效率的部分，因而有可能高估效率损失，从而高估剩余劳动比例。参数法称为随机前沿分析法（Stochastic Frontier Aparoach，SFA），需要假定生产函数的形式，通过

① 王检贵和丁守海（2005）将这种方法称为"标准结构比较估算法"。

极大似然估计得到参数的估计。技术效率法实际上估算的是不同生产单位之间的技术效率的相对差异，生产前沿取决于选取的样本范围的大小，这使剩余劳动估算结果依赖于选取的样本范围。例如，当样本范围由某一地区扩展到全国时，由于不同地区的农业生产存在着较大差异，这将会使估算的剩余劳动比例和剩余劳动数量有所增加。

要素比例法、结构比较法、技术效率法都是间接估算剩余劳动，而直接调研法是一种直接的估算方法。通过调研获取一定时期（通常为 1 年）农户劳动投入的数据，将其折算为标准工作日或工作小时，将其与充分就业条件下的工作时间进行比较，差额部分即为剩余劳动数量，这相当于图 2-1 中 xx_1 的一部分。这种方法的优点是，通过调研能够获得较为详细的信息，进而分析形成剩余劳动的原因。这种方法的缺点一是无法估算古典传统所强调的边际贡献为零的剩余劳动，也无法区分结构性剩余劳动与季节性剩余劳动；二是受调研成本的约束，只能选取有限的样本点，与庞大的农业劳动力相比，其代表性会受到一些影响。

2.2　剩余劳动估算的国际经验

虽然刘易斯划分二元经济的标准并非区域或者产业，而是是否采取了资本主义生产方式，但是农村地区和传统农业生产无疑是剩余劳动数量最集中、现象最明显的经济领域。在传统的农业生产中，劳动以自我雇佣为主，劳动成果由所有家庭成员分享，而不是按劳动的边际贡献决定工资水平和劳动投入。因此，即使从总体上来看，劳动者的边际产值已经微乎其微，远低于分享制度下的工资水平，也很少出现公开的失业，而是处于隐蔽性失业状态。

实际上，在刘易斯剩余劳动理论提出之前，一些关注欠发达地区经济发展的学者已经注意到，由于受到土地资源的约束，农业人口远远超过了农业生产所必需的劳动数量，因而存在着大量的“过剩人口”。罗森斯坦-罗丹（Rosenstein-Rodan，1943）估计在东欧和东南欧地区，农业过剩人口为 2000 万～2500 万，这意味着总人口的 1/4 处于完全失业或隐形失业状态。由于农业产出的增长潜力有限，而单独的私人投资很难获益，必须依靠大量的国家投资和借贷资本来实现该地区的工业化，以解决劳动过剩问题。对这些问题的研究，使其成为早期工业化理论的重要先驱。

莫瑞（Moore，1944）关注东南欧剩余劳动的估算问题。他以与东南欧农业生产条件相似的西欧地区的生活标准作为估算剩余劳动的标准，将东南欧地区的农业产值与欧洲平均生活水平进行比较，从而得出在目前的生产条件下，如果达到西欧地区的生活标准，东南欧农业生产可以供养的人口数量，从而计算出东欧地区农业人口过剩率为 45%，西南半岛为 23%。他进一步指出，通过组织和技术的改善来提高土地的利用率进而增加农业产出可以减少剩余人口的数量。例如，如果将东欧农业生产水平提高到与法国相同的程度，剩余人口比例可以降至 35%。东南欧地区的人口增长和劳动力比例的提高都使人口过剩问题更加尖锐，而落后的制度结构、农业生产组织和技术水平都限制了效率的提高和产出的增长。因此，广泛的工业化是实现落后地区经济发展的唯一出路。

刘易斯剩余劳动理论提出以后，激发了大量对发展中国家的实证研究。Uppal（1967）用维持当前农业产出水平需要的劳动投入和实际的投入劳动来估算印度旁遮普邦隐蔽性失业的比例。他分别计算了面积大小不同的农场每英亩（1 英亩≈4046 平方米）灌溉地的总产出和劳动投入，并将生产现有产量所需的最小劳动投入定义为“标准劳动量”，将高于“标准劳动量”的劳动投入定义为剩余劳动。在考虑耕种密度和灌溉等生产条件差异的情况下，估计隐蔽性失业约占劳动力的 8.41%。

Robinson（1969b）估算了巴基斯坦两个不同时期剩余劳动的变化，为隐蔽性失业的存在提供了实证证据。他利用 1951 年和 1961 年巴基斯坦的农业劳动力数量、农业产出和耕地面积的数据，分别估计出各自的劳动边际产出和平均产出，发现在这两个时期，最终投入劳动的边际产品均为负值；而且，随着单位耕作面积工人数量的上升[①]，工人的平均产出和边际产出都大幅下降。1951～1961年巴基斯坦种植面积增长了130万英亩，即使按照1951年每公顷投入的劳动者比率，也只需要新增60万劳动力，而在此期间农业劳动增加了360万人，因此，有300万新增劳动力为剩余劳动，这占到了1961年劳动力总数的20%。这些剩余劳动通过工作分担，即缩短每个工人工作时长的方式“被掩饰”了。

关于印度的实证研究还引发了舒尔茨和森之间关于剩余劳动是否真的存在的争论。舒尔茨（1987）宣称剩余劳动是一个伪命题，因为虽然普遍认为印度是劳动过剩经济的典型，但他的研究表明印度的农业生产并不存在剩余劳动。1918～1919年爆发的大流感使印度人口减少6.2%，而农业劳动力下降了8.3%。如果像一些文献表明的那样，印度农业剩余劳动比例超过1/4，那么，这次农业劳动力的减少不会导致产出的下降。但是，疫情发生后，农业产出下降了3.3%。根据疫情引起的劳动与产出的变动，可以计算农业劳动产出弹性约为0.4，这与疫情发生之前的估计几乎完全相同，这与剩余劳动的推论也不一致。

森（Sen，1967）不同意舒尔茨的观点。他认为舒尔茨所用的剩余劳动概念忽视了经济诱因。如果遵循经济诱因，劳动的减少会首先剔除家庭中边际生产力最低的成员。然而流感疫情不会遵循经济原则。剩余劳动的比例为*N*%，并不意味着任意抽出*N*%的劳动者都不会使产出下降。劳动力减少以后，需要进行土地和劳动力的重新分配，才能使产出恢复到原来的水平。1918～1919年流感疫情的影响，不仅在特定地区的家庭间分布不均，在给定省份的不同地区间也是分配不均的。由于舒尔茨观察的年份是紧随流感疫情之后的1919～1920年，市场很可能还没有完成土地和劳动力的重新分配，当时甚至疫情本身还没有结束。实际上，在疫情结束以后，印度农业产出很快就恢复到原来的水平。

刘易斯剩余劳动理论的提出，以英国经济发展的早期阶段为经验

① 每英亩种植面积投入的劳动数量由0.41升至0.51。

依据（Lewis，1968）。他发现在工业革命以后，直至1820年之前，英国工人工资都保持了相对稳定，刘易斯以此作为剩余劳动存在的佐证。Williamson（1985）通过对大量文献的梳理和对英国工业革命时期数据的分析，证实了刘易斯关于英国工人实际工资水平变动的研究结论。但是，他认为新古典模型也可以解释这一经验事实，如长期的战争债务导致的挤出效应，减少了资本积累的数量和创造的就业机会，战争导致的贸易扭曲提高了粮食和原材料的价格，压低了实际工资水平；新涌入的爱尔兰移民也起到了降低工资水平的作用。

剩余劳动理论的发展还激发了对现代发达国家农业生产中剩余劳动的研究。Williams 和 Glasgow（1968）分析了美国以农业生产为主的南方七州的经济数据，从性别、种族及从事农业劳动或农村非农业劳动等方面，估计了由于非充分就业导致的未能充分利用的劳动者数量。他们发现非充分就业是导致农村劳动者低收入的主要原因；如果以全国劳动者的平均收入作为衡量标准，这七个州农村地区剩余劳动的数量为80万人，如果以其平均收入的 85%作为衡量标准，则剩余劳动的数量为53万人。

2.3 中国剩余劳动的估算

长期以来，典型的二元经济结构与庞大的传统农业部门是中国经济的显著特征，因而国内外学者对我国农业剩余劳动进行了大量的研究，本节仅对其中一些具有代表性的研究进行评述。

泰勒（Taylor，1988）归纳了 20 世纪 80 年代中期之前国内外学者对我国剩余劳动的估算方法和估算结果。70 年代末至 80 年代中期，农村劳动力中剩余劳动比例为 30%～40%，按 1986 年 3.8 亿农业劳动人口计算，剩余劳动的数量在 1.14 亿～1.52 亿人，相当于同期英国、法国和西班牙人口的总和。泰勒将这一时期国内学者对农村剩余劳动的估算归纳在表 2-1 中。[①]

表 2-1 我国农村剩余劳动的估算（1978～1987 年）

范围	时间/年	剩余劳动数量/人	剩余劳动比例/%
全国	1985	7000 万或更少	n.a.
全国	1982	8000 万～1.05 亿	32.3
全国	1983～1986	1 亿	30
全国	1982	1.1 亿	n.a.
全国	1985	1.5 亿	30
全国	1983	1.56 亿	n.a.
山西	1987	173 万	31.4
山西	1984	176 万	23.4
湖南	1985	1000 万	46
安徽	1983	5 百万～7 百万	30～40
浙江	1983	n.a.	>61
广东	1985	600 万	n.a.
河南新乡	1979	200 万	8.4
河北大厂	1979	n.a.	39.5
河北石家庄	1983	n.a.	60
江苏无锡	1979	10 万	n.a.
四川重庆	1985	173.5 万	34.3

注：缺乏相应数据的用 n.a.标注。

李宏标（1997）按照要素比例法，根据总的耕地面积，分别按照劳均负担耕地 7.6 亩（1 亩≈666 平方米）和 9.9 亩估算了 1980～1991 年农业剩余劳动的规模。陈先运（2004）使用同样的方法，将 1952

① 实际上，泰勒（Taylor，1988）研究了我国更长历史时期农业剩余劳动的变化。1921～1925 年对中国农村地区的调研表明，农业劳动力每年中只有 1/4 的时间处于充分就业状态，农业生产的季节性导致的剩余劳动数量庞大。1929～1933 年的调研表明，充分就业的劳动力仅占全部农村劳动力的 35%。中华人民共和国成立之后，为了充分利用农村劳动力，采取了更为劳动密集的生产方式，尤其是农业合作化运动之后，每个农村劳动力每年平均工作日由 1954 年的 119.3 提高到 1959 年的 189，到 1975 年提高到 215～284。但是，这并不意味着剩余劳动急剧减少甚至消失，农村集体生产方式由于不能解决微观激励机制问题，"出工不出力"使劳动投入显著增加但有效劳动并没有显著提高，因而，出现了更为"隐蔽"的剩余劳动。家庭联产承包责任制的实施解决了微观激励问题，主要农作物单位土地面积劳动投入均有显著下降，而产出却有明显增加，这使之前存在的隐蔽的剩余劳动不言自明。农业改革解决了农业生产中的微观激励问题，但不能改变人均耕地持续下降的现实，剩余劳动在农村地区仍然广泛存在。

年作为农业劳动力充分利用的固定期，计算出劳均负担耕地为0.4699公顷（7.0485 亩），并考虑到农业技术进步使劳均负担耕地增加的因素，估算了1952～2002年某些年份的剩余劳动数量。显然，如果农业人口持续增长而耕地面积基本保持不变，甚至有所下降，运用这一方法估算的剩余劳动数量将随之不断增加。

罗斯基和米德（Rawski and Mead，1998）按劳动定额法估算了农业产出一定的情况下实际需要投入的劳动力数量，将官方统计的农业劳动力与实际需要投入的劳动力之间进行了比较，得出了类似于农业剩余劳动的估算结果①。谢培秀（2004）采用了罗斯基和米德的方法估算既定产出条件下必需的农业劳动，并估算了农村劳动力中从事非农产业的数量，进而估算出农村剩余劳动的比例。蔡昉（2007b）采用类似的方法估算了我国农业生产必需的劳动投入数量和农村剩余劳动数量，尤为重要的是，分析了农村剩余劳动的年龄结构，将剩余劳动估算与劳动力转移直接联系起来，丰富了剩余劳动估算的政策意义。

韩纪江（2003）按照结构比较法，以农村总的纯收入与全国劳动力平均收入报酬水平的比值作为农村真正需要的劳动数量，进而估算出农村剩余劳动规模。这是根据城乡两部门收入水平相等进行的估算。李瑞芬等（2006）用同样的方法估算1985～2004年我国农村剩余劳动和农业剩余劳动的规模。利用钱纳里和赛尔昆归纳的经济发展的跨国经验，李瑞芬等还根据实际城市化水平与在既定经济发展水平下应当达到的城市化水平之间的差距，对同一时期农村剩余劳动数量进行了估算。王检贵和丁守海（2005）同样利用钱纳里和赛尔昆的数据，通过比较不同国民收入阶段所对应的第一产业的标准比重与实际比重，估算了2003年我国农业剩余劳动规模。

刘建进（1997）构建了一个农户在农业生产与非农业生产中配置劳动的模型，运用1994年全国八省的农户抽样调查数据对剩余劳动的

① 罗斯基和米德（Rawski and Mead，1998）指出中国官方统计资料大大高估了农业人口的数量，按照官方的统计，农业劳动人口在20世纪80年代一直在增加，而大量的经验证据表明，由于乡镇企业的发展与农民工向城市流动，农村实际从事农业劳动的人口一直在下降。因此，估算结果有可能高估农业剩余劳动的数量。岳希明（2005）也指出同样的问题。

规模进行了估算，并分别估算了不同收入水平农户的剩余劳动情况，表明低收入组（人均纯收入低于1300元）和高收入组（人均纯收入高于3300元）剩余劳动比例较大。刘建进认为，土地制度限制了土地流转，使高收入组农户没有放弃农业生产，因而高收入组农户剩余劳动比重也较高。王红玲（1998）进一步发展了这一模型，并使用相同的数据进行了估算，得出了相似的估算结果。王检贵和丁守海（2005）认为运用八省的样板数据来推算全国剩余劳动规模可能存在一定误差，因此，他们采用了2003年各省份的收入数据重新进行了估算，估算的结果远低于刘建进和王红玲原来的估算。

技术效率法需要收集大量农业生产的要素投入和实际产出的数据，目前运用这一方法估算我国剩余劳动数量的文献较少。Ng等（2000）采用数据包络分析法对1978～1992年江苏50个乡村和四川57个乡村的剩余劳动进行了估算。巴塔查亚和帕克（Bhattacharyya and Parker，1999）采用随机前沿模型，将我国除北京、天津、上海三个直辖市以外的其他27个省份视为不同的生产单位，估算了1980～1995年我国农业剩余劳动的数量。郭金兴（2007）运用类似的方法估算了我国1996～2005年农业剩余劳动的数量和比例。

直接调研法是政府统计部门估算农村剩余劳动常用的方法，比较规范的分析来自何景熙（1999）的研究。他利用对成都平原及其周边农村地区3590个样本的调查结果，区分了农村剩余劳动用于农业劳动的工时与非农劳动的工时，进而估算了农村剩余劳动和农业剩余劳动的规模，并对剩余劳动的主要影响因素进行了较为详尽的分析。

我们将以上文献对剩余劳动的估算结果归纳在表2-2中。这些研究的估算结果有以下特点：第一，由于使用的方法与采用的数据不同，估算结果有着较大的差异，这反映了当前的研究中并没有形成统一的剩余劳动概念；第二，比较同一方法或者类似方法的估算结果可以发现，无论剩余劳动的规模还是比例都没有随着时间推移而显著下降，在我国农村地区和农业生产中，仍然存在着大量的剩余劳动；第三，平均来看，20世纪90年代以来我国剩余劳动的数量为1亿～1.5亿人，剩余劳动的比例为30%～40%，这与20世纪70年代末至80年代中期的估算结果相近。

表 2-2 我国剩余劳动的估算：20 世纪 90 年代以来的研究

文献来源	范围	时间	剩余劳动数量/万人	剩余劳动比例/%
估算方法一：要素比例法				
李宏标（1997）	全国	1980～1991	12 607.1（1991）	36.6（1991）
陈先运（2004）	山东	1952～2002	13 64.24（1991） 10 69.65（2002）	51.5（1991） 45.1（2002）
Rawski and Mead（1998）	全国	1978～1993	13 327.1（1991）	38.98（1991）
谢培秀（2004）	全国	1996、2000	18 292（1996） 15 661（2000）	32.6（1996） 27.6（2000）
蔡昉等（2005）	全国	2005	10 500（2005）	22（2005）
估算方法二：结构比较法				
刘建进（1997）	全国	1994	11 210（1994）	24.91（1994）
王红玲（1998）	全国	1994	11 730（1994）	26.07（1994）
韩纪江（2003）	全国	1985～2000	12 972（1991） 22 324（2000）	27. 13（1991） 44. 76（2000）
王检贵和丁守海（2005）	全国	2003	4492.88（2003）	14（2003）
李瑞芬等（2006）	全国	1985～2004	9525.3（1991） 10 643.7（2004）	27.86（1991） 34.79（2004）
估算方法三：技术效率法				
Ng，et al.（2000）	江苏 四川	1978～1992	n.a.	44.68（1991，江苏） 33.2（1991，四川）
Bhattacharyya and Parker（1999）	全国	1980～1995	13 199.5（1991） 11 928.1（1995）	38.9（1991） 37.1（1995）
郭金兴（2007）	全国	1996～2005	10 615.77（1996） 9863（2005）	32.91（1996） 32.90（2005）
估算方法四：直接调研法				
何景熙（1999）	成都	1994～1996	n.a.	13.4（1994～1996）

注：①为了便于比较，表中列出代表性年份的数值，时间在数值后括号内标注；②缺乏相应数据的用 n.a.标注。

一些学者对我国季节性剩余劳动进行了估算。金浩（2004）采用线性规划的方法对我国 2001 年季节性过剩的劳动力规模进行了估算，李宏标（1997）利用陕西省清涧县 48 个调查户的数据，计算了 1992 年这些农户平均的季节性的劳动剩余率。两者具有相似的变化趋势，剩余劳动的季节性变化特征明显。在每年 11 月至次年 3 月农闲季节，剩余劳动比例很高；每年 4～10 月的农忙季节，剩余劳动比例较少。按照李宏标的统计，在 8 月和 9 月剩余劳动比例甚至为负值，这意味着出现了一定程度的劳动力短缺的现象。两者对于剩余劳动比例的估算在绝对值上存在较大差异，主要是采用的方法和使用的数据不同造成的。另外，金浩以韩国 20 世纪 80 年代的技术标准估算 2001 年农业生产必需的劳动投入，有可能低估了必需的劳动投入数量，从而高估了剩余劳动比例。季节性劳动剩余比例如图 2-1 所示。

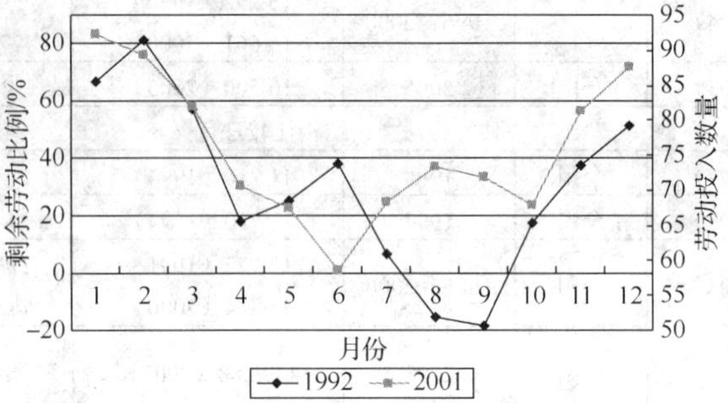

图 2-1 季节性剩余劳动比例

数据来源：1992 年数据来自李宏标（1997），数值为左边刻度；2001 年数据根据金浩（2004）计算得来，数值为右边刻度。

2.4 本章小结

作为一个发展中大国，我国具有典型的二元经济结构，充分利用丰富的劳动资源既是经济发展的目标，也是实现经济持续增长的主要动力源泉，因此，剩余劳动的估算具有很强的现实意义。然而，对于剩余劳动估算不同研究使用的剩余劳动概念、估算方法、数据资料，进而估算结果都有很大差异，这激发了作者研究的热情。剩余劳动估算的困难之处，在于合理估计农业生产必需的劳动数量，在不同的假定条件下，估计结果会有很大差异，从而影响对剩余劳动的准确估算。

国外对剩余劳动估算的结果表明，剩余劳动是发展中国家普遍存在的现象，而且，在发达国家早期发展阶段，乃至当代发达国家的某些部门，仍存在剩余劳动的现象，只是其规模和比例要远小于发展中国家。本章还归纳了对我国剩余劳动估算的一些具有代表性的实证研究，考察了这些研究采用的估算方法及其估算结果。这些研究表明，至少在进入21世纪之前，我国仍存在着规模巨大的剩余劳动，因此，我国经济发展的任务仍任重道远。另外，这些剩余劳动发挥着劳动供给“蓄水池”的作用，有利于中国经济在较长时期内保持较快的增速。在以后的研究中，除了估算剩余劳动的数量和比例外，可以进一步研究剩余劳动的年龄结构、性别结构和教育水平，以加深对我国剩余劳动现状的认识，并为相关政策的制定提供科学依据。

3 中国农业剩余劳动的估算：基于随机前沿模型的分析

本书采用随机前沿分析方法，利用省际面板对我国农业剩余劳动的数量和比例进行了估算，并分析了剩余劳动的变化趋势。根据本章的估算，1996 年以来我国剩余劳动没有明显的下降趋势，至 2005 年，我国农业剩余劳动数量约为 1 亿人，约占全部农业劳动力的 1/3。农业剩余劳动的变化与经济增长有着密切的联系，保持较快的经济增长，在非农部门创造更多就业机会，加快农业劳动力向其他部门的转移，是减少农业剩余劳动的根本途径。

3.1 文献综述

直接估算剩余劳动的数量是非常困难的，由于从事农业生产的劳动力数量可以从统计资料中获得①，因此，可以通过估算实际需要的劳动数量或剩余劳动比率，间接估算出剩余劳动数量。估算实际需要的劳动数量的方法包括经验法、基准估算法、劳动定额法、古典法与国际比较法。经验法、基准法和劳动定额法是 20 世纪 90 年代以前国

① Rawski 和 Mead（1998）、岳希明（2005）指出中国官方统计资料高估了农业人口的数量，这是由于不能准确地确定农村就业人口的行业归属，从而将一部分不再从事农业的劳动力笼统地归并到了第一产业中。但是，目前并没有合适的方法处理这一问题。本章按照以往文献的惯例，以农村从业人员中农林牧渔业的统计作为农业生产投入的劳动力数量。

内学者采用的主要方法（Taylor，1988）。经验法由农业生产基层组织的领导者估计本生产单位所需的劳动投入，将其与实际劳动投入进行比较，从而得到剩余劳动的估算。基准估算法首先选择基准年，根据基准年的土地劳动比或劳动设备比确定总的劳动需求，然后将其与实际劳动数量进行比较。基准年一般选择在20世纪50年代初期。劳动定额法，根据农业技术经济的研究，计算每种作物单位产出需要投入的劳动数量，再根据实际产量计算每种作物的实际劳动需求，将其加总得到总的劳动需求，与实际投入的劳动数量相比较得到剩余劳动数量。由于生产方式的转变（家庭联产承包责任制后，农户具有分散的农业生产决策权，生产队领导难以掌握准确估算各农户实际劳动需求的信息）、生产技术水平的提高（劳动与其他要素投入的比例发生变化），以及缺乏相关农业技术经济研究的支持（1986 年以后再未在全国范围内编制农业生产的劳动定额标准），因此，这三种估算方法逐渐被放弃。根据泰勒（Taylor，1988）的归纳，按照以上三种方法进行的各项研究，20 世纪估计 80 年代中前期我国农村剩余劳动在 7000 万～1.5 亿人，剩余劳动比率在 30%左右。

古典法依据二元结构下农业部门与非农业部门之间存在效率差异。假定提高农业部门生产效率至某一特定水平，如与非农业生产部门效率相同，或相当于非农业生产效率的 1/3，将此时所需的农业劳动投入与实际劳动投入相比，将其差额作为剩余劳动数量的估算。按照经济合作与发展组织（Organisition for Economic Cooperation and development，OECD，2002）的估算，如果农业部门生产效率提高到与非农业部门相同的水平，我国剩余劳动的数量约为 2.75 亿人，如果与其他东亚国家一样，提高到非农业部门 1/3 的水平，则剩余劳动数量约为 1.5 亿人。国际比较法是根据其他国家的工业化经验，确定不同发展阶段的收入水平与农业就业比重的对应关系，再由我国实际收入水平推断符合国际经验的农业就业比重，进而估算剩余劳动数量。王检贵和丁守海（2005）根据钱纳里等归纳的经济发展经验，2003 年我国农业剩余劳动数量为 4500 万人，剩余劳动比率为 14%。古典法和国际比较法的问题在于设定的估算标准缺乏合理的依据。古典法对农业生产效率提高比例的假定具有一定的随意性，对估算结果将产生重要影响。经济发展模式是对各国经验的归纳，考虑到不同国家和地区经济发展特征的巨大差异，似乎难以用其他国家的经验作为标准，来估算我国农业剩余劳动的数量。

估算剩余劳动比例的方法主要包括生产函数法、劳动投入调研法和技术效率法。

生产函数法将经济分为农业和非农业两个部门，并假定两个部门各自的生产函数，根据资金和劳动在不同部门合理配置的均衡原则，在假定农业部门存在剩余劳动的条件下，推导出农业剩余劳动比例的估计式。王红玲（1998）采用这一方法估计 1994 年我国农业剩余劳动比例为 26.07%，剩余劳动数量为 1.17 亿人。

劳动投入调研法通过调查得到农民每年实际投入的劳动时间，将其与充分就业条件下全年工作时间进行比较（一般为 270 个或 300 个工作日），将这一比例作为对剩余劳动比例的估计，进而可以估计剩余劳动的数量。王检贵和丁守海（2005）采用这一方法估算 2003 年我国农业剩余劳动比例为 14.4%，剩余劳动数量为 4586.6 万人。①采用生产函数法和劳动投入调研法需要进行大范围的调研，而调研的数据往往只是某一时点的截面数据，因此，难以考察剩余劳动数量和比例在一个较长时期的变动趋势。

技术效率法是利用农业生产的要素投入和实际产出的数据，估算有效的生产前沿（Frontier），实际产出与按照生产前沿可获得的产出之间的差距，或实际的要素投入与按生产前沿估算的必需的要素投入之间的差距，被视为生产的无效率部分，在估算剩余劳动时，则被视

① 王检贵和丁守海（2005）对剩余劳动比例的估算明显低于其他研究的结论。这可能是由于他们在研究中并没有使用劳动投入的原始数据，而是利用全国调查数据建立了人均收入与劳动投入之间的关系，再由以各省人均年收入推断劳动投入与剩余劳动的比例。首先，由于各地农业生产条件的差异，人均收入与劳动投入之间可能存在着不同的函数关系，难以用全国平均水平来概括。实际上，根据该文使用的数据，人均收入与劳动投入是一条向上倾斜的曲线，这意味着农业劳动的边际报酬是递增的，这与人们的直觉经验相悖。其次，由于农村地区存在收入分配不均的情况，以各省人均收入推断劳动投入，将高估劳动投入时间，低估剩余劳动比例，收入分配差距越大，偏离的误差越大。

为剩余劳动比例。估算生产前沿的方法可以分为非参数法和参数法。非参数法使用线性规划的方法估计有效的生产前沿，又被称为数据包络分析法。这种方法将所有对生产前沿的偏离均视为无效率的部分，因而有可能高估效率损失，从而高估剩余劳动比例。Ng 等采用这一方法对 1978～1992 年江苏和四川的剩余劳动比例进行了估计，江苏省剩余劳动比例在 31%～49%，四川在 22%～41%。参数法又被称为随机前沿分析法，需要假定生产函数的形式，通过极大似然估计得到参数的估计。Bhattacharyya 和 Parker（1999）采用这一方法对我国 1980～1995 年剩余劳动比例和数量进行了估计，剩余劳动比例在 35.2%～39.5%，剩余劳动数量在 1.05 亿～1.33 亿人。使用随机前沿模型可以估计不同省份在农业生产中农业劳动力投入的相对效率，进而相对准确地估算在农业产出、其他要素投入和自然环境等条件不变的情况下，可由农业生产中转移的劳动力数量，因此，本书采用这一方法对我国农业剩余劳动进行了估算。

3.2　计量模型

Battese 和 Coelli（1992，1995）发展的随机前沿模型可以用来分析面板数据。利用 1996～2005 年我国各省份农业生产的数据，可以分析近十年来我国农业剩余劳动的比例和数量。基本模型可由式（3.1）表示：

$$L_{it} = F(X_{it}, \beta)\exp(v_{it} + u_{it}) \tag{3.1}$$

式中，L_{it} 为 i 省第 t 期的农业劳动投入；X_{it} 为农业产出与其他要素投入向量；β 为系数向量；v_{it} 为独立同分布的随机变量；服从均值为零、方差为 σ_v 的正态分布；v_{it} 为天气等偶然因素对农业生产和劳动需求产生的影响；u_{it} 为非负的随机变量，代表观察到的农业劳动投入数量大于必需的劳动需求的部分，这被视为农业生产的无效率部分。其中，必需的劳动需求（L^*）可以由式（3.2）来表示：

$$L^{*}=F(X_{it},\beta)\exp(v_{it}) \qquad (3.2)$$

由式（3.1）和式（3.2）可以得出剩余劳动比例（s）的表达式：

$$s_{it}=1-\frac{L^{*}}{L}=1-\exp(-u_{it}) \qquad (3.3)$$

根据对 u_{it} 的不同假定，可以建立不同的计量模型。根据 Battese 和 Coelli（1992）的建议，为了分析技术效率随时间变化的影响，可以建立时变模型（Time-Varying）。u_{it} 由式（3.4）来决定：

$$u_{it}=u_{i}\exp[-\eta(t-T)] \qquad (3.4)$$

式中，η 为待估参数；u_i 为独立同分布的非负随机变量，服从在零处截断、均值为 μ、方差为 σ_u^2 的半正态分布。

式（3.4）假定早期样本的技术无效率部分是面板数据中最后一期样本技术无效部分的指数函数。如果 $\eta>0$，则技术无效率部分随时间变化呈下降趋势；如果 $\eta<0$，则技术无效率部分随时间变化呈上升趋势；如果 $\eta=0$，则技术无效率部分不随时间变化而变化。假定农业生产函数为科布-道格拉斯函数形式，则对式（3.1）两端取对数，并加入地区虚拟变量，可以得到式（3.5）：

$$\ln(L_{it})=\alpha_0+\sum_{j}\alpha_j D_{it}^{j}+\sum_{k}\beta_k\ln(x_{it}^{k})+v_{it}+u_{it} \qquad (3.5)$$

式（3.5）与式（3.4）即本书的模型（1）。Bhattacharyya 和 Parker（1999）在用随机前沿模型估算中国剩余劳动时，采取了 $\eta=0$ 的时不变模型（Time-invariant），为了分析农业生产技术效率随时间变化的趋势，Bhattacharyya 和 Parker 在模型中加入了时间趋势项与时间趋势项的平方。这可以用式（3.6）来表示：

$$\ln(L_{it})=\alpha_0+\sum_{j}\alpha_j D_{it}^{j}+\sum_{k}\beta_k\ln(x_{it}^{k})+\phi_1 T+\phi_2 TT+v_{it}+u_{it} \qquad (3.6)$$

在本书中令 $T=t-1995$，$TT=T^2$。式（3.6）即本书的模型（2）。统计的农业劳动数量大于必需的劳动需求是两种不同的原因造成的，一是农业劳动力的不充分就业造成的农业生产的无效率，二是虽然一部分农业劳动力已经由农业部门转移到非农业部门，但在统计中仍被归到农业部门。①因此，影响劳动力转移的一些因素将会对 u_{it} 造成影响。根据 Battese 和 Coelli（1995）建立模型，u_{it} 可由式（3.7）表示：

$$u_{it} = z_{it}\delta + W_{it} \tag{3.7}$$

z_{it} 为影响农业劳动力向其他部门转移的一组变量，δ 为待估系数，W_{it} 为独立同分布的非负随机变量，服从零处截断、均值为 μ、方差为 σ_u^2 的半正态分布。式（3.5）和式（3.7）构成了本书的模型（3）。另外，令 $\sigma^2 = \sigma_v^2 + \sigma_u^2$，$\gamma = \dfrac{\sigma_u^2}{\sigma_v^2 + \sigma_u^2}$，通过极大似然估计法可以得到 $y=\alpha$、β、δ、ϕ、σ^2、K_1 等参数的估计值，从而可以估算 u_{it} 和剩余劳动比例 s_{it}，进而估算农业剩余劳动的数量。

3.3 数据来源与数据特征

我们收集了 1996～2005 年全国 31 个省份农业主要要素投入和产出的数据。由于北京、天津、上海三个直辖市农业产值比重、农业人口比重均远低于其他省份，而人均农业产值远高于其他省份，其都市型农业特征与其他省份有显著差别，我们将其排除在样本之外。这样，我们样本中包括了 1996～2005 年 28 个省份共 280 个观测值。由于在 1997 年《中国统计年鉴》中将重庆和四川合并统计，1996 年重庆和四川的数据来自 2005 年《重庆统计年鉴》和《四川统计年鉴》。其余数据来自《中国统计年鉴》（1997～2006 年）。

我们以农业劳动力为被解释变量，解释变量包括农业总产值、农业机械总动力、化肥施用量、役畜、播种面积、灌溉面积和地区虚拟变量②。影响劳动力转移的因素包括城镇化水平、城乡收入差距和地

① 为了论述的方便，我们将统计的农业劳动大于必需的农业劳动的部分统称为剩余劳动。

② Fan 和 Pardey（1997）按照农业生产特性将我国各省份分为北部、东北、西北、中部、东南、西南、南部七个地区，本书采用了相同的分类，并将北部作为参照组。

区收入差距。表 3-1 是主要变量的简单说明和数据特征。

表 3-1 主要变量的简单说明与数据特征

变量名称	单位	说明	均值	标准差	最小值	最大值
农业劳动力（L）	万人	乡村劳动力中主要从事农林牧渔业的人口年底数	6.72	0.95	4.44	8.27
农业产出与其他要素投入						
农业产出（X_1）	亿元	农林牧渔业实际总产值	4.83	1.02	1.94	6.32
农业机械总动力（X_2）	万千瓦	主要农业机械动力总数的年底数	7.17	0.95	4.15	9.13
化肥施用量（X_3）	万吨	本年内实际用于农业生产的化肥数量的折纯量	4.64	1.12	0.92	6.25
役畜（X_4）	万头	根据农户平均每百户拥有役畜数量和该地区农户总数计算得出	5.47	0.83	3.15	7.07
播种面积（X_5）	千公顷	农作物实际总播种面积	8.34	0.95	5.42	9.54
灌溉面积（X_6）	千公顷	农作物有效灌溉面积	7.24	0.94	5	8.49
影响劳动力转移的因素						
城镇化水平		城镇就业人口与总就业人口之比	0.27	0.10	0.11	0.62
本地城乡收入差距		本地区城镇居民人均可支配收入与农村居民人均纯收入之比	2.90	0.75	1.71	5.60
地区收入差距		农村居民人均纯收入与全国人均 GDP（Gross Domestic Product，国内生产总值）之比	0.27	0.10	0.13	0.59
地区虚拟变量						
北部（参照组）		河北、河南、山东、山西、陕西				
东北（D_1）		黑龙江、吉林、辽宁				
西北（D_2）		内蒙古、宁夏、新疆、甘肃、西藏、青海				
中部（D_3）		江西、湖南、湖北				
东南（D_4）		上海、江苏、浙江、安徽				
西南（D_5）		四川、重庆、贵州、云南				
南部（D_6）		广西、福建、广东、海南				

注：农业产出与要素投入的数据特征是对变量的自然对数进行计算的结果。为了得到各省份实际农业总产值，我们首先利用 2006 年《中国统计年鉴》中国民经济核算的数据，计算了 1996～2005 年第一产业以 1978 年为基期的平减指数，然后利用各年的平减指数对各省的农业总产值进行缩减，从而得到实际农业总产值。

3.4　检验结果与讨论

我们将模型（1）～（3）的估计结果归纳在表3-2中。在统计上没有显著性的系数包括模型（1）中的农业产出和中部地区虚拟变量、模型（2）中的农业机械动力、役畜、中部地区和东南地区虚拟变量、模型（3）中的时间趋势项和技术无效率效应模型中的常数项。模型中其余系数具有统计显著性。播种面积对劳动力需求的影响最大，反映我国农业生产中劳动土地比较高的特征；役畜的影响较小，表明役畜在农业生产中的作用可能在下降。农业产出与机械动力在模型（1）和模型（2）中对劳动需求的影响不显著，但在模型（3）中有显著影响。与北部地区相比，东北、西北与南部地区在其他条件相同的情况下，劳动需求较少，西南地区劳动需求较多，中部和东南地区与北部没有显著差别。

在时变模型（1）中，$\eta<0$说明技术无效率随时间变化呈上升趋势，这与模型（2）中劳动需求随时间上升的趋势是一致的，在模型（3）中虽然劳动需求随时间下降，但在统计上没有显著性。当然，从时间趋势项的系数来看，劳动需求增加的幅度是很小的，但这至少说明近十年来农业生产中缺少节约劳动的技术进步，这与农业生产中人口密度较大的比较优势是一致的。

在影响劳动力转移的因素中，城镇化水平影响最为显著。根据Bhattacharyya和Parker（1999）的解释，城镇化水平越高，农产品需求越大，农业生产的边际收入越高，因而劳动力转移的数量较少，这使统计误差而导致的“剩余劳动”较少，从而使技术无效率部分减少。与城镇化的影响相反，本地城乡收入差距越大会导致更多的劳动力转移，因此会导致“剩余劳动”增加，从而使技术无效率部分增加。考虑到跨省迁移的成本较高，农民人均纯收入较高，与全国人均GDP水平较为接近的地区更利于劳动力转移，这与城乡收入差距的影响相同。

表 3-2 模型估计结果

因素		模型（1）		模型（2）		模型（3）	
		系数	标准差	系数	标准差	系数	标准差
常数		1.665	0.478*	2.249	0.249*	0.975	0.022*
产出与要素投入	农业产出	−0.043	0.05	0.122	0.053*	0.217	0.05*
	农业机械总动力	−0.156	0.035*	−0.02	0.04	0.414	0.035*
	化肥施用量	0.148	0.044*	0.183	0.041*	0.298	0.061*
	播种面积	0.466	0.075*	0.274	0.069*	0.223	0.049*
	灌溉面积	0.208	0.056*	0.131	0.056*	−0.315	0.034*
	役畜	0.029	0.017**	−0.023	0.017	0.1	0.036*
地区虚拟变量	东北	−0.504	0.098*	−0.451	0.066*		
	西北	−0.944	0.094*	−0.866	0.084*		
	中部	0.004	0.097	−0.015	0.084		
	西南	0.379	0.072*	0.391	0.071*		
	东南	0.158	0.098	−0.078	0.107		
	南部	−0.356	0.121*	−0.474	0.111*		
时间趋势	t			0.011	0.006*	−0.014	0.002
	tt			−0.002	0.000 5*	−0.002	0.203
	η	−0.011	0.003 896*				
劳动力转移	常数					−1.156	1.169
	城镇化					−16.384	2.567*
	城乡收入差距					0.793	0.242*
	地区收入水平					3.443	1.738*
	σ^2	0.42		0.432			
	γ	0.993		0.994			
	Log likelihood	350.73		365.28		8.347	
	Wald chi2	2519.57		3044.59		2900.27	
	样本数	280		280		278	

注：模型（3）缺少西藏 1997 年和 1998 年城镇居民可支配收入数据，因此少两个观测值。*、**分别代表在 5%、10%的水平上具有统计显著性。

根据模型的估算结果可以估计 u_{it}，并根据式（3.3）估算各省份的剩余劳动比例 R，进而估算各省份农业剩余劳动的数量。将各省份剩余劳动数量加总，得到 1996 年以来全国农业剩余劳动数量，与当年农业劳动力相比，可以得出相应的剩余劳动比例，见表 3-3。

根据模型估算的结果，从长期来看，我国农业剩余劳动的数量和比例并没有明显下降的趋势，在经济增长放缓的20世纪90年代中后期剩余劳动的绝对数量甚至还出现了上升的趋势。这与Bhattacharyya和Parker（1999）对我国1980～1995年农业剩余劳动的研究结果是一致的。根据Bhattacharyya和Parker的估算，我国1995年剩余劳动数量为1.19亿人，比1980年增加了900万人；1995年剩余劳动比例为37.1%，仅比1980年下降了1.2%。

农业剩余劳动数量的减少取决于农业劳动力向非农经济部门转移的速度。与东亚其他国家和地区经济高速增长时期相比，我国农业劳动力比重下降速度较慢，仅相当于日本、韩国和我国台湾地区的一半左右（柳欣和郭金兴，2005）。这可能是我国剩余劳动数量与比例没有出现明显下降趋势的一个主要原因。

表3-3 剩余劳动的数量和比例

年份	农业劳动力	模型（1）		模型（2）		模型（3）	
		剩余数量/万人	剩余比例/%	剩余数量/万人	剩余比例/%	剩余数量/万人	剩余比例/%
1996	32 260.4	9915.6	30.74	9828	30.46	12 103.7	37.52
1997	32 677.9	10 094.6	30.89	9922.6	30.36	11 198.7	34.27
1998	32 626.4	10 208.2	31.29	9957.1	30.52	11 449.3	35.09
1999	32 911.8	10 475.9	31.83	10 125.9	30.77	11 631.3	35.34
2000	32 797.5	10 630.4	32.41	10 169.2	31.01	11 578.5	35.3
2001	32 451.0	10630	32.76	10 065.8	31.02	11 470.6	35.35
2002	31 990.6	10 558.6	33.01	9954.7	31.12	11 121.2	34.76
2003	31 259.6	10 442.8	33.41	9767.9	31.25	10 824.2	34.63
2004	30 596.0	10 316.7	33.72	9581	31.31	10 314	33.71
2005	29 975.5	10 182.2	33.97	9402.5	31.37	10 004.3	33.37

注：在模型（3）中，以西藏1996～2005年其余年份剩余劳动比例的算术平均值估算了1997年和1998年的剩余劳动数量。

3.5 本章小结

本书采用随机前沿分析方法，利用省际面板对我国农业剩余劳动的数量和比例进行了估算，发现1996年以来我国剩余劳动没有明显的下降趋势。目前我国农业剩余劳动数量约为 1 亿人，约占全部农业劳动力的 1/3，这与以往大部分研究的结论是一致的。农业剩余劳动的变化与经济增长有着密切的联系，保持较快的经济增长，在非农部门创造更多就业机会，加快农业劳动力向其他部门的转移，是减少农业剩余劳动的根本途径。

由于在目前的统计中，一部分已经由农业部门转移到其他部门的劳动力仍被统计到农业劳动人口中，因此，本书的研究可能会高估农业剩余劳动的数量和比例。但是如果考虑到吸收农业劳动力转移的主要是生产效率较低的非正式部门，而根据刘易斯（Lewis，1954）的分析这些非正式部门也存在着相当数量的剩余劳动，这会减少统计误差造成的影响。在进一步的研究中，如果可以更准确地分析劳动统计误差的影响程度，对于农业剩余劳动的研究是非常有帮助的。

4　中国农村剩余劳动的结构及其变化

剩余劳动是经济发展理论的重要概念，虽然在理论和实证方面都存在争议，但作为古典二元经济范式的核心内容，历来得到发展经济学家充分的重视。由于古典二元经济理论对中国经济有较强的解释能力，长期以来，国内外学者对中国剩余劳动的估算做了大量的实证研究（郭金兴，2008）。2007 年以后，伴随着“民工荒”和工资上涨现象的出现，学界展开了有关中国经济是否已经通过了刘易斯转折的争论，农村剩余劳动的估算成为论辩双方争论的焦点之一（刘钧，2011）。新的经验证据不仅关注剩余劳动的数量，也关注剩余劳动在性别、年龄和文化程度等人口统计方面的构成，因为劳动者的这些个人特征与其向非农产业的转移能力直接相关，并关系到我国未来潜在的劳动供给能力。通过对农村剩余劳动结构变化的分析，可以解释剩余劳动与“民工荒”和工资上涨并存的悖论，从而为理解我国当前刘易斯转折问题提供新的思路和证据，具有较强的政策含义。

实际上，在有关刘易斯转折的争论发酵之前，部分学者已经开始对中国剩余劳动的结构进行实证研究（章铮和谭琴，2005；蔡昉，2007b），与以往有关剩余劳动数量的估算相比，这是经典剩余劳动理论的重要发展。但是，受农村劳动就业统计数据准确性和可得性的限制，目前对农村剩余劳动结构的估算大多集中于某一年度。由于存在数据来源或估算方法的区别，来自不同文献的各年估算结果难以进行直接比较，这显然不利于了解剩余劳动结构的变化趋势。本章试图采用统一的估算方法和数据来源，尤其是利用国家统计局农村调查总队对农村劳动力和农民工的调查数据，估算2002年以来我国农村剩余劳动的结构，以期更准确地认识剩余劳动的结构性变化，从而更好地理解我国当前面临的刘易斯转折，以及未来农村劳动供给的潜力。

本章以下部分安排如下：第一部分梳理了有关剩余劳动结构估算的主要文献，分析和比较其使用的概念、方法、数据和结果；第二部分提出本书估算农村剩余劳动结构的方法及数据来源；第三部分估算农村处于公开失业状态的显性剩余劳动和农业生产中处于非充分就业状态的隐蔽性剩余劳动的数量和比例，并对农村剩余劳动的性别、年龄和受教育程度的结构进行估算；第四部分从刘易斯转折的角度讨论本书估算结果的含义；最后是对本章的小结。

4.1 文献综述

最早估算剩余劳动结构的文献来自章铮和谭琴（2005）对“民工荒”现象的解释。他发现2003年农村仍有1.35亿剩余劳动，但其中有4908万已经达到了城镇退休职工年龄，转移的可能性不大。对劳动力供求的年龄结构的分析表明，25岁以下乡村劳动力缺口为687万人，而25岁以下女性乡村劳动力的缺口更是达到了1002万人。劳动供求的结构差异使剩余劳动与民工短缺同时存在。蔡昉及其合作者在论证中国经济已经实现刘易斯转折时，进一步发展了章铮的估算方法（蔡昉，2007c；蔡昉和王美艳，2007）。他们通过比较农村劳动总体和已转移农村劳动的年龄结构，并假定农业剩余劳动与农业从业人员具有相同的年龄结构，得出2005年各年龄阶段农村剩余劳动的比例和数量。结果表明，超过50%的农村剩余劳动年龄在40岁以上，40岁以下的剩余劳动不足5000万人，这意味着劳动供给结构性变化可能是“民工荒”与工资上涨的主要原因，这有力地支持了其中国经济已经实现刘易斯转折的论断。利用相似的估算方法，马晓河和马建蕾（2007）不仅估算了农村剩余劳动的年龄结构，还估算了性别结构和受教育程度的结构，得出了与蔡昉等的研究相似的结果。他们发现2006年农业剩余劳动中，40 岁以上的劳动者占 50%，女性占 55.37%，文化程度在小学及以下的占 42.96%。张同升（2011）利用 2009 年全国人口变动情况抽样调查样本数据和国家统计局农村司《农民工监测调查报告》数据，估计农村剩余劳动 40 岁以上劳动者所占比例超过 65%。经验证据表明，农村劳动力的就业决策具有很强的选择性，农民工以男性、40 岁以下和初中及以上文化程度的劳动者为主①。剩余劳动个人特征的结构变化越来越不利于劳动者向非农产业进行转移。

与以上的估算思路恰好相反，都阳和王美艳（2010）将剩余劳动估算与农村劳动的非农转移直接联系起来。他们利用 2005 年 1%人口抽样调查资料的数据，估计外出劳动力在性别、年龄、教育程度和健康状况等方面的个体特征，然后利用未外出农村劳动者的个体特征，估算不同教育程度和年龄阶段的劳动者可能外出的概率和数量，发现 2005 年农村可转移的劳动者数量为 4357 万人，并以此作为农村剩余劳动的估计。

从使用的估算方法来看，除都阳和王美艳（2010）外，以上文献均采用了直接估算法，即从农业从业人员中减去实现当时的农业产出所需的劳动投入数量，作为农业剩余劳动数量的估计。由于采用了相似的估算方法，剩余劳动数量的估算结果大致相同，而都阳和王美艳（2010）由于只估计了剩余劳动中可以转移的部分，估算结果明显小于其他文献，见表 4-1。

直接估算法所使用的剩余劳动的概念符合刘易斯对零值剩余劳动的界定，即在产出和其他要素投入不变的情况下，所能转移的劳动者数量。这也意味着在已经转移的农村劳动力中不存在剩余劳动的现象，剩余劳动只存在于农业生产中。但是，周健（2009）发现农村劳动力资源和农村从业人员之间存在持续而明显的差异，1990 年以来数量在 2300 万～5700 万人，占农村劳动力资源的比重在 5%～10%。周健认为形成这一差异的原因是农村普遍存在失业人口，并将其作为农村剩

① 2011 年全国 2.53 亿农民工中，男性农民工占 65.9%，40 岁及以下农民工占 61.7%，初中及以上文化程度农民工占 84.1%（国家统计局，2012）。

余劳动的重要组成部分。

表 4-1 估算剩余劳动结构的主要文献

文献来源	估算时间	剩余劳动数量/万人	剩余劳动结构
章铮和谭琴（2005）	2003 年	13 506	年龄、性别
蔡昉（2007c）	2005 年	2481～10 698	年龄
马晓河和马建蕾（2007）	2006 年	11 423.16	年龄、性别、文化程度
都阳和王美艳（2010）	2005 年	4357	年龄、文化程度
张同升（2011）	2009 年	10 015.4	年龄

数据来源：作者根据上述文献整理而得。

从使用的数据来看，由于缺乏全面的、连续的农村劳动力在年龄结构、性别结构和文化程度结构等方面的数据，这些文献只估算了某一年剩余劳动的结构。而且，不同的文献在估算剩余劳动结构时使用了不同的数据来源，因此，虽然估计的年份不同，也不宜直接进行比较，难以分析剩余劳动结构的变化趋势。另外，由于现行劳动统计存在的问题，无论农村农业从业人员还是农村已转移的非农劳动力的统计都不尽准确（岳希明，2005），这也影响了剩余劳动估算的准确性。

4.2 估算方法与数据来源

本章在考虑数据准确性和可得性的情况下，试图估算出近些年来我国农村剩余劳动的结构性变化。本书使用的估算方法与章铮和谭琴（2005）、蔡昉（2007c）等文献相似，即通过比较农村经济活动人口与农民工的年龄、性别和受教育程度的结构，从而得到相应的农业劳动的结构。进而，通过计算农业必需劳动投入来估算农业剩余劳动，并假定两者结构相同，则可估算农业剩余劳动的结构。但是，这一方法只估算了农业生产中存在的隐蔽性剩余劳动，而没有将以公开失业等形式存在的显性剩余劳动（周健，2009）。随着农村非农就业比例的增加和劳动力市场的发育，这部分劳动者的数量和比例也有增加。在估算农村剩余劳动时，应将显性剩余劳动也包含在内，这也符合早期对剩余劳动的界定[①]。

因此，本章界定的农村剩余劳动包括两部分，即具有劳动能力但处于公开失业状态，没有从事任何农业或非农业经济活动的显性剩余劳动，以及从事农业劳动但处于不充分就业状态的隐蔽性剩余劳动。农村显性剩余劳动按农村经济活动人口与农村就业人员之间的差额来估算。隐蔽性剩余劳动按农村农业劳动者与现有农业生产技术水平和农业产出水平下必需的劳动者数量之间的差额来估算。两类剩余劳动的估算公式如式（4.1）和式（4.2）所示：

显性剩余劳动=农村经济活动人口-农村就业人员　　（4.1）

隐蔽性剩余劳动=农村农业就业人员-农业必需的劳动投入　　（4.2）

在显性剩余劳动的估算中，仅有农村就业人员的数据，目前尚未在公开发布的统计资料中找到农村经济活动人口的统计。本书以农村劳动力资源减去其中的在校生来估算农村经济活动人口的数量。具体估算过程如下：根据《中国农村住户调查年鉴》可以得到历年每户常住人口和劳动力数据，进而利用《中国统计年鉴》的农村人口数据，可以估计农村家庭户数和农村劳动力数量，此即农村劳动力资源总量。按照《中国农村住户调查年鉴》的说明，农村劳动力数量包括了农村16岁以上具有劳动能力的所有人口，但不包括现役军人和大专及以上在校学生。在正常情况下，高中在校生年龄在15～17岁，其中16～17岁的部分被计入农村劳动力资源，但不应计入农村经济活动人口。将农村劳动力资源减去这部分在校生，可以得到农村经济活动人口[②]。

---

① 在剩余劳动理论发展的早期，马瑟（Mathur，1964）在分析剩余劳动产生的原因时既已指出，传统部门的剩余劳动应包含隐蔽性失业和公开失业两部分。

② 高中阶段教育主要分为普通高中和中等职业教育两类。目前各类统计资料中尚未发现高中阶段在校生生源城乡分布的数据，但是按照学校所在地，《中国教育统计年鉴》公布了地处城市、县镇和农村的普通高中的在校生人数。我们忽略在城市高中就读的农村学生和在县镇就读的城市学生，将在县镇和农村高中就读的学生作为农村普通高中生。根据县镇和农村高中就读学生占全部普通高中在校生比例，以及全国高中阶段中等职业学校在校生人数，估计来自农村的中等职业学校就读学生数量。根据上述方法估计农村高中阶段在校生数量，并假定各年龄阶段学生数量相同，按照2/3的比例估计其中16岁及以上学生的数量。

农村经济活动人口的估算如式（4.3）所示：

农村经济活动人口=农村劳动力资源-相应年龄的在校生　（4.3）

在隐蔽性剩余劳动的估算中，由于农村劳动者普遍存在兼业的现象，目前的统计不能准确地将一些从事非农经济活动的劳动者从农业劳动者中分离出来，这会高估第一产业就业的数量（岳希明，2005）。因此，本书没有采用《中国统计年鉴》中第一产业就业的数据，而是用农村就业人口减去农民工的数量作为农村农业劳动的估计，这也是当前估算农业剩余劳动的相关文献普遍采用的方法（蔡昉，2007c；蔡昉和王美艳，2007；马晓河和马建蕾，2007）。从计算结果来看，前者显著高于后者，并且有逐年扩大的趋势。

目前公开的资料中尚缺乏长期连续的农民工数据，目前较为全面的数据来自农业农村部农村固定观察点和国家统计局农村调查总队的农村住户抽样调查。其中农村住户抽样调查的数据更为可靠，可以公开获得的资料也更多（刘建进，2006），是本书估计农村转移劳动力数量和结构的主要数据来源，在有关数据不可得时，采用农村固定观察点的数据进行补充。刘建进（2006）根据国家统计局农村调查总队的数据估计了 2002 年和 2003 年农村转移劳动力的数量；章铮和李敬（2007）提供了 2004 年的数据；国家统计局农村经济调查司（2006）报告了 2005 年农村转移劳动力的数量；2008 年以来，国家统计局发布了《农民工调查监测报告》，报告了外出农民工和本地农民工的数量。2006 年和 2007 年缺少相关数据，根据 2005 年和 2008 年数据，对农民工增长数量进行简单算术平均，估计相应年份的农村转移劳动力数量。

农业就业人员的估算如式（4.4）所示：

农村农业就业人员=农村就业人员-农民工[①]　（4.4）

对农业必需的劳动投入，本书按如下方法估算。根据《全国农产品成本收益资料汇编》公布的我国各类农产品单位播种面积或单位产

① 这里的农民工既包含就业转移的非农劳动者，也包含外出打工的劳动者。

量的用工数量，以及《中国统计年鉴》和《中国农村统计年鉴》公布的相应农产品的播种面积或总产量，估计按劳动日计算的当年农业产出总的用工数量。将这一总的用工数量除以一个劳动者一年正常的劳动天数，可以得出当年农业生产所需的劳动者数量。按照文献惯例，每个劳动者一年的工作天数应在270天左右（王检贵和丁守海，2005；马晓河和马建蕾，2007），这与城镇职工正常的工作天数大致相当。本书按照这一数据来估计农业生产所需投入的劳动者数量。全部农业生产所需投入的劳动者数量减去城镇农林牧渔职工人数，得到农村农业生产所需的劳动者数量。

本书采用的农村剩余劳动的估算方法如图4-1所示，农村劳动就业主要指标之间的关系在图中也更加明晰。

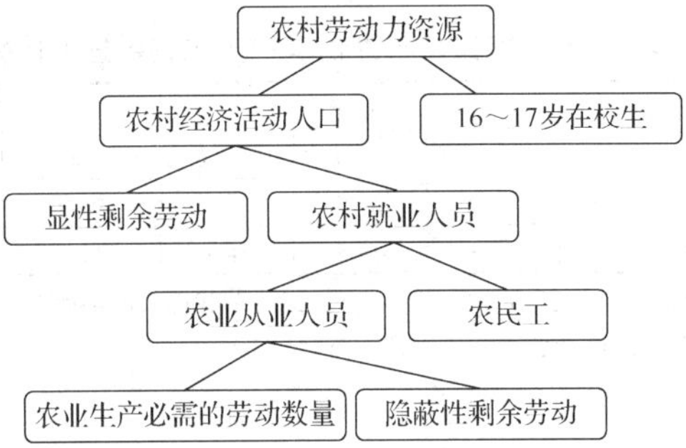

图4-1　农村剩余劳动估算示意图

与农村劳动就业的总量数据相比，结构数据更为零散。《中国劳动统计年鉴》公布全国和城镇就业人口的年龄、性别的结构数据，根据城乡就业人口的比例，可以得出农村就业人口的年龄和性别构成。假定农村经济活动人口与农村就业人口具有相同的年龄和性别结构，利用农村经济活动人口数据，就可以估计不同年龄阶段和不同性别的农村就业人口的数量。《中国农村住户调查年鉴》公布农村劳动者的受教育程度的构成情况，可以将其作为农村经济活动人口的受教育程度的近似估计，进而可以估计各类受教育程度劳动者的数量。

农民工在性别结构、年龄结构和受教育程度结构的全面的、连续的数据较为稀少。较为丰富的是外出农民工的结构数据。因此，在全部农民工的结构数据不可得的情况下，本书考虑以外出农民工的结构数据为基础，经过适当调整，估计全部农民工的结构数据①。通过比较有数据可参考的年份，我们发现外出农民工和全部农民工的性别结构和受教育程度结构较为接近，但年龄结构有较大差异（表 4-2）②。因此，在有关数据不可得时，本书以外出农民工结构数据来估计全部农民工结构数据，估算的方法是，性别与教育水平结构采用外出农民工结构数据，年龄结构将 30 岁以下外出农民工比例减少 15%，40 岁以上比例增加 15%，31～40 岁比例保持不变。本书使用的农民工性别数据来自《中国农村统计年鉴》，年龄数据和受教育程度数据来自《中国农村住户调查年鉴》。

表 4-2　全部农民工与外出农民工结构数据的比较

项目	性别		年龄			教育水平		
	男	女	30 岁以下	31～40 岁	40 岁以上	小学及以下	初中	高中及以上
全部农民工	65.1	34.9	42.4	23.5	34.1	15.9	61.1	23.0
外出农民工	65.9	34.1	58.4	23.5	18.1	11.6	62.9	25.5

数据来源：性别和年龄为 2010 年数据，来自《2010 年我国农民工调查监测报告》；教育水平为 2011 年数据，来自《2011 年我国农民工调查监测报告》。

4.3　农村剩余劳动总量的估算

4.3.1　显性剩余劳动

从计算结果来看，伴随着快速的城市化进程，农村劳动力资源总量呈下降趋势，而随着中等教育的普及，高中在校生的人数增加，农村经济活动人口以更快的速度下降。但是，农村就业人员下降的速度

① 从数量上来看，2008 年以来，外出农民工占全部农民工的比例在 2/3 左右且较为稳定（国家统计局，2012）。

② 30 岁以下外出农民工的比例比全部农民工高 15 个百分点左右，40 岁以上外出农民工的比例则低 15 个百分点，而 31～40 岁农民工的比例大致相同。

更快。与2002年相比，2010年农村经济活动人口减少了约4600万人，而同期农村就业人员下降了约6700万人，这使农村地区具有劳动能力，但是处于失业状态或退出劳动市场的显性剩余劳动的数量及其占经济活动人口的比例都呈上升趋势。在此期间，显性剩余劳动的数量增加了2100万人，占农村经济活动人口的比例也提高了5个百分点（表4-3）。如果将显性剩余劳动占农村经济活动人口的比重作为农村失业率的近似估计，则失业率的水平与城镇大致相当[①]。由于经济周期波动、企业破产或年龄增长等宏观、微观或个体因素的变化，部分农村非农劳动者从城镇地区或农村非农部门退出，但并不退回到农业生产中，从而处于公开失业的状态（周健，2009）。实际上，由于农业资本劳动比例持续上升，农业生产越来越倾向使用劳动节约型的生产方式，农业生产可以容纳的就业非常有限[②]，当城乡非农就业受到冲击时，农民工已经难以返回农业生产中。随着农民工数量越来越多，未来农村显性剩余劳动的数量和比例有可能进一步提高，这部分劳动者的构成特征、形成原因和促进其就业水平的政策措施，有待于进一步研究。

表4-3　2002～2010年农村显性剩余劳动

单位：万人，%

年份	劳动力资源（1）	16～17岁高中在校生（2）	经济活动人口（3=1-2）	就业人员（4）	显性剩余劳动（5=3-4）	显性剩余劳动比例（6=5/3）
2002	52 287	1232	51 055	48 121	2934	5.75
2003	52 484	1372	51 112	47 506	3606	7.06
2004	52 326	1550	50 776	46 971	3805	7.49
2005	51 650	1737	49 913	46 258	3655	7.32
2006	51 122	1952	49 170	45 348	3822	7.77
2007	50 384	1942	48 443	44 368	4075	8.41
2008	50 034	1952	48 083	43 461	4622	9.61
2009	49 365	1982	47 383	42 506	4877	10.29
2010	48 423	2011	46 413	41 418	4995	10.76

数据来源：根据历年《中国统计年鉴》《中国农村住户调查年鉴》《中国教育统计年鉴》相关数据计算而得。

① 李实和邓曲恒（2004）的一项调查表明，我国城镇失业率在8.59%～12.35%。

② 根据表4-7的估计，2002年以来农业剩余劳动的数量和比例大幅下降，也可以为这一观点提供佐证。

4.3.2 隐蔽性剩余劳动

本书按农村就业人员减去农民工数量作为农村农业劳动者数量的估计。表 4-4 列出了计算结果，并列出《中国统计年鉴》中第一产业就业人数以作比较。两者均呈现持续的下降趋势，但本书的估算数据下降速度更快。2002 年《中国统计年鉴》中公布的数据比本书估算结果高出 16%，至 2010 年已高出 48%，这表明政府统计部门公布的第一产业就业数据高估农业就业人数的现象可能变得更为严重。

表 4-4 2002～2010 年农村农业劳动者数量

单位：万人

年份	农村就业人员（1）	农民工（2）	农村农业劳动者（3）	第一产业就业（4）	（4）/（3）
2002	48 121	16 460	31 661	36 640	1.16
2003	47 506	16 950	30 556	36 204	1.18
2004	46 971	17 362	29 609	34 830	1.18
2005	46 258	18 319	27 939	33 442	1.2
2006	45 348	19 727	25 621	31 941	1.25
2007	44 368	21 134	23 234	30 731	1.32
2008	43 461	22 542	20 919	29 923	1.43
2009	42 506	22 978	19 528	28 890	1.48
2010	41 418	24 223	17 195	27 931	1.62

数据来源：农村就业人员和第一产业就业数据来自历年《中国统计年鉴》；2002 年、2003 年农民工数据引自刘建进（2006）；2004 年农民工数据引自章铮和李敬（2007），2005 年国家统计局农村经济调查司（2006）；2008～2010 年农民工数据引自国家统计局发布的《农民工调查监测报告》；2006 和 2007 年缺少相关数据，根据 2005 和 2008 年数据，对农民工增长数量作简单算术平均。

表 4-5 列出了农村农业生产必需的劳动投入。表中最后一列数据为农业生产必需的劳动投入减去城镇第一产业就业数据的结果。从计算结果来看，自 2003 年以来，农业劳动投入的人数一直呈下降趋势，平均每年减少 2.5%，而同期农业产出一直在增加，农业总产值平均每年增加 5%，农业劳动生产率的提高是非常显著的，这与农业生产中资本劳动比的持续上升直接相关。从农业劳动投入在各类农业生产中的分布来看，种植业所占比重一直在 60%以上，但呈下降趋势，畜牧业劳动投入的比例相对稳定，蚕桑、水果、茶叶和水

产品的比例呈上升趋势。农业劳动投入的结构性变化是农业生产结构变化的直接表现。

表 4-5 2002～2010 年农村农业生产必需的劳动投入

单位：万日，万人

年份	种植业工作日	畜牧业工作日	蚕桑、水果、茶叶工作日	水产品工作日	农业劳动工作日	农业生产必需的劳动投入	农村农业必需劳动投入
2002	3 832 469	880 906	745 097	120 010	5 578 482	20 661	20 231
2003	3 816 225	904 465	852 182	131 099	5 703 970	21 126	20 641
2004	3 786 737	893 933	797 247	175 926	5 653 842	20 940	20 474
2005	3 581 874	974 762	704 325	142 587	5 403 547	20 013	19 567
2006	3 264 966	883 303	908 662	168 928	5 225 859	19 355	18 920
2007	3 187 736	788 922	808 918	127 631	4 913 206	18 197	17 771
2008	2 954 677	804 443	803 112	148 102	4 710 335	17 446	17 036
2009	2 868 227	743 159	801 225	154 782	4 567 393	16 916	16 542
2010	2 873 073	735 512	798 004	162 545	4 569 133	16 923	16 547

数据来源：根据历年《全国农产品成本收益资料汇编》《中国统计年鉴》《中国农村统计年鉴》数据计算整理而得，农业所需投入的劳动者数量按照每个劳动者每年 270 个工作日计算。由于缺少相应的数据，谷子和其他谷物的每亩用工数量以高粱的每亩用工数量代替；芝麻、胡麻籽和向日葵的每亩用工数量由花生和油菜籽每亩用工数量的平均值代替；其他农作物的每亩用工数量由已知农作物每亩用工数量的算术平均值代替；大牲畜的单位用工数量由牛的单位员工数量代替；蚕茧的每亩用工数量由桑蚕的每亩用工数量代替；柑橘的每亩用工数量由柑和橘的每亩用工数量平均值代替；其他水果的每亩用工数量由苹果、柑、橘的每亩用工数量的平均值代替；水产品的单位用工数量由淡水鱼一般精养户与淡水鱼规模户精养用工数量的平均值代替；2008～2010 年水产品、茶叶缺少相应的单位用工数据，采用其他年份简单算术平均值作为替代。

隐蔽性剩余劳动的估算结果见表 4-6。自 2002 年以来，伴随着二元经济转型，农村农业从业人员数量不断减少，同时，随着农业生产技术水平的提高和其他要素投入的增加，农村农业必需的劳动投入也呈下降趋势。但是，前者下降的速度要远快于后者，与 2002 年相比，2010 年农村农业劳动者数量减少了 1.45 亿人，而农业必须投入的劳动数量只减少了 0.37 亿人，与 2009 年相比甚至有所增加。这使农业生产中隐蔽性剩余劳动的数量及占农业从业人员的比例迅速降低。至 2010 年，隐蔽性剩余劳动仅有 600 万人，占农村农业劳动者的比例不足 4%。

表 4-6　2002～2012 年隐蔽性剩余劳动

单位：万人，%

年份	农村农业劳动者（1）	农村农业必需劳动投入（2）	隐蔽性剩余劳动（3）	隐蔽性剩余劳动占农村农业劳动者的比例（3）/（1）
2002	31 661	20 231	11 430	36.1
2003	30 556	20 641	9915	32.45
2004	29 609	20 474	9135	30.85
2005	27 939	19 567	8372	29.97
2006	25 621	18 920	6701	26.15
2007	23 234	17 771	5463	23.51
2008	20 919	17 036	3883	18.56
2009	19 528	16 542	2986	15.29
2010	17 195	16 547	648	3.77

数据来源：根据相关资料整理而得。

本书估算的隐蔽性剩余劳动相当于农业剩余劳动。与采用相同剩余劳动概念的其他估算结果相比，在相应的年份，与章铮和谭琴（2005）、蔡昉（2007c）的估计大致相当，但是高于马晓河和马建蕾（2007）的估计。这是因为马晓河和马建蕾以乡村就业人员减去乡镇企业、乡村个体和私营就业人员之和作为农村农业就业的估计，没有考虑外出农民工的部分，这会高估农村农业就业数量，从而高估农村农业剩余劳动的数量。

4.3.3　显性与隐蔽性剩余劳动的比例

从计算结果来看，至 2010 年，我国农村剩余劳动的数量仅有 5643 万人，与 2002 年相比，下降了 60%；2010 年农村剩余劳动占农村经济活动人口的比例也由 2002 年的 28.13%下降至 12.16%，与我国城镇失业率较为接近。农村剩余劳动中显性剩余劳动与隐蔽性剩余劳动的比例发生了显著的变化，显性剩余劳动比例由 2002 年的 1/5 上升至 2010 年接近 90%；隐蔽性剩余劳动的数量大幅下降，至 2010 年仅为 648 万人，仅占全部剩余劳动的 11.48%。这说明农村剩余劳动的状况已经发生了重大的转变，农业生产中的剩余劳动数量已经极为有限，更多的剩余劳动以没有参与或退出农业和非农业生产活动的失业形式存在。2002～2010 年我国农村剩余劳动比例见表 4-7。

表 4-7 2002～2010 年我国农村剩余劳动比例

单位：万人，%

年份	剩余劳动		显性剩余劳动		隐蔽性剩余劳动	
	数量	占农村经济活动人口比例	数量	占剩余劳动比例	数量	占剩余劳动比例
2002	14 364	28.13	2934	20.43	11 430	79.57
2003	13 521	26.45	3606	26.67	9915	73.33
2004	12 940	25.48	3805	29.4	9135	70.6
2005	12 027	24.1	3655	30.39	8372	69.61
2006	10 523	21.4	3822	36.32	6701	63.68
2007	9538	19.69	4075	42.72	5463	57.28
2008	8505	17.69	4622	54.34	3883	45.66
2009	7863	16.59	4877	62.02	2986	37.98
2010	5643	12.16	4995	88.52	648	11.48

数据来源：根据相关资料计算而得。

4.4 农村剩余劳动的结构

通过分析农村经济活动人口和已转移农村劳动力的年龄、性别和受教育程度的结构和数量，并假定剩余劳动与农村其他劳动者具有相同的结构，即可估计出我国农村剩余劳动的构成情况。

4.4.1 农村经济活动人口的结构

农村劳动力的年龄结构、性别结构和受教育程度结构见表 4-8。从农村劳动力结构及其变化趋势来看，男性劳动者比重显著高于女性，结构较为稳定，没有明显的变化趋势；劳动者的平均年龄逐年增加，2002 年以来 40 岁以上劳动者的比例上升了 10 个百分点，而 30 岁以下劳动者的比例下降了大约 8 个百分点；劳动者受教育程度在逐渐增加，小学及以下劳动者比例下降了 8 个百分点，而初中和高中及以上的比例分别增加了 3～5 个百分点。

表 4-8 农村劳动力的结构

单位：%

年份	性别		年龄/岁			教育水平		
	男	女	30 以下	31～40	40 以上	小学及以下	初中	高中及以上
2002	53.81	46.19	30.05	28.82	41.14	38.2	49.3	12.5
2003	53.55	46.45	29.03	28.68	42.29	37.3	50.2	12.4
2004	55.34	44.66	27.87	28.69	43.44	36.7	50.4	13
2005	53.35	46.65	23.71	27.55	48.75	34.1	52.2	13.8
2006	52.33	47.67	22.39	25.5	52.1	33	52.8	14.2
2007	52.44	47.56	22.01	24.51	53.48	32.1	52.9	14.9
2008	52.28	47.72	22.31	23.11	54.58	31.4	52.8	15.8
2009	52.88	47.12	22.7	22.32	54.98	30.61	52.68	16.71
2010	53.81	46.19	25.27	22.04	52.69	30.1	52.4	17.4

数据来源：性别和年龄结构根据历年《中国劳动统计年鉴》相关数据计算而得；教育水平根据历年《中国农村住户调查年鉴》相关数据计算而得。

4.4.2 农民工的结构

2002～2010 年我国农民工的结构见表 4-9。2002 年以来，农民工数量保持了较快的增长，年均增速为 5%，平均每年新增 970 万人。性别结构保持相对稳定，男性农民工所占比例约为 2/3。从年龄结构来看，与 2002 年相比，40 岁以上农民工比例增加了 4.3 个百分点，30 岁以下农民工的比例下降了 3.8 个百分点，31～40 岁农民工的比例保持相对稳定。从教育水平结构来看，小学及以下教育程度的农民工比例下降了 5 个百分点，初中的比例下降了 4.7 个百分点，高中及以上的比例增加了将近 10%个百分点。但初中生的比例一直占到 2/3 左右。

表 4-9 2002～2010 年农民工的结构

单位：万人，%

年份	性别		年龄			教育水平		
	男	女	30 岁以下	31～40 岁	40 岁以上	小学及以下	初中	高中及以上
2002	70.1	29.9	47.2	24	28.8	18.88	65.92	15.2
2003	65.7	34.3	47.9	23	29.1	18.64	65.71	15.65

续表

年份	性别		年龄			教育水平		
	男	女	30 岁以下	31～40 岁	40 岁以上	小学及以下	初中	高中及以上
2004	65.4	34.6	46.3	23.2	30.5	18.4	65.5	16.1
2005	65.9	34.1	38.1	28.1	33.9	17.25	66.25	16.5
2006	65.8	34.2	37.6	29.5	32.9	16.1	67	16.9
2007	66.1	33.9	40.6	27.1	32.3	14.63	66.27	19.1
2008	66.1	33.9	43.6	24.7	31.7	13.17	65.53	21.3
2009	64.5	35.5	46.6	22.3	31.1	11.7	64.8	23.5
2010	64.6	35.4	43.4	23.5	33.1	13.6	61.2	25.2

数据来源：性别结构数据，根据历年《中国农村统计年鉴》相关数据整理而得；年龄结构数据，2002～2004 年、2009～2010 年数据来自《中国农村住户调查年鉴》，2005 年数据来自 2005 年 1%人口抽样调查数据，2006 年数据来自 2006 年第二次农业普查数据，2007 年和 2008 年数据根据 2006 年和 2009 年数据进行简单算术平均而得；教育水平结构，2002 年、2004 年、2006 年、2009 年、2010 年数据来自历年《中国农村住户调查年鉴》，2003 年、2005 年、2007 年、2008 年数据根据相邻年份数据进行简单算术平均计算而得。除 2010 年以外，结构数据均为外出农民工数据，年龄结构数据按表 4-3 方法进行调整。

4.4.3 农村剩余劳动的结构

根据农村经济活动人口和农民工的数量和构成情况，并假定农村剩余劳动与投入到农业生产中的劳动者具有相同的结构，可以估算我国 2002～2010 年农村剩余劳动的构成情况。再根据表 4-10 中农村剩余劳动数量，可以计算出不同性别、不同年龄阶段和不同教育水平的农村剩余劳动的数量。

我国农村剩余劳动的性别结构见表 4-10。由于已转移的农村劳动力中男性劳动者的比例约为 2/3，因此，剩余劳动中女性比例超过男性，而且这一比例有逐渐升高的趋势。与 2002 年相比，2010 年男女剩余劳动的数量均大幅下降，其中男性下降了 64%，女性下降了 58%。2011 年，在已经转移到非农部门的农民工中，男性比例达到 2/3，女性仅占 1/3（国家统计局，2012），农村剩余劳动中女性所占比例较高，不利于其向非农部门转移。

表 4-10　2002～2010 年我国农村剩余劳动的性别结构

单位：万人，%

年份	男		女	
	数量	比例	数量	比例
2002	6654	46.33	7710	53.67
2003	6457	47.76	7064	52.24
2004	6514	50.34	6426	49.66
2005	5586	46.45	6441	53.55
2006	4617	43.87	5906	56.13
2007	4060	42.57	5478	57.43
2008	3483	40.96	5022	59.04
2009	3362	42.76	4501	57.24
2010	2427	43.01	3216	56.99

数据来源：根据相关资料计算整理而得。

我国农村剩余劳动的年龄结构也在迅速变化。2005 年以前，40 岁以下的剩余劳动所占比例超过 50%，这与蔡昉（2007c）等所做的估算是一致的。但是，近年来，40 岁以下剩余劳动者的比例迅速下降，2008 年以后，这一比例下降至 30%以下，至 2010 年，我国农村剩余劳动中仅有 401 万人年龄在 30 岁以下，而 40 岁以上剩余劳动的比例已经高达 72%。2002～2010 年我国农村剩余劳动的年龄结构见表 4-11，年龄对劳动者的外出决策有重要的影响，随着年龄的提高，劳动者外出工作的预期收益将会减少，预期心理成本和经济成本将会上升，从而降低劳动者外出打工的意愿（都阳和王美艳，2010），年龄结构的提高不仅会影响未来非农部门的劳动供给，甚至会降低以后城市化的速度（康传坤，2012）。

表 4-11　2002～2010 年我国农村剩余劳动的年龄结构

单位：万人，%

年份	30 岁以下		31～40 岁		40 岁以上	
	数量	比例	数量	比例	数量	比例
2002	3184	22.17	4457	31.03	6723	46.80
2003	2707	20.02	4244	31.39	6569	48.59

续表

年份	30 岁以下		31～40 岁		40 岁以上	
	数量	比例	数量	比例	数量	比例
2004	2422	18.71	4066	31.42	6453	49.87
2005	1900	15.79	3276	27.24	6845	56.91
2006	1351	12.84	2419	22.99	6753	64.17
2007	819	8.58	2159	22.64	6560	68.78
2008	412	4.85	1855	21.81	6237	73.34
2009	148	1.88	1757	22.34	5958	75.78
2010	401	7.11	1162	20.59	4080	72.30

数据来源：根据相关资料计算整理而得。

虽然我国农村劳动力总体上受教育程度不断提高，但是，受教育程度越高的劳动者选择非农就业的概率就会越大（赵耀辉，1997），因此，农村剩余劳动教育水平反而呈下降趋势。根据本书的估算，受教育程度在小学及以下的农村剩余劳动者的比例在上升，初中程度的比例基本保持稳定，而高中及以上的比例呈下降趋势。2002～2010 年我国农村剩余劳动的教育水平结构见表 4-12。

表 4-12　2002～2010 年我国农村剩余劳动的教育水平结构

单位：万人，%

年份	小学及以下		初中		高中及以上	
	数量	比例	数量	比例	数量	比例
2002	6807	47.39	5946	41.39	1611	11.22
2003	6295	46.56	5747	42.50	1459	10.79
2004	5979	46.21	5506	42.55	1474	11.39
2005	5276	43.87	5298	44.05	1471	12.23
2006	4664	44.32	4555	43.29	1304	12.39
2007	4351	45.62	4059	42.56	1111	11.65
2008	4039	47.49	3535	41.56	931	10.95
2009	3807	48.41	3245	41.27	811	10.32
2010	2715	48.11	2415	42.79	501	8.89

数据来源：根据相关资料整理而得。

综合来看，我国农村剩余劳动中以女性、40 岁以上和受教育程度在初中及以下的劳动者为主，这种结构性变化具有一定的趋势性，未来这些劳动者将会越来越多地成为农村剩余劳动的主要组成部分。长期以来，农村劳动转移以男性、年轻和受教育程度较高的劳动力为主，剩余劳动的结构性变化意味着在目前农业生产条件和制度环境保持不变的情况下，农村能够发挥的非农劳动后备军和蓄水池的作用将会越来越微弱。

4.5 本章小结

本章应用直接估算法估计了 2002～2010 年我国农村剩余劳动的数量和结构，发现近些年来我国剩余劳动的数量在迅速减少，占农村经济活动人口的比例也不断下降。农业生产中隐蔽性剩余劳动的数量大幅下降，处于失业状态或退出劳动市场的显性剩余劳动数量显著增加，占剩余劳动的比例已接近 90%。剩余劳动中女性、40 岁以上和受教育程度在小学及以下的劳动者比例呈上升趋势，向非农部门转移的能力，尤其是外出就业的能力在不断下降。剩余劳动的结构性变化具有以下几个方面的含义。

（1）由于剩余劳动转移能力的下降，城市部门如果想要吸引更多的剩余劳动，需要不断提高工资水平，消除劳动转移的障碍，降低劳动转移成本。在目前的农业生产条件和经济制度环境条件下，农村能够为城市提供的有效的劳动供给已经非常有限。这意味着刘易斯转折可能确实已经到来，非熟练工人供给的短缺和工资水平的上涨将会成为常态。

（2）农业技术水平的提高和其他农业生产要素的投入对提高未来的劳动供给至关重要。在农业技术水平和其他生产要素保持不变的情况下，维持目前的农业产出水平，每年仍需投入超过 1.6 亿的劳动者。提高农业技术水平，增加其他替代性要素投入，可以释放出更多的农业劳动，为维持较快的经济增长提供必要的劳动供给。实际上，这也是过去长期以来农业生产正在发生的事实。农业劳动生产效率的提高对于释放农业劳动，为非农产业提供劳动供给发挥了重要的作用。在当前剩余劳动数量迅速减少的情况下，提高农业劳动生产效率的重要性尤为突出。

（3）需要为农村剩余劳动提供更多就地转移的机会。由于性别、年龄和教育水平的结构变化，能够异地转移的剩余劳动数量已经非常有限，而非农就业是提高农民收入的主要途径，为这部分劳动者创造更多的就业转移的机会，将有利于提高其收入水平，缩小收入差距。在这部分群体数量逐渐减少的情况下，为其创造就业机会不仅必要，而且也具有越来越大的可能性。

5 我国刘易斯转折的悖论、争议与共识

2003 年以来，我国东南沿海地区开始出现“民工荒”现象，并且逐渐蔓延至中西部地区，起初学界认为这不过是劳动无限供给条件下劳动市场局部的、周期性的、结构性的现象（樊纲，2005；王诚，2005）。但是，此后数年，即使遭遇金融危机的不利影响，“民工荒”也未消失或者缓解，而是愈演愈烈，并在全国范围内出现“涨薪潮”，似乎预示劳动市场已经出现了全面的、总体性的、趋势性的变化。2007 年左右，蔡昉（2007a）率先提出伴随着人口结构变化的“民工荒”并不是短期的或周期性的现象，而是劳动力从无限供给到有限剩余的重要标志，中国经济已经接近或跨越了刘易斯转折点。这一观点引发了学术界的广泛争论，多数学者以我国农村仍然存在大量剩余劳动为依据，对此持否定态度。研究刘易斯转折问题的学术论文数量激增，甚至一些国外学者也加入讨论，China Economic Journal 和 China Economic Review 分别于 2010 年和 2011 年出版了关于中国刘易斯转折争论的专辑，提供学术舞台，使论辩双方有机会“同场竞技”，推动相关讨论不断深入。

关于刘易斯转折的争论主要沿两条线索展开，一是对民工短缺、工资上涨和剩余劳动并存这一悖论的解释，二是与之相应的有关刘易斯转折的判断标准、判断方法和经验证据的研究。由于判断标准、使用方法和数据来源的差异，学者们得出的结论不尽一致。而且，对农村劳动者，尤其是农民工的数量、结构和就业特征尚未形成权威的、全面的、持续的统计数据，剩余劳动准确估算也存在现实的困难，这加剧了学者之间的分歧。但是，透过有关争论，对于刘易斯转折背景

下中国劳动市场的发展趋势，存在的主要问题以及可能的解决途径，学界存在着较为广泛的共识。本章将详述有关的悖论、争议与共识。

5.1 剩余劳动与“民工荒”并存的悖论

刘易斯转折的判断之所以引起如此广泛的争论，从经验来看，是因为存在剩余劳动与民工短缺和工资上涨并存的悖论。按照刘易斯二元经济模型的推论，在传统部门剩余劳动尚未全部转移至现代经济部门之前，传统部门的工资水平由生存工资决定，并长期保持稳定。现代部门只需支付略高于传统部门生存工资的工资水平，就可以获得无限的劳动力供给（Lewis，1954）。在实现刘易斯转折之后，边际产值为零或为负的剩余劳动已经消失，为吸引劳动者继续由传统部门流向现代部门，必须提高工资水平。中国自 2003 年以来开始出现民工短缺和工资上涨现象，但是，农业部门仍存在数量可观的剩余劳动也是不争的事实[①]。正是这一理论上相互冲突的悖论，引发学界对刘易斯转折问题的广泛争论，有学者甚至将此称为中国经济之“谜”（Knight et al.，2011）。

正如 Garnaut（2010）所指出的，与其他经济模型一样，二元经济模型也是对经济现实的理论抽象。现实经济中由于存在地区差异、劳动者的个体差异及制度约束等因素，自然而然会出现现实与理论相悖的现象。解释民工短缺、工资上涨和剩余劳动共存这一悖论的关键，在于认识到剩余劳动只是潜在的劳动供给，并不等同于现实的劳动供给，在其转移的过程中，需要付出一定的成本[②]。当现代部门与传统部门之间的工资差距不能弥补这一成本时，即使仍然存在尚未转移的

---

① 虽然不同的学者对我国当前农业剩余劳动的数量和比例多有争论（郭金兴，2008），但即使蔡昉及其合作者也承认农村地区仍存在相当数量的剩余劳动（蔡昉，2007b；蔡昉和王美艳，2007；都阳和王美艳，2010）。

② 为了吸引剩余劳动的流入，现代部门需要支付的工资比生存工资要高出 30%，以克服客观的或“仅存于想象之中”的转移成本（Lewis，1954）。

剩余劳动，也会出现民工短缺或工资上涨的现象。由此出发，学者们从不同角度对这一悖论做出解释，主要观点如下。

（1）地区差异说。中国作为典型的“大国经济”，由于长期以来没有形成全国统一的要素市场，地区之间的资源禀赋、要素相对稀缺程度，从而相对价格及发展水平等存在巨大差异（蔡昉，2010a）。东部地区经济水平比较高，已经出现劳动者工资的普遍上涨、劳动供给不足及农业劳动比重下降等明显的刘易斯转折现象；而中西部或局部偏远地区，发展相对落后，工资水平和增速都低于东部发达地区，有大量农村剩余劳动有待转移，距离刘易斯转折点还有一段距离（李月，2008）。劳动者在不同地区之间的流动和转移需要支付相应的成本，因此出现部分发达地区劳动短缺，而其他落后地区仍然存在剩余劳动的现象，这也意味着刘易斯转折不是一个具体的点，而是一段区间。

（2）劳动者个体差异说。刘易斯二元经济理论假设剩余劳动是同质的，但在现实经济中，剩余劳动具有明显的异质性，不同劳动力年龄、性别、教育水平等差异会直接影响其转移决策[①]，农村劳动力转移表现出高度的选择性（郭熙保和黄灿，2010）。章铮（2011）以不同年龄农民工的劳动生产率差异表征劳动力的异质性，证明不同劳动生产率的农村劳动力在相同的工资率水平下的收入不同。年龄较大、劳动生产率较低的农村劳动力，转移工资水平低于保留工资，因此只能留在乡村。随着高生产率的青年农民工转移殆尽，现代部门只能提高工资率，才能吸引低劳动生产率的劳动力继续转移。由此出现农民工工资上涨，高劳动生产率的青年农民工供不应求，而农村仍存在着大量低劳动生产率的剩余劳动的悖论。

（3）转移决策说。农村剩余劳动的转移决策主要取决于预期收益和转移成本的比较，转移成本不仅包括为实现转移所支付的经济成本，还包括相应的心理成本和社会成本（曹宗平，2009）。近些年农产品价格上涨和农业收入水平提高，农业减税和补贴等惠农政策的实施，直

① 都阳和王美艳（2010）对农村劳动力的外出决策过程实证研究表明，年龄和受教育水平是影响农村劳动力外出决策的重要变量。年龄越大，受教育水平越低，农村劳动力转移概率越低。

接导致农民工保留工资上升。而住房费用上升等因素使城市生活成本提高，农村劳动力的转移净收益降低。农民工在成本与收益的权衡之下，更多选择返乡或就地、就近转移，这加剧了剩余劳动与“民工荒”并存的现象（朱晶等，2011）。

（4）劳动市场分割说。户籍制度及相关的社会福利的城乡分割和地区分割，形成了分割的劳动市场，阻碍了劳动在城乡之间和地区之间的流动和转移，这也造成“民工荒”和剩余劳动并存悖论的重要原因（Knight et al.，2011）。由于户籍等制度性障碍的存在，农民工不能享有与城市居民相同的公共服务权益，大部分农民工不能与家人一起进城，只能选择在未婚和年轻的时候外出打工①，而一些要照顾老人和孩子的农村劳动力根本无法外出打工，这直接降低了可供转移的农村劳动力数量。如果现有农民工的平均转移年限增加四年，农民工存量将增加一倍以上，如果消除所有的制度障碍，2020 年的农民工数量也将增加一倍以上（Golley and Meny，2011）。消除制度障碍，加快劳动市场整合是解决“民工荒”和农村剩余劳动共存悖论的关键。

5.2 刘易斯转折的判断标准及其争论

随着劳动者由传统部门向现代部门的转移，传统部门中边际产值为零或为负的剩余劳动最终消失，生存工资条件下存在无限劳动供给的古典模型不再适用，由此进入工资由劳动边际产值决定的新古典模型（Lewis，1954）。因此，边际为零或为负的剩余劳动的消失是经济转折的标志，费和拉尼斯（Fei and Ranis，1964）将其称为刘易斯转

① 国家统计局农村经济调查司发布的《2009 年农民工监测调查报告》显示，2009 年全国举家外出的农民工达 2966 万人，仅占全部外出农民工的 20.41%；全国农村固定观察点办公室的调查数据显示，2010 年，农村外出就业劳动力的平均年龄为 33.8 岁，其中男性平均年龄为 34.7 岁，女性平均年龄为 32.1 岁（蔡昉，2011），而根据 2009 年全国人口变动情况抽样调查数据，全国劳动人口的平均年龄约为 38.8 岁。

折[①]。刘易斯转折之后，传统部门劳动边际产值为正，并且随着劳动者的不断流出而上升，这意味着现代部门不能再以不变的工资水平获得无限的劳动供给，劳动供求的总量结构出现了根本性的变化，非熟练工人的工资水平开始上涨。在其他条件不变的情况下，非熟练工人工资水平上涨，将会缩小非熟练工人和熟练工人之间的工资差距，并通过提高农村家庭收入水平，缩小城乡差距，改善收入分配的总体状况。因此，是否已经进入刘易斯转折区间，可以从剩余劳动的数量和比例、劳动市场的供求结构、工资水平的上涨趋势、工资收敛和收入分配改善等方面进行实证研究。由于现实经济的复杂性，依据不同的判断标准可能会得出不同的结论，而这些不同的结论之间并非完全的互斥关系，有时候需要运用多种方法进行综合判断（南亮进，2008）。

5.2.1 剩余劳动数量和比例

刘易斯对二元经济的基本假设在于农业中存在大量的剩余劳动，因此，考察和估算农业中究竟有多少剩余劳动是判断刘易斯转折点是否到来的最直接的指标。但是，由于剩余劳动不能直接观察到，必须通过估计农业生产必需的劳动数量而间接得到，而中国农村劳动人口统计上的不完善，更加加剧了这一困难。而且，不同学者对剩余劳动的定义不同，进而采取的估算方法不同，这也必然导致估计结果有很大的差异。从目前的估算结果来看，剩余劳动数量从2000万人到1.5亿人不等（郭金兴，2008）。

蔡昉（2007b）对农业剩余劳动和结构做了新的分析和预测，结果表明，2004年农村剩余劳动比例是23.5%，其中50%以上是40岁及以上的经济活动人口，40岁以下的农村剩余劳动至多只有5800万人，剩余比例只有11.7%。考虑到40岁以上的劳动力转移意愿较弱，而

① 刘易斯转折并不意味着二元经济已经消失，此时传统部门和现代部门的劳动边际产值和工资水平仍有较大差异，促使劳动继续从前者向后者转移，使两者之间的劳动边际产品差异逐渐缩小以致消失，费和拉尼斯将两者差异消失的时刻称为成为商品化点，此后二元经济转型为一元经济（Fei and Ranis，1964）。蔡昉（2010b）明确指出，自己所研究的是刘易斯转折，而不是商品化点，判断的标准是现代部门新增的劳动需求超过了新增的劳动供给，并且工资水平开始上涨。

40 岁以下的劳动力数量在逐年下降等因素，因此认为农村能为未来经济发展提供的剩余劳动已经很有限，农村剩余劳动已从无限供给转向有限剩余，中国刘易斯转折点已经到来。蔡昉等对剩余劳动估计的贡献在于，不仅估算了剩余劳动的数量，而且估算了剩余劳动的人口特征，如年龄、性别、教育程度，从而将剩余劳动与可以转移的劳动供给联系起来，这一方面可以解释剩余劳动和工资上涨的悖论，另一方面也启发了其他学者从劳动供给的角度去研究刘易斯转折问题。

蔡昉的研究引起很大的争议。依据已经转移的劳动力并未脱离农业生产、农业从业劳动力年龄偏低等经验事实，一些学者提出了质疑。孙自铎（2008）指出，包括乡镇企业和农民工在内的已经转移的 2 亿劳动力中，相当一部分人并未放弃承包地，是兼业生产者，这部分劳动力折算成农业从业者，将降低所需农业劳动力数量。40 岁以上的农村劳动力即使说不适合转移到非农部门，但是，作为农业劳动者也可以置换出更多的外出打工者，直接从转移者中扣除是毫无道理的。贾先文等（2010）的研究也指出，与发达国家相比，我国农业从业人员年龄年轻很多，我国 40 岁以下、40～50 岁以及 50 岁以上的农业从业人员分别为 44.4%、23.1%和 32.5%，而日本和韩国 60 岁以上农业产业人员比例为 50%以上，50 岁以上的比例则在 75%以上。农业技术进步会促使农业劳动生产率的提高，工资上涨和劳动要素相对价格的提高，会促进其他要素投入的增加，对劳动产生替代作用，我国农村将有更多的可转移剩余劳动出现。Knight 等（2011）对比农业劳动力的实际工作日和可提供的工作日，发现农业劳动力每年的平均劳动时间为 183 天，49%的农业劳动力的工作时间少于 200 天，而农村非农产业劳动力的平均劳动时间为 226 天，其中少于 200 天的比例高达 32%。如果将劳动者每年可提供的工作日定为 300 天，从事农业生产的劳动力和拥有农村户籍的非农劳动力的剩余比例分别为 39%和 25%。因此，农村剩余劳动仍有很大的挖掘潜力。

正如刘易斯的分析所表明的那样，剩余劳动不仅在农业生产中或农村地区存在，同样存在于城市的传统部门中。我国从农村转移出来的劳动力很多在非正规行业就业，其中的剩余劳动和非充分就业现象尚未引起学者们的足够关注①。这为进一步挖掘剩余劳动潜力提供了新的方向。

5.2.2 劳动市场供求

就业率和失业率是衡量劳动市场供求的最重要的指标，但是，我国就业统计和失业统计存在着诸多问题，无法使用官方的统计数据对劳动市场供求状况进行准确的判断。因此，大多数学者根据人口结构变化和其他数据资料来把握我国劳动市场的供求变化。但是，由于数据来源和考察角度的不同，得出的结论也不尽一致。

蔡昉（2011）从劳动市场的供求变化得出我国已经跨越刘易斯转折点的结论。首先，从劳动年龄人口（16～64 岁）的变化来看，中国劳动年龄人口的增长率从 20 世纪 80 年代开始下降，2004～2011 年劳动年龄人口的增量以每年 13.6%的速度减少，劳动年龄人口绝对数量将在 2015 年左右达到峰值②。此后，从农村转移出的劳动供给数量将开始少于城市新增就业的数量，城乡总劳动人口将呈现负增长。其次，从劳动力需求来看，伴随着我国经济的高速增长，城市劳动力与农业雇工需求都不断增长。2003～2009 年，城镇新增就业比全国劳动年龄人口增长更快，表明农村剩余劳动及城镇失业和冗员正在迅速减少，劳动需求的增速超过了劳动供给的增速。劳动供求的结构性变化使中国在 2003～2009 年进入刘易斯转折阶段。蔡昉（2011）还估算了城市化对城镇就业的带动作用，发现按照不同的城市化速度，“十二五”期末与 2009 年相比，城镇新增就业在 5859 万～9836 万人，而在此期间，劳动人口的增量仅为 2400 万人左右。因此，劳动人口的增长，将不能满足快速城市化带来的城镇就业迅速增长。

蔡昉等从增量的角度来说明新增劳动供给无法满足新增劳动需

① 对农民工的调研发现，外出农民工 1/4 处于打零工状态，劳动时间明显少于充分就业水平（蔡昉，2011）

② 根据联合国的预测，中国劳动年龄人口比例在 2010 年以前不断上升，2010 年达到 71.9%，此后，劳动年龄人口比例则呈下降态势，2030 年下降到 67.2%，从绝对数量看，劳动年龄人口在 2015 年左右达到峰值，为 9.98 亿，此后会逐步下降，2030 年约为 9.83 亿。

求，但更多的学者从我国庞大的人口存量的角度否定我国刘易斯转折点到来这一命题。翟振武和杨凡（2011）提出，劳动人口的年龄结构变化和未来新增劳动人口逐渐减少是我国劳动市场发展的长期趋势，但是，近些年来我国劳动人口总量仍是增加的，至少在未来十几年中，劳动供给是稳定和充裕的。而且，2009 年中国劳动力总量为 9.3 亿人，比所有发达国家劳动力数量的总和（7.7 亿人）还要多，而发达国家 GDP 总量是中国 GDP 的近 5 倍。因此，当前中国经济发展的瓶颈问题不是劳动力数量不够，而是劳动生产率太低。孙国锋（2011）指出，我国劳动供给将于 2017 年进入负增长，而且，即使如此，21 世纪中叶我国还将有 9 亿劳动力。因此，目前人口红利还未消失，刘易斯转折已经到来的论断言之尚早。

还有一些学者从人口结构的角度解释了当前“民工荒”出现的原因，并以此否定刘易斯转折点到来。Golley 和 Meng（2011）分析了农村户籍人口的年龄结构，发现 44～46 岁和 19～29 岁年龄段出现缺口，是由 20 世纪 60 年代的大饥荒和 80 年代的计划生育政策造成的。19～29 岁年龄段的缺口说明当前出现的劳动力短缺和工资上涨，是农村青壮年劳动力的暂时性短缺，而不是剩余劳动的枯竭。Green（2008）利用 2005 年国家统计局的数据进行预测，也认为 2005 年中国 20～39 岁的劳动数量的下降是暂时的，未来将持续增加，2010 年将达到 1.9 亿人，2015 年达到 2.15 亿人。因此，至少在未来几年内，中国依然能为非农部门的发展提供足够的劳动供给。

5.2.3　工资上涨

工资上涨的趋势性变化是刘易斯转折的判断依据，即在刘易斯转折之后，工资涨幅会明显提高，而考察对象应是非熟练劳动者的工资水平，如农民工工资或农业雇工工资。但是，除了劳动供求的结构性变化会导致工资上涨以外，农村劳动力转移成本或保留工资的上升也会引起城市部门工资的上涨。简单地把农民工工资上涨作为判断刘易斯斯转折点到来的依据，缺乏逻辑的一致性①。因此，争论双方不仅要考察工资是否上涨，还要分析工资上涨的原因。

蔡昉（2011）认为2003年以后，普通劳动者（农民工、非熟练工人）的工资出现明显上涨，并且呈现加速上涨的趋势。为了证明工资上涨是供求关系变化的结果，而不是其他因素造成的，蔡昉等还考察了农业雇工的工资水平，发现农业雇工日工资呈现更快的增速，这是刘易斯转折到来的重要证据。张晓波等（2010）分析了甘肃省国家级贫困县88个村庄的跟踪调查数据，发现近年来甘肃省贫困地区农村内部已经普遍出现劳动力短缺，实际雇工工资无论是农忙时期还是农闲时期都已开始大幅上涨，这为刘易斯转折点已经到来提供了微观证据。

Golley 和 Meng（2011）利用中国和印度尼西亚农民工研究数据库（Rural-Urban Migration in China and Indonesia，RUMICI）中2000～2009年数据，以城市工人工资水平作为控制组，并且控制劳动者年龄、教育水平、工作年限等变量，发现农民工实际工资水平并没有显著上升。现阶段的农民工工资上升是因为农业补贴和城市最低工资制度的实施，以及处于人口结构变化的特殊时期，而不是因为农村剩余劳动枯竭，中国刘易斯转折尚未到来。另外一些学者认为农民工工资上涨速度低于GDP增速②（刘怀宇和马中，2011），农民工工资的增长低于劳动生产率的提高（袁志刚，2010），而且农民工工资并没有出现相对于城镇职工工资的快速上涨（张丽宾，2011），当前农民工工资快速上涨是对此前长期维持低工资的调整，是工资水平普遍上涨的结果。因此，中国经济尚未到达刘易斯转折点。

5.2.4 工资收敛和收入分配的改善

刘易斯转折点到来之后，随着劳动市场由分割趋向统一和整合，

① Minami 和 Ma（2010）指出，工资上升可能是源于政府实施的最低工资制度，也可能是经济景气的结果，如第一次世界大战期间日本城市产业工人工资高涨，它们都不是劳动力供求变化的反映，因此，判断刘易斯转折点的依据应该是边际生产力，而不是工资上涨。

② 根据陈志武（2011）的计算，1990～2008年，职工工资年均增速比GDP增速低3.8个百分点。

非熟练工人与熟练工人之间、不同行业之间和不同地区之间的收入差距将会缩小；随着劳动要素更为稀缺，工资收入在国民收入中比例得到提高，这都将带来收入分配状况的改善。这也由其他东亚经济体刘易斯转折的经验所证实①。

蔡昉（2011）利用中国城市劳动力调查（China Urban Labor Survey，CULS）分析我国城市劳动力的工资差距，发现不同技能的农民工之间、农民工和城市职工之间，以及不同地区之间的工资水平确实出现趋同现象②，为我国已经跨越刘易斯转折点提供了新的证据。李稻葵等（2009）的研究发现，中国初次分配中劳动份额的变动趋势符合库茨涅茨的倒U曲线假说，我国目前还处于劳动份额的下降期，但未来两年劳动份额在初次分配中的比重会进入上升通道，收入分配有望得到改善。

但是，大部分学者从城乡收入差距持续扩大③和劳动收入占GDP比重下降④的角度，认为我国经济仍然处于库茨涅茨倒U形曲线的左端，收入分配恶化的趋势并未好转，并以此否定我国已经达到刘易斯转折点。由于样本数量较少及观察时期较短等因素，还没有充分的证据表明我国劳动市场出现显著的工资收敛，收入分配状况也尚未得到显著改善。因此，以工资收敛和收入分配改善判断我国是否到达刘易斯转折点还有待新的证据。

---

① 日本在第二次世界大战之前的工资差距和收入分配都呈恶化的趋势，而在20世纪60年代刘易斯转折以后，工资差距缩小，收入分配改善（Minami，1968；Minami and Akia，1981）。中国台湾的基尼系数于1968年达到顶点（0.362），此后随着刘易斯转折点的到来，呈现逐渐下降的趋势（李月，2008）。

② 将城市工人和农民工作为总体，工资基尼系数从2001年的0.37下降到2010年的0.33；农民工内部的工资基尼系数从2001年的0.396下降到2010年的0.319；区域因素对工资差距的解释从2001年的56%下降到2010年的51%（蔡昉，2011）。

③ 自20世纪80年代以来，中国城乡收入差距持续扩大，城乡居民人均收入之比从1982年的1.82∶1扩大到2009年的3.33∶1（肖卫等，2011）。

④ 在国民收入分配中，劳动收入从1997年的53.4%下降到2007年的39.74%，企业盈余从23%上升到31%，政府收入增长近30%（袁志刚，2010）。

5.2.5 其他标准

根据二元经济理论和劳动转移的经验，农村剩余劳动先由农村地区转到城市非正规部门就业，再逐步转到正规部门。刘易斯转折到来之后，劳动力稀缺性增强，城市正规部门吸纳劳动力能力不断增强，非正规部门就业数量将会减少，劳动者就业质量将会提高。根据吴要武（2007）的研究，我国新增非正规就业在 2001 年开始减少，至 2005 年绝对量出现减少。正规就业增量则从 2002 年开始增长，至 2005 年每年新增正规就业已经达到 1000 万人。而且，初次进入劳动力市场的劳动者，其就业的非正规化程度也在降低。作者由此推断我国劳动市场的转折点在 2002～2004 年到来。

一些学者通过比较农业劳动成本和劳动边际生产率，对我国是否跨越刘易斯转折点进行了验证。王美艳（Wang，2010）利用中国历年农产品成本调查数据，发现自 2004 年以来中国农业劳动成本稳步较快增长，而农业部门的资本—劳动投入比自 1990 年以来就一直在稳步上升。她还利用省际面板数据，分 1980～2000 年和 2001～2008 年两个阶段对粳稻和小麦的生产函数进行了估计，发现与 1980～2000 年相比，粳稻和小麦的劳动边际生产率都在迅速提高，这为中国刘易斯转折点的到来提供了十分重要的证据。卿涛等（2011）根据农业部门劳动生产弹性出现递增的特征，以及农业部门实际工资和生存工资相关关系增强等经验事实，佐证了我国刘易斯转折点已经到来。

还有一些学者从国际经验比较的角度对我国刘易斯转折进行研究。黎煦（2007）归纳了英国、美国、日本等发达国家经历刘易斯转折点时的经济特征，发现人均 GDP 达到 300～500 美元（1964 年不变美元价格），农业劳动力占全部劳动力比重下降到 40%～50%时会出现转折点，由此认为我国已经开始进入刘易斯转折点。耿元和林玳玳（2008）从我国劳动供给缺乏弹性和城市化水平有待提高的角度，认为断言刘易斯转折点和劳动短缺时代到来为时过早。袁志刚（2010）认为，中国目前的经济结构中，第一产业产值占 GDP 比重为 10%，而就业比重为 39%，对比日本和韩国的国际经验，在第一产业比重没有下降到 5%，劳动力就业比重没有下降到 10%以前，还是农村劳动力向城市的快速转移时期。Minami 和 Ma（2010）认为跨越刘易斯转折点后，城市失业率会出现显著下降，而中国城市失业率从 1985 年的 2.8%上升到 2005 年的 12%，一直呈上升趋势，以此作为否定中国刘易斯转折点已经到来的证据。

5.3 剩余劳动的结构性变化对我国刘易斯转折的启示

本书第四章估算结果表明，近年来我国农村剩余劳动不仅数量下降得很快，而且剩余劳动的结构也发生了明显的变化，最主要的特征在于农业生产中的隐蔽性剩余劳动的数量和比例大幅下降，已经不再是二元经济中为现代部门提供源源不断劳动供给的“蓄水池”，以公开失业形式存在的显性剩余劳动成为农村剩余劳动的主体。伴随着持续的经济增长和现代部门的扩张，为了满足不断扩张的劳动需求，必须以实际工资水平的上涨为条件，剩余劳动的逐渐枯竭和由劳动供求变化引发的实际工资水平的提高，预示着刘易斯转折确实已经到来。

但是，刘易斯转折并不意味着剩余劳动的绝对消失。与以往的剩余劳动估算结果相似，本书的研究也证实，至少从总体上来看，虽然剩余劳动占就业人口的比例持续下降，但数量仍然可观。这从表象上形成了剩余劳动与民工短缺、工资上涨并存的悖论（郭金兴和王庆芳，2012），但是，考虑到剩余劳动的结构变化，这一悖论是可以解释的。在刘易斯抽象化的古典二元经济理论模型中，劳动者是同质的，因此，在某一时点上，传统部门剩余劳动的耗尽与实际工资水平的上涨会同时出现，这也意味着刘易斯转折的到来（Lewis，1954）。但是，经济现实中劳动存在着显著的异质性，劳动者的性别、年龄和受教育程度等方面的特征直接影响劳动转移和劳动供给能力，因此，剩余劳动的结构对劳动供给和工资上涨有着重要的影响（Garnaut，2010）。在发展的初期，男性、年轻、受教育程度高，因而劳动效率高，转移能力强的剩余劳动供给充沛，保证了实际工资水平在相当长时期保持平稳。

但是，随着这一部分劳动者实现了向非农部门的转移，剩余劳动的结构发生了明显的变化，女性劳动者比例上升，平均年龄提高，而平均受教育程度也可能会下降，这都使剩余劳动的转移能力下降，转移成本上升，只有实际工资水平的上涨才能使这些潜在的劳动者转变为现实的劳动供给。这时就会出现剩余劳动与工资上涨并存的所谓的悖论。本书的估算结果正是对上述悖论的解释。

5.4 刘易斯转折的若干共识

虽然学界对于我国是否跨越刘易斯转折及何时跨越尚存诸多争论，但是，在这些争论的背后，对刘易斯转折的认识在不断深化，并在中国劳动市场的发展、困难和政策等方面取得了若干共识。

（1）作为经济发展的一个重要阶段，刘易斯转折点不应是一个点，而应是一个区间。学者们已经认识到由于地区差异或劳动者的个体差异，不同地区可能处于二元经济发展的不同阶段，劳动者由传统部门向现代部门转移需要具备的条件也有所区别，因此，刘易斯转折在一定程度上将会呈现渐进的特征（Minami，1968；黎煦，2007；蔡昉，2010a；汪进和钟笑寒，2012）。随着经济发展与劳动市场的整合，刘易斯转折的更多特征性的现象会逐渐积累，愈发显著，而在刘易斯转折的初始阶段，可能会有更多相互冲突的证据，这可能也是目前对于刘易斯转折争论颇多的主要原因。

（2）劳动人口及剩余劳动的数量和结构已经发生了明显的变化。经过多年的转移和吸收，剩余劳动的数量正趋于减少，剩余劳动的人口特征使进一步的转移越来越困难（蔡昉和王美艳，2007）。劳动人口的数量增速放缓以至减少，比重也逐渐由增加转为下降，这意味着我国劳动市场的供求结构将会发生实质性的改变，劳动力的稀缺性正在增强。必须通过加强人力资本积累，提高劳动市场资源配置效率等措施，挖掘劳动资源潜力，才能促进经济持续发展。

（3）劳动市场由分割趋向统一和整合。城市中熟练工人和农民工的工资差异收敛、工资决定机制更具市场化特征、农民工工资占农村家庭收入比重持续上升，表明我国劳动市场的市场化程度和城乡劳动市场一体化水平都有显著提高（蔡昉，2011；Golley and Meng.，2011；Ge and Yang，2011）。虽然由于制度等方面的因素，我国劳动市场城乡分割和地区分割的状态尚未完全消失，但是，市场的统一和整合已经取得了很大进展，并不断向最终的目标迈进。

（4）消除劳动力市场分割和制度障碍，促进农村剩余劳动进一步转移。在完善劳动市场制度、减少劳动流动障碍方面，学术界存在相当一致的认识。政府应努力消除制度障碍，放宽和消除户籍制度的限制，加强对劳动者的保护，完善劳动争议仲裁制度和工资集体谈判制度，将更多农民工纳入社会保障体系，改变农民工“潮汐式”的转移方式，使其更易于在城市定居，深入挖掘劳动供给的潜力（蔡昉，2011；Knight et al.，2011；Golley and Meng. 2011）。

（5）刘易斯转折对于中国经济既是机遇也是挑战（蔡昉，2008a）。一方面，刘易斯转折意味着要素相对价格的变化，有利于劳动节约型技术的创新和应用，促进产业升级；也意味着收入分配状况的改善，低收入群体的收入水平将会提高得更快，劳动收入在国民收入分配中的比重将会上升，这有利于促进国内消费，使我国总需求结构更加均衡。另一方面，也要警惕陷入“中等收入陷阱”。跨越刘易斯转折，工资水平的上涨意味着与其他低收入国家相比，劳动成本的比较优势将会缩小；如果不能实现经济发展方式的转变，与发达国家的竞争又将会处于劣势，从而在国际经济体系中处于不利地位。

另外，刘易斯转折为经济社会制度的完善和革新提供了新的动力（蔡昉，2007a）。随着民众收入水平的提高，对社会公平的需求增加，对社会不公的容忍度下降，通过社会舆论等形式，形成社会变革的压力。如果社会变革不能及时满足这些需求，就可能引发严重的社会矛盾。劳动要素相对价格的提升也促使政府改变对待劳动者的态度，使其有更多激励来保护劳动者权益，为劳动者提供更优质、更公平的公共产品和服务。

5.5 刘易斯转折的国际经验

刘易斯转折是经济发展进入新阶段的重要标志，将会引起经济发展发生重要的变化，产生新的问题，需要新的应对措施（蔡昉，2007c）。在过去的半个世纪，东亚一些经济体经历了快速的经济增长，日本、韩国和中国台湾在20世纪70年代以后相继实现了刘易斯转折。但是，正是在这一时期，发展经济学中的结构主义理论面临新古典主义思潮的严峻挑战，东亚经济的刘易斯转折未能得到充分的关注，只留下相对有限的文献。但是，由于发展模式的相似性，这些文献对我国当前经历的刘易斯转折仍能提供重要的参考和借鉴。

5.5.1 日本

南亮进及其合作者对日本经济的刘易斯转折进行了长期和持续的研究（Minami，1968；南亮进，1973；Minami and Akira，1981）。南亮进（Minami，1968）将从刘易斯转折理论中推导出的濒临转折点时经济转型的特点与日本的经验证据进行了对比，综合多种方法对日本经济刘易斯转折点进行估计。从生存部门劳动边际产品的变化来看，1874～1940年农业劳动边际产品的年复合增长率为1.5%，在第二次世界大战以后表现出较高的增速，1950～1963年达到8.2%。从生存部门工资率的变化来看，除去日本经济发展过程中价格下跌的年份（1919～1932年），第二次世界大战以前（1894～1939年）实际工资率相当稳定，年复合增长率为0.74%。而第二次世界大战以后观察到实际工资率稳定大幅增长，1951～1963年的年复合增长率为5%。从生存部门工资率和劳动边际产品的关系来看，真实工资率和农业劳动力边际产品的相关系数在1894～1940年为0.32，而1951～1963年为0.94，远高于第二次世界大战以前的水平。从资本主义部门的劳动供给弹性来看，1904～1918年和1932～1936年的弹性系数分别为0.65和1.2，而1951～1960年和1961～1963年的弹性系数分别为1.2和

0.32。这表明第二次世界大战前开始的经济结构性变化和农业的现代化一直持续到20世纪60年代初期。从劳动数量的变化来看，第二次世界大战前生存部门劳动数量十分稳定，1880～1910年和1910～1940年的年复合增长率分别为-0.9%和-0.11%，战后开始快速减少，1950～1955年和1955～1960年的增长率分别为-1.3%和-2.5%。综合以上这些分析，南亮进认为日本在20世纪60年代通过了转折点。Minami和Akira（1981）通过日本劳动收入份额的变化，得出了相同的结论。

5.5.2 韩国

Moo-ki（1982）指出由于城市传统部门的存在，需要运用稍加改动的传统转折点模型来分析韩国的转折点问题。城市传统部门可以作为非充分就业的蓄水池，聚集比单纯的农业部门更多的剩余劳动。城市传统部门的劳动边际产品在经济发展初期保持较低水平，增速慢于农业部门。当农业部门的劳动边际产品已经超出生存工资水平，实现了刘易斯转折时，城市传统部门仍处于生存工资的水平，因此整个经济的转折点会晚于农业转折点出现。由此，他分别测算了农业生产的刘易斯转折点和整体经济的刘易斯转折点。

Moo-ki对韩国农业的研究表明，1969年左右农业劳动边际产品超过了农业实际工资；农业劳动的产出弹性和农业劳动收入份额的差距不断缩小，在20世纪70年代初期两者已经十分接近；农业贸易条件在1966～1974年大幅改善并在其后轻微下降。这些证据表明韩国农业刘易斯转折点出现在19世纪60年代后半期。

Moo-ki通过观察现代部门劳动市场的变化来估计整体经济的刘易斯转折。他发现现代部门的劳动供给弹性从19世纪70年代早期开始降低，在1975年达到最低点；20世纪70年代出现了工资收敛的现象，非熟练工、城市传统部门工人和农业工人的工资差别，以及规模不同的公司工资差别都呈现缩小趋势；在1975年左右，劳动收入比重开始快速上升；招聘人数与应聘人数的比例也从1975年开始迅速上升。这些证据表明，韩国经济在1975年左右通过转折点，这比农业部门的刘易斯转折晚近10年。

5.5.3 中国台湾

李月（2008，2009）考察了中国台湾 20 世纪 50 年代以来劳动边际产品与工资率的关系、劳动力转移及收入差距的变化，认为中国台湾在 20 世纪 60 年代后半期通过了刘易斯转折点。从边际劳动产品和实际工资的关系来看，1953～1967 年中国台湾农业实际工资与劳动边际产品的相关关系并不显著，而 1968～1978 年两者相关关系显著增强。从劳动力转移来看，中国台湾在 20 世纪 60 年代后半期城市化比率达到 63%，第二、三产业就业人员比重大幅提高。从收入差距的变化来看，中国台湾基尼系数在 20 世纪 60 年代以后逐渐变大，至 1968 年达到顶点，随后开始逐渐减小。这些证据表明中国台湾通过刘易斯转折的时间应在 20 世纪 60 年代后期。

作为分析经济发展过程的重要范式，二元经济和剩余劳动理论虽然受到一些质疑和冲击，但仍然是发展经济学的重要组成部分，并对中国的经济发展具有较强的解释能力。比较剩余劳动与刘易斯转折的国际经验，对于我国当前的刘易斯转折争论具有一定的借鉴作用。通过刘易斯转折的国际经验比较，可以得到以下启示。

（1）剩余劳动和非充分就业是经济发展中的普遍现象。剩余劳动和非充分就业不仅是当今发展中国家面临的主要问题，在发达国家的早期发展阶段和现代发达国家经济落后地区也广泛存在。因此，经济发展是长期的历史过程，提供稳定、高效和体面的就业机会是任何发展阶段都要努力实现的目标。与发达国家不同的是，非充分就业的现象在发展中国家更为普遍和严重，就业水平和质量的提高，需要付出更为艰辛的努力。

（2）城市非正式部门也是剩余劳动的蓄水池。正如大量劳动力转移文献表明的那样，剩余劳动和非充分就业不仅存在于传统的农业生产中，在城市非正式部门也大量存在，成为储备剩余劳动，缓解就业压力的蓄水池。因此，仅仅考察农业部门和农村地区剩余劳动的减少和消失，不能作为整体经济超越刘易斯转折的直接证据。城市非正式部门就业比例和规模的下降，也是刘易斯转折到来的重要标志。

（3）刘易斯转折的判断需要综合使用多种方法。作为一种复杂的经济现象，刘易斯转折有一系列的理论推论，任何一种推论的结果都难以作为判断实现转折的唯一重要的证据[①]。因此，需要综合运用多种方法，如农业边际产品的变化、实际工资水平的变化、工资收敛、收入分配状况等，判断刘易斯转折是否已经到来。

（4）在刘易斯转折的早期阶段，依据不同方法可能得出不同的结论。刘易斯转折对不同变量的影响，传导机制和影响方式都有所区别，因此，对于是否超越了刘易斯转折，依据不同的方法，可能会得出不同甚至相互矛盾的判断。当前对于中国刘易斯转折的实证研究，之所以会有较多的争议，可能正是因为我国当前还处于刘易斯转折的初始阶段，或者仅仅是迫近转折点，由此才会出现相互矛盾的证据。随着经济发展水平的提高和劳动市场的发展，这些证据有可能会越来越多地趋向一致，对刘易斯转折时间的判断也会更加准确。

5.6　本章小结

刘易斯转折是经济发展必须要经历的重要阶段。虽然对具体时点有所争论，但是，似乎有越来越多的证据表明，中国经济正在接近或已经进入刘易斯转折阶段。学者们依据不同的判断标准、实证方法和数据来源，得出不同乃至相互冲突的结论，可能是由于理论模型难以穷尽经济现实的所有细节，而中国地域辽阔、劳动人口众多的“大国经济”特征意味着刘易斯转折不可能一蹴而就，而是需要经历一个相当长的阶段。在接近刘易斯转折或者处于刘易斯转折的初始阶段时，就有可能出现诸多相互矛盾的证据。但是，透过这些证据，却能发现劳动市场在持续而坚定地向前发展，对于劳动市场发展的前景、遇到的困难和解决的方法，存在的共识要比分歧多很多，而这些共识共同构成了进一步改革的学理基础。

---

① 例如，刘易斯转折意味着非熟练工人供给的减少，从而导致其工资上涨，但是，非熟练工人的工资上涨也有可能是非熟练工人人力资本水平的上升、在农村地区保留价格的提高或者在城市中生活成本的增加。因此，仅观察到工资水平上涨，并不能直接推断出已经超越了刘易斯转折点。

6 剩余劳动转移、农产品价格上涨与结构性通货膨胀

农业部门与非农部门的结构调整是二元经济发展的重要内容，剩余劳动在两个部门之间的流动和工农业产品贸易条件的变化是两部门结构调整的主要方式。伴随着两个部门之间的结构调整，工农业贸易条件将会发生有利于农业部门的变化，即农产品与工业品的相对价格上涨，进而造成食品类价格的上涨。由于食品类价格在 CPI 统计中一直占有很高的比重，如果以 CPI 作为衡量通货膨胀的主要指标，工农业贸易条件的变化将会表现为较高的通货膨胀率。这种由相对价格变化引起的通货膨胀是一种结构性的通货膨胀，并非绝对价格水平的上涨。

我国 1978 年以来的经济改革，以渐进的方式实现了经济体制由计划经济向市场经济的转型，随着商品和要素市场的建立和完善，市场机制成为决定商品和要素价格的基础。与经济体制转型同时发生的，还有快速经济发展中经济结构的变化，随着劳动要素由农业部门向更为高效的非农部门的转移，传统的二元经济结构正在发生重要的变革。无论经济体制的转型还是二元经济结构的转型，都使工农业部门之间的关系发生了巨大的变化。在传统计划经济体制下，重工业优先发展的经济战略，人为压低了农产品价格，通过工农业产品价格的“剪刀差”，农业剩余被转移到非农部门和城市地区。随着农业生产制度和农产品流通制度的改革，工农业产品价格的“剪刀差”得到修正，农产品价格逐渐提高，趋向于市场均衡水平。但是，为了抑制农产品价格

上涨对居民生活的冲击，政府的农产品政策也会调整和反复，这也引发了农产品价格的大幅波动。

伴随着经济结构的变化，政府农业政策发生了明显的变化，采取了一系列有利于农业生产的政策措施，如取消农业税，提高农产品收购价格，这也有利于农产品价格的上涨。更为重要的是，由于农业生产受到土地资源的约束，在农业生产技术没有突破性进展的条件下，随着农村劳动力由农业部门向非农部门的转移，劳动投入在逐渐减少，而农业机械、化肥、农药等其他要素投入的增加也会面临边际报酬递减的困境，因此，农产品产出增速远低于工业品部门。这会使工农业贸易条件发生有利于农产品的变化，表现为农产品价格持续较快的上涨，直接影响食品价格的上涨。由于食品类支出在居民消费支出中一直占据很高的比重，农产品价格的上涨使居民消费价格增长较快。因此，我国当前由工农业贸易条件变化引起的通货膨胀呈现明显的结构性特征。本书对工农业贸易条件变化对居民消费价格的影响，进行了初步的实证研究。

6.1 经济发展中的通货膨胀

无论是在发达国家还是发展中国家，都曾经历了不同程度的通货膨胀。根据经济体所处的不同的发展阶段，赵昌文和严敏（1995）提出了发展型通货膨胀的概念。他们认为，中国当时经历的通货膨胀属于发展型通货膨胀，特点是经济发展与通货膨胀并存，其理论基础是刘易斯的劳动力无限供给下的经济发展模型。根据刘易斯的理论模型，中国长期经历着劳动力过剩和资本稀缺，为了经济的发展，政府会选择通过信贷创造资本这一低成本行为。信贷资本的投放一方面刺激了经济的快速增长，另一方面也带来了物价的持续快速上涨。改革开放以后，货币供给的快速膨胀确实引发过严重的通货膨胀，如 20 世纪 90 年代中期中国经济经历的剧烈波动，似乎印证了这一观点。但是，需要注意的是，相对于经济增长，货币供给更快的增速，似乎并未引发严重的通货膨胀。例如，广义货币供给（M_2）与名义 GDP 的比例一直呈明显的上升趋势，但是，自 20 世纪 90 年代初期以来，以 CPI 衡量的通货膨胀率仅有 5%，如果从中剔除上涨较快的食品价格的变动，通货膨胀率将会更低。如何解释这一现象，至今在学界尚未形成共识。

一些学者对我国经济增长与通货膨胀之间的关系进行了实证研究。许永兵（1998）指出粗放的经济增长模式是导致中国通货膨胀的一个重要原因。他认为粗放的经济增长将带来投资规模的扩张，首先，这推动了货币投放的高增长和信贷扩张；其次，投资规模的扩张将直接导致部分与固定资产投资相关的要素价格上涨，从而带动成本的上升；最后，这种粗放的经济增长方式会横向扩张，由发达地区向贫困地区不断扩散，从而导致通货膨胀的扩散。王智勇（2008）认为，投资结构的不合理、投资效率低、消费基金膨胀等也会导致中国高速经济增长伴随高水平通货膨胀的结果，并且通过 1981～2003 年的中国年度数据和 1992～2004 年的中国季度数据，论证了 GDP 增长率是 CPI 变化率的格兰杰原因。朱培金等（2009）通过格兰杰检验进一步指出，GDP 增长率是 CPI 变化率的原因，而 CPI 变化率不是 GDP 增长率的原因。

改革开放以前，中国的工业化程度相当落后，工业化建设缺少资金积累，相对于工业部门，农业部门劳动力和土地充足、资本要求低、技术成熟，对工业部门有明显的优势。因此，国家通过政策手段，以“剪刀差”的形式使农民和农业承担起为工业化积累资金的任务。徐从才和沈太基（1993）认为，国家获取农民积累有两种方式，即税收分配和价格分配，其中价格分配是主要方式。为了将农业部门创造的价值转移到工业部门，国家建立了农产品统购统销制度。在这一制度下，政府通过行政手段压低农产品定价，导致农产品价格低于市场价格，同时也导致了农民的低收入。近年来，在工业品价格相对稳定的情况下，农产品价格出现了较快上涨，部分原因是原来过低的农产品价格向市场均衡水平的调整。

近年来，在工业品价格相对稳定的情况下，农产品价格出现了高速上涨。在市场经济条件下，农业品可以看作完全竞争的商品，价格的长期上涨必然来自成本的推动。从构成农业部门的生产要素来看，农业部门技术成熟且不存在资本稀缺，因此，推动农产品价格上涨的因素只能是劳动力成本的上升和土地租金的上涨。

在劳动力成本要素方面，武号和李太后（2011）认为，劳动力市场供求结构失衡、农村劳动力向城市转移放缓、劳动力人口增量放缓、劳动力供给的减少刺激了整体劳动力成本的上升；张本波（2008）认为，劳动力成本的上升是对劳动力市场价格长期扭曲的修正，并不表示劳动力供求关系出现根本逆转，并指出沿海地区农民工工资水平在2000年之前长期保持稳定，而物价水平却不断攀升，在这种情况下，劳动力成本的不断上升是对长期低工资的一种补偿性增长。按照一般的经济学逻辑，劳动力成本的上升应当是推动物价水平的总体上升，但是，如何解释农产品相对于工业品的高速价格上涨呢？高善文和尤宏业（2011）认为，可以根据刘易斯的理论，把发展中国家经济区分为现代部门和传统部门，现代部门以制造业为代表，传统部门以农业为代表；农业部门相对于制造业部门劳动密集程度更高，因此，劳动成本上升会使农产品价格相对于工业品价格上涨更快。他们的研究发现，不仅农业部门与非农业部门的产品相对价格会出现这样的变化，农业生产中使用更多劳动力的农产品价格也上涨得更快，从而进一步验证了自己的观点。

土地租金方面，中国政府在经济改革初期，一直通过行政干预使农业资本的平均构成低于社会平均资本，压低农业土地租金价格，为工业部门积累资本。经过经济发展的不断深化，中国土地市场开始由分割趋向于整合。分割的城市国有土地和农村集体土地、农业用途土地和非农用途土地之间的土地价格和租金价格都有明显的落差，当政府土地管制放松时，在土地市场整合的过程中，地价和租金的落差就会使农业用地租金上涨。在谭永忠等（2009）及中国人民银行课题组（2011）的研究中，即指出中国的财政税收制度激励地方政府追逐“土地租金剩余”，通过行政权力将农村集体用地转化为城市国有土地。这一方面导致了农村集体用地的减少，另一方面使农业用地价格向商业用地价格靠拢，这在城郊和城中村地区中表现尤为突出，这两个方面的因素都会不同程度地推高农产品价格。

对于农产品价格变化和通货膨胀的关系，尚未形成统一的观点。部分学者认为通货膨胀将推动了农产品价格上涨，如 Johnson 和 Song（1999）认为通货膨胀率一旦上升，粮食生产者为了抵抗通货膨胀或者为了投机性盈利，将会扩大存粮水平，进而从供给层面推动粮价上涨和农产品价格上涨；李国华（2011）认为农产品价格上涨仅仅是我国通货膨胀的众多表现形式之一，但不是导致通货膨胀的驱动因素。李敬辉和范志勇（2005）通过一个世代交叠的随机动态一般均衡模型指出，货币的投放水平和市场利率通过存货渠道导致大宗商品价格的大幅度上涨，并超过通货膨胀率水平，这可以理解为大宗商品（主要是农产品）价格上涨是通货膨胀的原因之一。

有学者认为通货膨胀和农产品价格变化之间互为因果，相互促进。郭永俊（2009）观察了 2002 年一季度到 2009 年四季度的农产品价格指数和 CPI 指数（代指通货膨胀水平）并进行动态分析，指出农产品价格和通货膨胀率变动趋势一致，短期的波动对彼此存在相互影响，长期水平上呈正相关并具有协整特征；同时，两者还存在双向“溢出效应”。赵国庆等（2008）从政府行为上对农产品价格和通货膨胀进行解释，认为政府会通过通胀预期进行调控，将粮食市场价格维持在一个稳定的水平，既不能过多影响到城市居民的消费又不能过多影响到农村居民的收入，使粮食价格和通货膨胀之间形成长期均衡并构成相互因果，由此形成农产品价格和通货膨胀的相互因果。

也有学者认为通货膨胀和农产品价格上涨之间不存在显著的相关性。王巧英（2010）运用投入产出法对 1992 年和 2002 年投入产出表数据进行模拟分析和计算，认为农业部门及其相关部门相对独立，对应的产品价格上涨对其他部门影响很小，农产品价格上涨不会带动整个市场价格水平的上升，农产品价格和通货膨胀之间没有必然的联系。

此外，通胀预期也是导致通货膨胀和农产品价格上涨的原因之一。卢锋和彭凯翔（2002）通过对通货膨胀预期和粮食价格的实证分析指出，20 世纪 90 年代中期我国粮食价格的大幅度上升的原因就在于通货膨胀预期的自我实现。

6.2 食品价格对 CPI 的影响

在一般的经济理论中，通货膨胀是指一个国家或地区总体物价水平的持续快速上涨。CPI、生产价格指数（Product Price Index，PPI）和 GDP 平减指数是衡量通货膨胀的最主要的测度指标。居民消费价格指数因与普通民众的生活息息相关而成为最常见的通货膨胀衡量指标并被广泛应用。

我国 CPI 编制涵盖食品、衣着、家庭设备及用品、医疗保健和个人用品、交通和通信工具、娱乐教育文化用品、居住、烟酒及用品八类商品和服务，按照各类商品和服务在城乡居民家庭消费支出的比重确定各类商品的权重。根据恩格尔定律，食品类支出的比重将会随着收入水平的提高而下降。虽然近年来我国经济发展水平和居民收入大幅提高，食品类支出的比重呈明显的下降趋势，但是目前恩格尔系数仍达在 30%以上，而食品类价格在 CPI 中的权重直至 2011 年仍高达 31.79%。因此，食品价格的变化对 CPI 有着显著的影响。

6.2.1 食品价格与 CPI

根据国家统计局的统计数据，图 6-1 绘出自 1995 年以来我国 CPI 和食品价格的变化。从图中可以看出，食品价格对 CPI 有明显的带动作用。食品价格的变化与 CPI 的变化趋势相同，而波动的幅度更大。在 2002 年以后，CPI 的变化更为平稳，没有再次出现 20 世纪 90 年代中期物价大幅波动的情况。但食品价格的波动幅度仍然较为剧烈，成为驱动 CPI 上涨的主要因素。在 1998 年以后，食品价格曾经出现了显著的负增长，但是，在 2002 年以后，虽然食品价格水平也随着经济波动而有所起伏，但是一直保持较快的增速，再未出现负增长的情况。

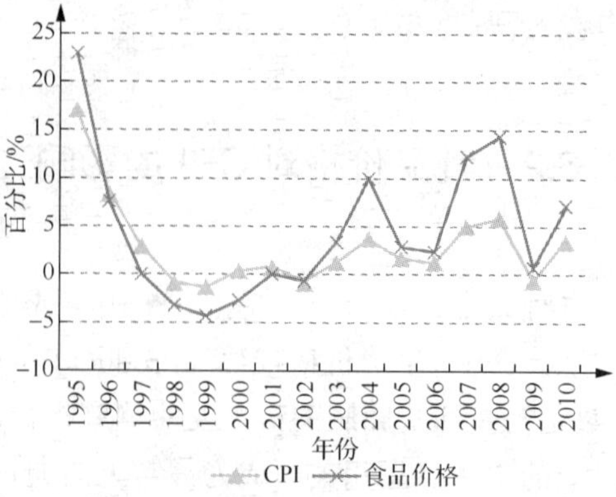

图 6-1　食品价格与 CPI（1995～2010 年）

数据来源：《中国统计年鉴》（1996～2011 年）。

食品价格对城市 CPI 和农村 CPI 的带动同样非常显著。从图 6-2 和图 6-3 来看，食品价格的波动总是会比城市和农村的 CPI 波动剧烈一些，且 CPI 的变动呈现出明显的周期性特征，这与之前对总体 CPI 的分析是一致的。观察 2002 年以后 CPI 的变化可以发现，2002～2007 年，农村食品价格水平持续高于城市食品价格水平，即农村食品价格上涨速度连续六年超过城市。虽然 2008 年和 2009 年农村食品价格上涨幅度略低于城市，但是，考虑到之前农村食品价格的快速上涨，如果以 2001 年为基期，仍可以得出农村食品价格上涨幅度超过城市的结论。

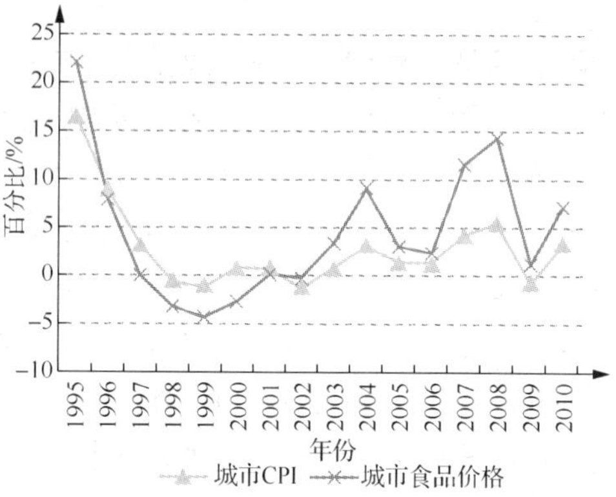

图 6-2　城市食品价格与城市 CPI（1995～2010 年）

数据来源：《中国统计年鉴》（1996～2011 年）。

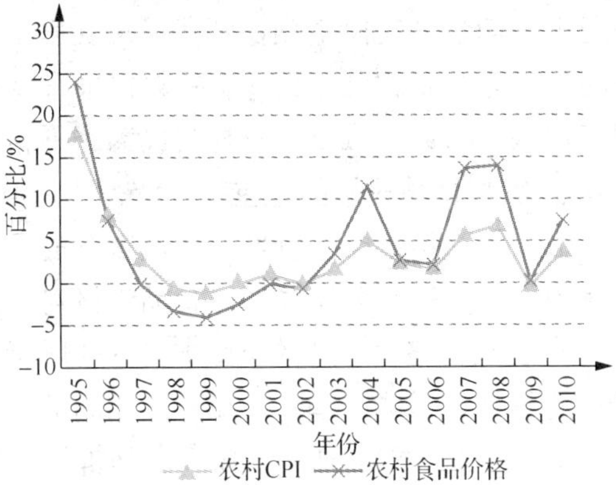

图 6–3 农村食品价格与农村 CPI（1995～2010 年）

数据来源：《中国统计年鉴》（1996～2011 年）。

6.2.2 食品价格对 CPI 的贡献

以上分析可以表明食品价格上涨对 CPI 水平具有明显的带动作用。本小节将按照下面的方法，具体估算食品价格上涨对 CPI 上涨的贡献。根据我国 CPI 的编制方法，CPI 的计算公式为

$$\mathrm{CPI}=\sum \mathrm{PI}_i * w_i, i=1,\cdots,8 \tag{6.1}$$

式中，CPI 为居民消费价格指数，PI_i 为第 i 类商品的价格变化，w_i 为第 i 类商品的权重。

如果分别以下标 f 和 uf 代表食品和非食品类商品，以 R 代表各类商品价格对 CPI 的贡献，那么，食品价格和非食品价格对 CPI 的贡献可以分别用式（6.2）和式（6.3）来表示：

$$R_f=\frac{\mathrm{PI}_f * w_f}{\mathrm{CPI}} \tag{6.2}$$

$$R_{uf}=\frac{\sum \mathrm{PI}_{uf} * w_{uf}}{\mathrm{CPI}}=\frac{\mathrm{CPI}-\sum \mathrm{PI}_f * w_f}{\mathrm{CPI}}=1-\frac{\sum \mathrm{PI}_f * w_f}{\mathrm{CPI}} \tag{6.3}$$
$$=1-R_f$$

由于国家统计部门尚未公布历年 CPI 各类商品的权重，本书以城乡居民恩格尔系数作为食品价格权重的近似估计。从数据的统计来看，

恩格尔系数是居民家庭食品支出金额在消费性总支出中的比例，这与食品价格权重的统计方法是相同的。从实际数据来看，2011 年食品价格在 CPI 中的权重为 31.79%，城市和农村居民家庭恩格尔系数分别为 35.7%和 41.1%，虽然与食品价格的权重有一定差距，但是，也可以用于近似估算。由于在统计年鉴中仅有城乡居民家庭的恩格尔系数，本书按照式（6.2）和式（6.3），分城乡计算食品价格对 CPI 的贡献。

1995～2010 年食品价格对 CPI 的贡献如图 6-4 所示。从长期来看，食品价格对 CPI 的贡献呈下降的趋势。在考察期间的起始阶段，正在经历 20 世纪 90 年代中期严重的通货膨胀，食品价格对 CPI 的贡献在城市部门超过了 50%，在农村部门超过了 60%；在 2003 年以后农村和城市食品价格的贡献分别降至 50%和 40%以下。导致这一下降趋势的最直接的原因是食品支出在居民消费支出中比重的下降。随着居民收入水平的提高，恩格尔系数一直呈明显的趋势。1995 年城乡恩格尔系数分别为 50.1%和 58.6%，至 2010 年则分别降至 35.7%和 41.1%，15 年来的下降幅度分别为 14.4%和 17.5%。

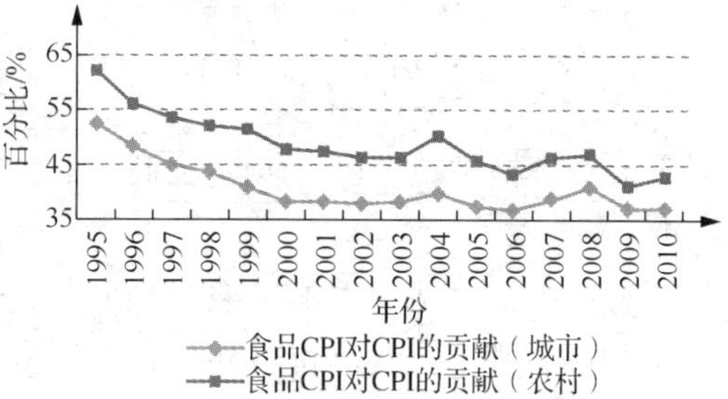

图 6-4　城乡食品价格对 CPI 的贡献（1995～2010 年）

数据来源：《中国统计年鉴》（1996～2011 年）。

从图 6-4 中还可以发现，农村部门食品价格对 CPI 的贡献一直高于城市部门，这意味着农村地区食品价格的上涨对 CPI 的影响将会更大一些。这是我国二元经济结构下，城乡居民收入水平和消费结构差异的直观表现。如果进一步考察两者之间的差距，则会发现这一差距在 2004 年以后呈现明显的缩小趋势。2003 年之前，两者差距维持在

9%左右，2004 年达到 10.4%，但 2009 年则降至 4%，2010 年略微回升至 5.6%（图 6-5）。这也许是城乡二元经济结构变化的间接证据[①]。

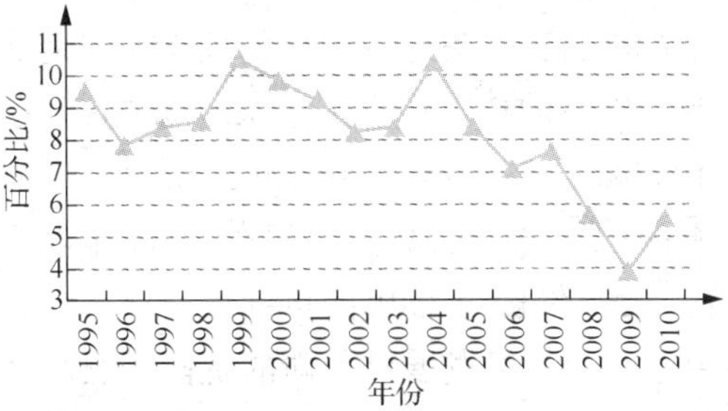

图 6-5　食品价格对 CPI 贡献的城乡差异（1995～2010 年）

数据来源：《中国统计年鉴》（1996～2011 年）。

为测算全国食品价格上涨对 CPI 的影响，本书首先利用城乡恩格尔系数估算了全国恩格尔系数，以此作为食品价格权重的近似估计，估算全国食品价格上涨对 CPI 的贡献。估算全国恩格尔系数的方法是将城乡恩格尔系数进行加权平均，使用的权重是城乡居民消费支出占全国居民消费支出的比重。然后按照式（6.1）测算食品价格上涨对 CPI 的贡献，结果如图 6-6 所示。

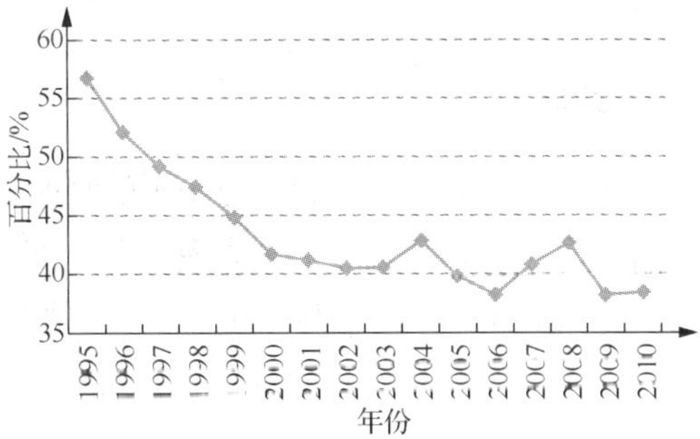

图 6-6　食品价格对 CPI 的贡献（1995～2010）

数据来源：《中国统计年鉴》，（1996～2011 年）。

① 与之相对应的，如果以城镇居民可支配收入和农村居民人均纯收入之比衡量城乡收入差距，2010 年这一比例出现了长期以来的第一次下降，降至 3.23，2011 年进一步降至 3.13。

与城乡变化趋势相同，从全国总体来看，食品价格对 CPI 的贡献呈现下降的趋势，从 1995 年的 55%以上下降到 2000 年的 40%左右，并有所波动，2009 年和 2010 年基本上在 38%左右。

食品价格对 CPI 的贡献与经济周期的关系正在悄然发生变化。在 2003 年之前，食品价格的贡献在经济繁荣时期更高，在经济衰退时会有所下降，从 1995 年经济过热至 2002 年经济增长乏力，食品价格对 CPI 的贡献下降了大约 15 个百分点。但在 2003 年以后，在经济明显放缓的 2008 年，食品价格对 CPI 的贡献反而处于较高的水平。这也许预示着随着中国二元经济发展进入新的阶段，农产品和食品价格的上涨将会成为常态，结构性通货膨胀是未来需要长期面对的问题。

6.3　工农业贸易条件与通货膨胀

本节利用 2002～2011 年季度数据，分析工农业贸易条件对通货膨胀的影响。除了工农业贸易条件以外，经济波动、货币因素和通货膨胀预期也会对通货膨胀产生影响，本书将这些因素作为控制变量加入模型中。计量结果发现，在控制其他变量的情况下，工农业贸易条件对通货膨胀具有显著影响。

6.3.1　模型与数据

本书以 CPI 作为解释变量，代表对通货膨胀的测度，以农产品价格指数与工业品价格指数之比，代表工农业贸易条件的变化，以 GDP 增长率代表经济周期波动因素，以 M_2 与名义 GDP 之比代表货币因素对通货膨胀的影响，以上一期 CPI 代表通货膨胀预期对本期 CPI 的影响。

计量模型如式（6.4）所示：

$$\mathrm{CPI}_t = \alpha + \beta g_t + \gamma \frac{\mathrm{PA}_t}{\mathrm{PI}_t} + \delta \frac{\mathrm{M}_{2t}}{\mathrm{GDP}_t} + \theta \mathrm{CPI}_{t-1} + \varepsilon \qquad (6.4)$$

式中，α为截距项，CPI 为居民消费价格指数，g 为经济增长率，PA 为农产品价格指数，PI 为工业品价格指数，M_2 为广义货币供应量，

GDP 为国内生产总值，t 为时间，β、γ、δ、θ 为各变量的回归系数，ε 为服从 N（0，σ2）分布的随机变量。根据一般经济原理，各变量的回归系数均为正。

我们使用 2001～2011 年的季度数据进行计量分析。其中 GDP 和农产品生产价格指数均有季度数据；CPI 和工业品出厂价格指数只有月度数据，以本季度三个月的同期同比数据的简单算术平均值作为季度数据；M_2 为本季度季末数据；经济增长率为名义 GDP 季度数据的同比增速。在以上数据中，CPI 月度数据、工业品出厂价格指数月度数据来自 CCER（China Center for Economic Research，北京大学中国经济研究中心）数据库，GDP 季度数据、农产品生产价格指数季度数据来自国家统计局官方网站，M_2 季度数据则来自中国人民银行。以上变量的简单说明和数据特征见表 6-1。

表 6-1　主要变量的简单说明和数据特征

变量名称	说明	均值	标准差	最小值	最大值
CPI	通货膨胀	1.02	0.0006	0.98	1.03
g	经济波动	1.16	0.04	1.05	1.24
PA/PI	工农业贸易条件	1.04	0.06	0.95	1.18
M_2/GDP	货币扩张	1.01	0.03	0.94	1.08

6.3.2 结果与讨论

本书回归结果见表 6-2。从回归结果来看，选取的解释变量可以解释 96%的 CPI 变动；各项变量的回归系数均为正数，与预期的结果相同，除 M_2/GDP 以外，在 1%的水平上具有统计显著性，M_2/GDP 在 10%的水平上具有统计显著性。DW 检验的结果表明，回归结果不存在自相关。

表 6-2　计量结果

变量名称	系数	标准差	p 值
常数	0.144 9	0.038	0.001
g	0.214 7	0.027 6	0
PA/PI	0.120 1	0.018 5	0
M_2/GDP	0.00 2	0.001 1	0.083

续表

变量名称	系数	标准差	p 值
CPIt-1	0.483 2	0.047 4	0
样本数	39		
R_2	0.957 4		
DW	1.918 1		

从回归结果来看，工农业贸易条件的变化对 CPI 有显著影响。相对于工业品价格，农产品价格每上涨 1%，CPI 将会上涨 0.12 个百分点。从 2002 年一季度到 2011 年四季度的趋势图（图 6-7）来看，工业品价格大多数时期比较稳定，而农产品价格波动性要更大。而且，在多数时期，农产品价格上涨更快，因而农产品价格与工业品价格的比例大于。工业品价格在多数时期保持增长，只在 2008 年第三季度以后出现明显的下跌趋势，并导致 2009 年出现负增长。农产品价格的变动更具有周期性，而且在周期性的上涨和下跌中，上涨幅度总是超过下调幅度。

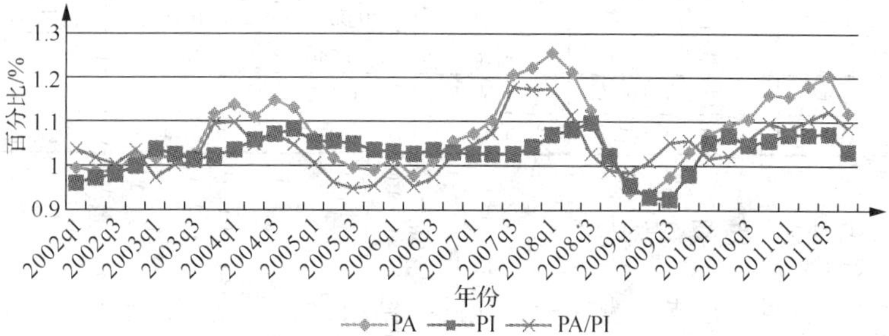

图 6–7　工农业贸易条件的变化

数据来源：《中国统计年鉴》（1996～2011 年）。

上述回归分析指出农产品与工业品的相对价格变化会对 CPI 产生显著影响，但是，进入 21 世纪以后，为何工农业贸易条件出现有利于农业部门的变化，即农产品价格上涨速度会快于工业品？目前主要的解释包括以下几个方面：经济快速增长导致对粮食和其他农产品的需求快速增加；全球气候变化导致粮食等农产品产量下降；国际大宗商品的价格波动传导至国内农产品部门；通货膨胀预期使农产品价格形成上涨的预期；生物燃料技术发展和产业扩张增加了对农产品的需求；以及农业生产成本的上涨，如国内能源价格上涨、农业劳动的结构性短缺、土地租金提高、农产品流通成本上升等。

实际上，工农业贸易条件的变化是二元经济结构调整的结果和手段。随着现代经济部门的扩张和农业劳动在工农业部门之间、城乡地区之间的流动和转移，劳动市场供求结构已经发生了重要的变化，劳动无限供给已经逐渐转向有限剩余，进一步的经济扩张将会引起工资水平的长期持续上涨。这使劳动更密集的农业部门单位产品的成本提高得更快，而工业部门单位产品的成本增长较慢，从而使工农业贸易条件向有利于农业部门的方向调整。随着劳动者工资水平的提高，农业生产部门也将出现诱致性技术变迁，即增加在机器设备和化肥农药等方面的投入，以替代劳动投入。这将提高农业部门的劳动生产效率和人均收入水平，促进二元经济向一元经济的转变。

与一般经济理论与一些文献的结论相同，经济周期波动对 CPI 也有显著影响（王智勇，2008；朱培金等，2009）。根据本书的回归结果，经济增速每提高 1%，将使 CPI 上涨 0.21 个百分点。同样，通货膨胀预期对本期通货膨胀有重要影响，实际上，在本书选取的解释变量中，通货膨胀预期的回归系数最大。在只考虑滞后一期的 CPI 对本期 CPI 的影响的情况下，上一期 CPI 每提高 1 个百分点，会使本期 CPI 将提高将近 0.5 个百分点。张成思（2008）对 1980～2007 年中国季度通胀率的惯性指标及其结构稳定性进行研究，发现中国 CPI 的惯性系数在各个时域的估计值一般在 0.8 以上的高位，尤其在高通胀率的年份更加明显，该研究与本书的结论相似。

M_2 与 GDP 的比率对 CPI 的影响不仅显著性就弱，而且回归系数较小。该比率每提高 1 个百分点，只能使 CPI 上涨 0.002 个百分点，这与多数文献的结论并不一致。很多文献的研究表明，货币扩张是我国当前通货膨胀形成的主要原因（刘霖和勒云汇，2005；丁军军和朱建平，2006；姚远，2007；张波，2009）。本书之所以得出不同的结论，可能的原因之一是使用了不同的解释变量来代表货币的扩张。在以往的文献中，大多采用货币供应量的变化代表货币扩张的速度，而本书采用M_2与名义GDP的比例，因为从逻辑上来讲，只有货币扩张的速度超过经济规模扩张的速度时，才会使绝对价格水平提高，引发通货膨胀。如果仅用货币供给的增长来代表货币扩张，就难以区分货币扩张与经济增长两个因素对通货膨胀的影响。就像本书回归结果表明的那样，经济增速对CPI有显著影响，而M_2与GDP比率的影响要微弱得多。

6.4 本章小结

本章分析了工农业贸易条件对我国通货膨胀的影响。农产品价格上涨在一定程度上引起食品价格上涨，由于食品支出在居民消费支出中一直具有较高的比重，因此，食品价格上涨成为CPI上涨的重要原因。虽然近年来随着恩格尔系数和食品支出比重的下降，食品价格对CPI影响有所下降，但是食品价格波动对CPI的贡献仍在40%左右。从CPI的统计数据来看，食品价格波动幅度明显高于非食品价格，CPI上涨具有明显的结构性特征，即相对价格的变化是CPI上涨的主要原因，而不是绝对价格水平的上涨。

本章以农产品价格与工业品价格的比率代表工农业贸易条件，建立计量模型，分析工农业贸易条件变化对通货膨胀的影响，发现工农业贸易条件对作为被解释变量的CPI具有显著的影响。与之相对应的，以M_2与名义GDP代表的货币扩张对CPI的影响并不显著。这进一步说明，相对价格的变化，而非绝对价格水平的变化是我国当前通货膨胀的主要原因。我国当前的通货膨胀具有明显的结构性特征。

工农业贸易条件的变化是二元经济发展的重要组成部分，是二元经济结构调整的结果和途径。由于特定的CPI统计方法，这一相对价格的变化将会引起CPI的长期和持续的上涨。这也是其他东亚经济体在经济高速增长时期，通货膨胀率一直较高的重要原因。如果将其误认为是绝对价格水平的变化，并以此作为宏观经济调控的目标和依据，就有可能会起到适得其反的效果，阻碍二元经济结构调整的正常机制发挥作用。

在进一步的研究中，可以更严谨和准确地估算相对价格变动对通货膨胀的影响。本书以恩格尔系数作为食品价格在 CPI 统计中的权重，这只是近似估计，数据表明两者之间有相当的差距，如果可以获得各类商品的权重数据，就可以更准确地测算食品价格对 CPI 的影响。本书采用的计量方法和数据处理较为简单，以后的研究可以采取更严谨、更细致的方法。如何在宏观经济调控中，更好地处理结构性通货膨胀的影响，也是未来研究应该考虑的问题。

7　经济发展中的非正规经济与非正规就业

刘易斯按照生产方式将发展中经济体划分为传统部门和现代部门两个部分，传统部门不仅包括农业生产和农村地区，也包括城市中的非正规部门（Lewis，1954）。按照农村劳动转移的一般模式，农村剩余劳动先转移到城市非正规部门就业，随着人力资本的积累和现代部门的扩张，再逐步转移至城市中的正规部门就业（Todaro，1969）。由此，城市非正规部门成为经济发展中剩余劳动"蓄水池"的重要组成部分。在城市经济中，也存在着正规—非正规经济的二元结构。这意味着劳动者从农村地区转移到城市地区，并不代表二元经济结构的完结，经济发展的成功还有赖于在城市正规部门创造更多的就业机会，以吸收非正规部门劳动者，提供经济整体的效率。

7.1　概念的提出与演变

事实上，发展中国家除刘易斯等所关注的传统部门与现代部门并存的二元经济结构之外，在其现代化的工业部门，也很普遍地并存着正规部门和非正规部门，形成工业部门的二元经济结构。一方面是以大规模和资本密集型生产为特点的现代厂商，他们要遵守政府的各种规章条例，用工要受到劳动法的制约，也要缴纳税负，这些厂商构成的生产部门被定义为正式部门（Formal Sector）。另一方面是以小规模和劳动密集型生产为特点的厂商，往往采用简单的技术和方法，逃避相关规章条例的管制，逃避税收，逃避劳动法的约束，这一类厂商构成的生产部门被定义为非正式部门（Informal Sector）。在正式部门，工人的工资水平受到工会的影响，很容易得到大规模的金融信贷支持；另外，这些部门会存在寡头垄断或不完全竞争。在非正式部门，企业近乎在规章条例和劳动法的夹缝中生存，在用工方面不存在正式的劳动力合约，不给工人提供工资以外的福利，在融资方面则很难得到金融信贷支持，但这些企业处在充分的竞争之中。

非正式部门的概念最早由哈特（Hart）在研究第三世界问题时提出。但是哈特只是提出这个概念，而最早对这个概念展开的系统研究，则是在国际劳工组织（International Labour Organization，ILO）于1972年关于肯尼亚的就业报告中完成的（ILO，1972）。ILO在考察肯尼亚的就业状况时，发现在类似的发展中国家中，主要问题不是失业，而是存在着一批“有工作的穷人”。之后，该代表团在其提交的报告——《就业、收入和平等：肯尼亚提高生产性就业的战略》中将这类活动称为“非正式部门”。当时，ILO并没有对非正式部门就业进行概念上的界定，而是对其主要特征进行描述，即贫苦劳动者艰辛劳作却得不到公共当局的承认、记载、保护或管理。

非正式部门的概念一经提出便引起学术界的广泛关注。Marcouiller等（1997）用公司规模和社会保障这两种标准来定义非正式部门，从公司规模看，个体经营及受雇于不多于五个人的企业的员工被归为非正式部门的员工，从社会保障标准看，得到社会保险作为受雇条件的员工被归为正式部门的员工。Banerjee（1983）用工资水平定义正式部门与非正式部门，正式部门拥有比劳动量市场出清价格更高的收入水平，而且具有刚性，不易降低；而非正式部门工资较低，流动速度快所，以容易进入。还有学者用雇佣关系的弹性解释非正式部门。在非正式部门的劳动合同中雇主可以在任意时间随意提高或降低工人的工资，雇佣合同双方都可以在任意时间终止雇佣关系。近年来一些研究根据劳动者技术的需求程度区分正式部门与非正式部门。Marcouiller（1997）认为正式部门的员工往往比非正式部门有更好的受教育程度。这一理解强调了人力资源在经济发展中的决定性地位。

Breman（1980）探讨了“非正式部门”这个概念的实用性。他认为不能将非正式部门划定为一个单独的经济部门或是劳动力部门。任何这样的尝试都会引起大量的不一致和困难，如表现为对非正式部门的社会背景、规模和构成的粗略讨论。更进一步地，通过在二元框架下讨论非正式部门和正式部门的关系，并集中讨论二者互相排斥的特征，就无法理解生产系统的统一性和整体性。因此，他认为城市二元论是站不住脚的，相比于用正式—非正式的概念，应该分析第三世界国家的经济体系中存在的不同程度和层次的生产关系。

1991 年在第 78 届劳工大会上讨论的局长报告——《非正式部门的困境》中，正式将非正式部门定义为“发展中国家城市地区那些低收入、低报酬、无组织、无结构的很小的生产规模的生产或服务单位”，包括在发展中国家城市地区的独立自营劳动者、家庭企业，以及雇佣少数工人、学徒的小微型企业。1993 年，第 15 届国际劳动统计学家大会（International Conference Labour Staticsticians，ICLS）正式给出了非正式部门的统计标准：①他们是私人的企业，不构成独立的法人实体，并且没有一个完整的经济账户，金融活动与生产活动分离；②雇佣规模低于国家规定的标准，没有在国家法律允许范围内登记注册，其雇佣人员也没有登记注册；③经营目的是生产在市场上销售或交换的货物或服务；④从事非农业的活动，但是包括农业部门中的非农业活动。在 2002 年第 90 届劳工统计大会的报告《体面劳动与非正式经济》中讨论了“非正式”的概念。该报告认为，用“非正式部门”一词反映劳动力市场这一动态的、多样的、复杂的现象是不恰当的。事实上，这一现象并非特定的产业或经济活动意义上的“部门”，而是越来越广泛地被用于涵盖日益扩展的遍布城乡非正式经营的不同群体的工人和企业。这些群体的共同特点是避开国家管制和税收，但其对改善就业机会和收入分配具有积极意义。因此，该报告正式提出以“非正规就业”的概念代替“非正规部门就业”，明确指出“维护劳工权益不仅是要保护劳动者的就业权利，更要实现劳动者的‘体面就业’”。2003 年第 17 届 ICLS 正式给出了非正规就业的定义：“如果雇员的劳动关系是在法律或者实际上不受国家劳工法规、收入所得税制度、社会保护及一定的员工利益（如解雇员工的提前通知、遣散费、带薪年假和病假等）所要求的社会保障或权利而建立起来的话，就被认为是非正规就业。”ICLS 还将就业者所在的“单位”特征与“岗位”特征结合起来，提出了非正规就业的统计框架：①在自有的非正规部门企业内供职的自主经营的雇主（表 7-1 方格 3 和方格 4）；②为正规和非正规企业提供家政服务的家庭工人（表 7-1 方格 1 和方格 5）；③在正规或非正规部门企业从事非正规工作的雇员（表 7-1 方格 2 和方格 6），以及受家庭雇佣的家政服务人员（表 7-1 方格 10）；④非正规生产合作社成员（表 7-1 方格 8）；⑤生产的最终产品仅自身家庭所用的家庭劳动者（表 7-1 方格 9）。从这一统计框架出发，只要是符合非正规就业定义特征的，无论是在非正规部门就业，还是在正规部门就业，都将被划分为非正规就业。

表 7-1 第 17 届 ICLS 大会提出的非正规就业统计框架

生产单位类型（Products on Units by Type）	就业中的工作地位（Job by Status in Employment）								
	自负盈亏的个体劳动者（Own-account Workers）		雇主（Employers）		有贡献的家庭工人（Contributing Family Workers）	雇员（Employees）		生产合作社成员（Members of Producers Cooperatives）	
	非正规	正规	非正规	正规	非正规	非正规	正规	非正规	正规
正规部门企业（Formal Sectors Enterprises）					1	2			
非正规部门企业[a]（Informal Sectors Enterprises）	3		4		5	6	7	8	
家庭[b]（Households）	9					10			

注：（a）按照第 15 届国际劳工统计大会的统计标准所定义（雇佣家政服务人员的家庭除外）；（b）生产仅供自身使用的最终产品的家庭和雇佣家政人员的家庭。

非正规就业：方格 1～6 和方格 8～10。

非正规部门就业：方格 3～6 和方格 8。

深灰黑色的方格指不属于所讨论的生产单位的工作岗位；浅灰色方格指正规的工作岗位；白色方格代表非正规工作岗位。

方格 7 为在非正规部门企业就业但有正规工作的雇员（例如，仅以企业规模为标准划分为非正规部门企业，但是企业内雇员却具有正规就业者的特征）。

资料来源：Hussmanns（2004）。

7.2　国内外研究的概念界定和统计标准

7.2.1　国外研究的概念界定和统计标准

ILO 提出的非正规就业的概念界定和统计框架得到了各国政府和学者的广泛认可，但是由于各国历史、政治、社会、文化和法律等制度的差异，非正规就业的表现形式也有所不同，因此不同国家学者对非正规就业概念的理解，以及统计标准的使用都存在很大的差异。例如，在概念界定上，非洲国家研究者倾向“以市场交换为目的自我雇佣就业者”概念（Hart，1973）；拉丁美洲国家研究者则倾向“政府管制之外的劳动者”概念（De Soto，1989）。在统计标准使用上，发展中国家研究更关注劳动者地位、工资水平、社会保险、劳工保护等劳动者岗位特征（Swaminathan，1991）；而发达国家研究则更侧重于是否从事灰色或未登记经济活动等单位的合法性特征（Feige，1999；Harding and Jenkins，1989；Renooy，1990）。本书通过梳理，将国外研究对非正规就业的概念界定归纳为以下三个维度。

（1）企业维度，即以非正规部门企业的生产组织方式和企业规模来界定非正规就业，这也是早期研究中适用范围最广的界定标准。一方面，早期研究认为非正规部门企业通常在没有特定的工作场所、没有法人地位和独立账户等低组织水平上运作（ILO，1991）；另一方面，非正规部门企业技术水平低、资本投入少且劳动和资本较少分离或不分离的生产方式决定其规模一般较小，因此通常将非正规部门就业界定为家庭就业者、自我雇佣就业者和雇工少于 20 人的微型企业就业者（Sethuraman，1976）。

（2）政府管制维度。哈特在对非正规就业研究之初就发现非正规就业具有脱离政府管制特征（Hart，1973；Tokman，1994）。20 世纪 80 年代以后，很多研究者从这一维度出发，对非正规就业进行定义。例如，德・索托（De Soto，1989）将非正规就业定义为“非法追求经济收益的劳动者”，将其统计范围界定为家庭劳动者、运输业劳动者及小商品生产和销售者三类。贝克尔（Becker，2004）将非正规就业定义为“未受政府管制、以生产和销售产品或服务及其他有偿劳动形式获得收入的就业者”。

（3）劳动者维度。20 世纪 90 年代中后期以后，研究者发现正规部门也存在大量非正规就业，由此研究者对非正规就业的关注从单位特征转向劳动者特征，具体使用的统计标准包括是否签订劳动合同、是否拥有社会保险等。例如，Amuedo-Dorantes（2004）对印度德里的研究中将“未签订劳动合同”的劳动者界定为非正规就业。Camacho 等（2013）对哥伦比亚的研究中将“没有缴纳健康保险”的就业者界定为非正规就业。印度官方将不享有就业保险（没有任何失业保障）、工作保险（没有工作场所的工伤或医疗保障）和社会保险（生育和健康照顾福利、养老等）中至少一项的就业者界定为非正规就业（国家六部门联合赴印度考察团，2009a，2009b）。

国外代表性文献中使用的统计标准见表 7-2。企业维度中最常使用的标准是企业规模标准，具体标准为雇工在 20 人以下，或者自我雇佣等。政府管制维度中，最常使用的标准是“未登记注册”标准，该标准也是识别正规或非正规企业的最常用标准。劳动者维度中最常使用的标准是“未缴纳社会保险”，包括养老保险、健康保险、生育保险、失业保险等。在实际研究中，研究者通常从以上任意两种或以上维度出发，选取至少两种及以上统计标准来确定非正规就业的统计范围。现有研究中比较常见的结合方法为将企业维度和劳动者维度相结合，或将政府管制维度和劳动者维度相结合。其中，“未缴纳社会保险”是界定正规部门非正规就业时最常使用的统计标准，而企业规模（雇工 20 人以下，包括自我雇佣等）和“未登记注册”是界定非正规部门非正规就业时最常使用的统计标准。近年来随着研究者对非正规就业问题的关注从其单位特征转向劳动者岗位特征，各国研究者一般认同非正规就业是“未签订正式的劳动合同、劳动关系不稳定、没有被现有社会保障体系所覆盖”的劳动者，因此劳动者维度是目前研究中最为常用的统计标准。

表 7–2　国外研究中使用的非正规就业统计标准

研究者	企业维度		政府管制维度（既可针对企业也可针对劳动者）			劳动者维度	
	组织层次（工作场所、法人地位、账户等）	企业规模（雇工 20 人以下，包括自我雇佣等）	未登记注册	避税或未申报收入	未遵守政府企业或劳工法律法规	未签订劳动合同	未缴纳社会保险（一项或多项）
Banerjee（1983）					+		+
Portes（1983）			+	+		+	
Renooy（1990）		+	+	+	+		+
Portes 和 Schauffler（1993）			+				+
Maloney（1998）		+					+
Masatlioglu 和 Rigolini（2008）			+	+			
Bosch 和 Maloney（2008）		+					+
Henley 等（2009）		+				+	+
Gelb 等（2009）		+	+				
Bosch 等（2012）		+	+				
Grimm 等（2012）	+		+				
Bruhn（2013）			+	+			
Bargain 和 Kwenda（2014）			+	+	+		+
Radchenko（2014）					+	+	+

资料来源：作者自行整理。

7.2.2　国内研究的概念界定和统计标准

国内非正规就业概念的引入时间较晚。1996 年，上海市为解决下岗人员再就业出台的《关于鼓励下岗人员从事非正规就业的若干试行意见》中首次使用了“非正规就业”的概念，并将其定义为“下岗人员个人或组织起来，通过参与社区的便民利民服务、市容环境建设中的公益性劳动，为企事业单位提供各种临时性、突击性的劳务及以家庭手工业、工艺作坊等形式进行生产自救，无法建立或暂无条件建立稳定劳动关系的一种就业形式”（刘社建，2007）。随后，这一概念迅速在其他城市和学术界拓展开来。但是，受原有计划经济体制下终身雇佣制的影响，官方比较排斥“非正规”的概念，而更倾向使用“灵活就业”“弹性就业”“非标准就业”概念等代替“非正规就业”。其中比较受各方认可的是官方对“灵活就业”的定义：“在劳动时间、收入报酬、工作场地、社会保险、劳动关系等几方面（至少一方面）不同于建立在工业化和现代工厂制度基础上的、传统的主流就业方式的各种就业形式的总称”（中国劳动和社会保障部劳动科学研究所课题组，2005）。由这个定义可知，我国官方对非正规就业的界定是从非正规就业的岗位特征出发的，主要考虑非正规就业与传统的国有企事业单位中稳定的、高福利、高待遇的正规就业的差异。

国内学术研究中，不同学者对经济运行特征和非正规就业的理解不同，因而对非正规就业的概念界定也存在较大的差异。本书将国内代表性的观点见表 7-3。与国外经过 20 多年的时间将非正规就业的概念从非正规部门就业拓展到正规部门非正规就业不同，我国研究者从一开始便从就业者的岗位特征差异出发对非正规就业进行了界定。其中，界定范围最广的是黄宗智（2009），他认为只要处于国家劳动法律法规和社会保障制度保护之外的劳动者都应该纳入非正规就业，因此将城镇单位就业以外的、包括农业从业人员的全部就业人员都纳入非正规就业的范围。这一界定既不同于国际上通行的将非正规就业界定在非农就业范围以内，也不同于国内其他学者将非正规就业界定在城镇地区的做法，因而在一定程度上可能高估了我国非正规就业问题的严重性。杨宜勇（2002）从劳动关系稳定性角度来界定非正规就业，认为非正规就业是指未签订合同，无法建立或者是暂无条件建立稳定劳动关系的一种就业关系，这种界定方式与官方的界定方式相一致，也是国内目前最为常见的界定方式（蔡昉和王美艳，2004；姚宇，2006）。万向东（2009）从雇佣关系、政府监管、就业性质和效果三个维度定义非正规就业，是国内较为少见的考虑政府监管的界定方式，此外将就业性质和效果处于低层次和边缘地位的劳动就业界定为非正规就业，与 ILO 将非正规就业等同于城市贫困相一致。胡鞍钢和杨韵新（2001）从非正规部门就业和正规部门的非正规就业两个层面来界定非正规就业，前者从企业维度出发，将非正规部门界定为“依法设立的独立法人单位（企事业单位、政府机构和社会团体、社会组织）之外的规模很小的经营单位”；后者从劳动者维度出发，将正规部门的短期临时性就业、非全日制就业、劳动派遣就业、分包生产或服务项目的外部工人等界定为非正规就业。这种将非正规部门就业和正规部门非正规就业分别按照不同维度进行界定的界定方式，与ILO（2002）年给出的非正规就业统计框架相一致，也是我国学者在实际操作层面最为常见的界定方式。

表 7-3　国内学者对非正规就业的概念界定

研究者	概念界定
胡鞍钢和杨韵新（2001）	既包括小型、微型企业、家庭型企业、独立服务者等非正规部门就业，也包括正规部门的短期临时性就业、非全日制就业、劳动派遣就业、分包生产或服务项目的外部工人
杨宜勇（2002）	未签订合同，无法建立或者是暂无条件建立稳定劳动关系的一种就业关系
蔡昉和王美艳（2004）	没有进行工商登记、不参加社会保险、劳动关系不规范的就业形式
姚宇（2006）	正规部门中没有正式劳动关系的就业，以及非正规部门中一直处于不稳定状态的就业
黄宗智（2009）	没有工作保障、缺少福利及不受国家劳动法保护的劳工
万向东（2009）	具有非正式的雇佣关系（无合同、无有效合同、临时雇佣、随意决定工资等）、未进入政府监管体系（如企业标准、劳动就业标准、保障标准、进入新经济活动的审批标准、劳动力市场的监管等）、就业性质和效果处于低层次和边缘地位的劳动就业

资料来源：作者自行整理。

7.2.3　对私营企业统计的争论

虽然国内学者对非正规就业的概念界定做了很多理论层面的研究，但是在实际操作层面，在确定非正规就业统计范围时，受统计数据的可得性和完整性的限制，不能完全按照理论层面的概念界定统计范围。宏观层面数据由于不能从个体的就业特征来判断正规部门的非正规就业，一般将非正规就业等同于非正规部门就业，因此对宏观层面数据的非正规就业的统计，等同于对正规部门和非正规部门进行划分。在基于宏观统计数据对正规部门和非正规部门的划分上，现有研究一般沿用胡鞍钢和杨韵新（2001）的划分方法，将国有单位、集体单位、股份合作单位、联营单位、有限责任公司、股份有限公司、港澳台商投资单位、外商投资单位等划分为非正规部门，然后按照企业规模标准，将私营企业、个体工商户和“未统计就业”划分为非正规部门。其中，最具争论的是对私营企业的划分，为了说明这一点，本书将对我国现有城镇就业统计制度进行说明。

目前，国家统计局公布的城镇就业统计数据由三部分组成：第一部分是由国家统计局“劳动综合统计报表制度”负责统计的城镇单位就业，包括国有单位、集体单位、股份合作单位、联营单位、有限责任公司、股份有限公司、港澳台商投资单位、外商投资单位；第二部分是由国家市场监督管理总局负责统计的私营企业和个体工商户就业人员，其中，个体工商户就业的统计范围为“由个人或家庭出资经营的、从业人员不足 8 人、在工商行政管理局登记的个体工商户从业人员”，私营企业就业的统计范围为“由以自然人为主出资经营的[①]、从业人员不少于 8 人、在工商行政管理局登记的私营企业从业人员”；第三部分是“未统计就业”，即城镇总就业人员与城镇单位就业和私营个体就业人员的差值[②]，包括没有登记注册的私营或个体经济从业者，以及城镇单位就业中的临时工和劳务派遣工等[③]（黄宗智，2013）。由以上统计制度可知，城镇单位就业是具有法人资格的国有企事业单位、股份制单位和外资单位等，一般规模较大，且在现有法律法规和社会保障制度覆盖范围之内，因此划分为正规部门；个体工商户规模在 8 人以下，符合国际上通行的小规模企业标准，因此划分为非正规部门；

① 国家工商行政管理局《关于自然人出资设立有限责任公司登记注册和监督管理问题的通知》（工商个字〔1994〕第 325 号）第六条规定，凡由自然人为主申请，自然人出资额占注册资本 51%以上的有限责任公司，其登记注册和监督管理，适用（私营企业）之规定。

② 我国城镇就业中出现“未统计就业”部分是从 1990 年开始的。1990 年之前，城镇总就业人数直接以单位就业数和登记的私营个体就业人员数加总得到，1990 年之后的城镇总体就业人数是利用每十年的人口普查和历年城镇劳动力住户抽样调查数据推算的，因此产生了城镇总就业人数与单位就业数和登记的私营企业和个体企业就业人员数之间的差值（蔡昉和王美艳，2004）。

③ 官方并没有明确给出关于“未统计就业”部分的构成说明。根据 2005 年劳动保障部的估计，城镇“未统计就业”包括一部分在城镇开办的乡镇企业的从业人员、少部分漏登的城镇单位从业人员，以及大部分的城镇农林牧渔劳动者和各类自营劳动者、家庭帮工、季节工、临时工等（劳动保障部规划财务司，2005）。而学者研究一般认为“未统计就业”由进城农民工、没有登记注册的私营或个体经济经营者，以及城镇单位就业中的临时工和劳务派遣工等组成。

“未统计就业”由于没有登记注册，因而一般不受各种法律法规保护，也不在社会保障覆盖范围以内，因此划分为非正规部门；而私营企业的从业人员在8人以上，且内部规模差异较大，按照企业规模标准似乎不能全部纳入非正规部门的范畴。薛进军和高文书（2012）指出由于城镇私营企业的规模差异较大，将全部私营企业从业人员纳入非正规就业可能会造成对非正规就业的高估。为了解决这一问题，其他学者试图从其他统计标准出发，对私营企业的特征进行划分。例如，张兴华（2002）从法人地位标准出发，建议将不具有法人地位的私营独资企业和私营合伙企业就业划分为非正规部门，而将具有法人地位、建立现代企业管理制度的私营有限责任企业和私营股份有限企业就业划分为正规部门。屈小博（2011）建议将企业规模在20人或10人以下的私营企业划分为非正规就业。但是由于我国现行统计制度中没有公布历年私营企业的登记注册类型和不同规模下企业就业情况的详细数据，因此这些方法在实践上并不可行。尹晓颖等（2006）则建议将私营企业全部剔除，只把个体工商户和“未统计就业”看作非正规部门。

本书认为正规就业和非正规就业特征差异存在的根本原因在于生产方式的差异[①]。首先，由于非正规部门企业具有技术水平低、资本数量少、人力资本水平低的生产特征，因而非正规部门企业一般在低组织水平下运行，并且呈现出劳动密集型的小规模企业特征。其次，由于生产方式和组织水平的低下，非正规部门企业创造的产值较低，因而非正规就业一般具有收入水平低下和贫困就业的特征。再次，非正规部门企业为了获得更多的利润，一般通过不登记注册的方式逃避

① 本书对正规就业和非正规就业生产方式差异的特征描述实际上更接近对正规部门和非正规部门的特征描述。这一方面是由于非正规部门中的非正规就业占非正规就业绝大部分，且对非正规部门劳动者的特征描述中已经包括对正规部门非正规就业的描述；另一方面，本书认为，对非正规就业概念从非正规部门就业到正规部门非正规就业的拓展，实质上是将对非正规就业研究的侧重点从非正规部门企业到劳动者本身，而在对非正规就业问题的研究中，企业生产方式的差异是造成劳动者特征差异的主要因素，因而对非正规部门企业的研究则更为全面和深刻。因此，本书在概念界定中更侧重于对非正规部门中非正规就业的描述。本书在后续的论述中将同时使用非正规就业和非正规部门就业的概念，前者既包括非正规部门中的非正规就业也包括正规部门中的非正规就业，后者仅指非正规部门中的非正规就业。

税收、最低工资制度及其他企业和劳工标准等降低政府管制成本，而非正规就业企业的小规模特征也使非正规就业更容易逃脱政府管制。最后，由于生产方式水平和产值水平较低，非正规部门企业一般不能或者不愿意为劳动者提供额外的劳工保护和社会保障，因此非正规就业表现出未签订劳动合同、就业状态不稳定、缺乏劳动保护和社会保障等特征。因此，本书认为非正规就业一般具有以下四个特征：第一生产组织水平低下；第二企业规模较小；第三不在政府企业和劳动管制范围以内；第四劳动者缺乏必要的劳动保护和社会保障。从以上四个特征出发，第一个特征是最基本的判断标准，后三个是在统计上可行的统计标准，而在具体使用时，应当与第一个标准相结合。

为了更为深入地了解私营企业就业的性质，本书利用《中国私营经济年鉴》的数据，对私营企业的内部构成进行分析，见表 7-4。

表 7-4　我国历年私营企业内部结构数据

项目	指标	1996 年	1999 年	2003 年	2005 年	2007 年	2009 年	2011 年
规模	户数/万	81.9	150.9	328.7	472.0	603.1	740.2	967.7
	人数/万	1171.1	2021.6	4299.1	5824.0	7253.1	8607.0	10 353.6
	户均人数/（人/户）	14.3	13.4	13.1	12.3	12.0	11.6	10.7
注册类型	独资企业/%	43.8	32.8	22.0	20.2	18.5	15.7	—
	合伙企业/%	15.6	8.5	4.0	3.0	2.4	1.7	—
	有限责任公司/%	40.7	58.4	74.0	76.8	79.1	82.5	—
	股份有限公司/%	0.00	0.41	0.02	0.00	0.04	0.20	—
劳动合同	签订率/%	—	—	64	72.8	—	—	79.3
社会保险	医疗保险/%	—	—	14.5	26.3	—	—	35.9
	养老保险/%	—	—	22.7	29.2	—	—	36.7
	失业保险/%	—	—	6	18.2	—	—	28.3

数据来源：历年《中国私营经济年鉴》。

注："—"表示数据缺失；百分比值以企业数量划分，而不是以就业数量划分。

由表 7-4 可知，从企业规模来看，我国私营企业户均从业人数在 10 人以上，且呈现逐年缩小的趋势，按照从业人员 10 人以下的企业规模统计标准，我国大部分私营企业应当划分为非正规就业；从注册类型来看，2000 年以来，有限责任公司和股份有限公司占私营企业的 70%以上，且增长迅速，表明我国大部分私营企业已经具有独立的法人资格；从劳动合同签订率来看，2003 年以来，60%以上的企业与员工签订了劳动合同，到 2011 年这一比例达到 80%；从社会保险覆盖率来看，即使到 2011 年，为员工缴纳医疗保险、养老保险和失业保险的企业比例仍不足 40%。从以上分析可知，从企业规模和社会保障标准来看，我国大部分私营企业应划分为非正规就业，而从注册类型和劳动合同签订率来看，我国大部分私营企业不应划分为非正规就业。但是，考虑到有限责任公司注册比例的提高与有限责任公司注册标准的降低直接相关，注册类型为有限责任公司并不意味着建立起现代化企业管理制度，更不意味着生产组织水平的提升；另外，由于与为员工缴纳社会保险相比，企业与员工签订劳动合同的成本要低得多，签订劳动合同并不意味着企业更加注重劳工保护，因此本书还是倾向将私营企业划分为非正规就业。

虽然受现有统计数据的限制，本书无法对私营企业不同特征就业者进行详细的划分，但是按照以上分析，本书将私营企业划分到非正规就业的统计范围，由此我国宏观层面的非正规部门就业由私营企业就业、个体企业就业和“未统计就业”三部分组成。为了了解私营企业就业与个体企业就业和“未统计就业”的特征差异，本书将分别对私营企业就业和个体企业就业、“未统计就业”的性质进行实证检验。

7.3　非正规经济产生的原因

就非正规经济的共性而言，在所有的国家，无论是企业还是劳动者，当他们选择加入非正式部门时，就其动机而言，既可能是出于经济方面的考虑，也可能是非经济方面的。经济方面的原因是正式的市场存在着失业和不灵活，管制和税收会导致生产成本过高。非经济的原因则是，在非正式部门工作时间上更为灵活自由，个人身心更为舒适，可以充分利用自己的专业资格，享受更多的闲暇。雷诺伊（Renooy，1990）从行为经济学的视角讨论了促使人们选择非正式部门活动的两类因素：结构因素和机会因素。结构因素包括金融压力、社会心理压力和制度约束。机会因素包括个人独特的背景（如技能、教育、人际关系、生活状态等），以及非个人的因素（如环境、文化传统、价值观和地理因素等）。这些机会因素解释了为什么会存在着不同种类的非正式部门。

在研究发展中国家问题时，更多的学者则集中精力分析了产生上述动机的种种外部体制因素。布雷曼（Breman，1980）认为，工业化水平和生产率低及存在着剩余劳动是发展中国家在城市中存在着二元体制的主要原因，这些国家存在着的老旧的经济机制，如低下的技术水平和大量使用廉价的不熟练或半熟练工人，是非正式部门活动出现和迅速增长的根源。而约翰逊（Johnson and song，1999）等则进行了经验分析，认为高税收和管制负担、法治不全、腐败横行可以解释为什么在拉丁美洲的一些国家存在着非正式部门。

在发展中国家的非正式部门产生的原因中，管制过于烦琐和税收负担重是被关注最多的。管制、劳动法和税收方面的负担很重但又偏偏执行不力导致了正式部门和非正式部门的分化，企业和劳动者正是为了逃避税收和管制而选择加入或不得不留在非正式部门的。有大量研究表明，发展中国家经济中之所以出现大量的非正式企业，其在GDP中的比重甚至比正式企业还要大，是因为存在的诸多规制阻碍了新的企业或非正式企业进入正式部门。例如，罗亚扎（Loayza，1996）指出，企业或个人选择从正式部门退出而进入非正式部门，是经济整体的管制过于烦琐而又执行不力所致。由于管制烦琐，企业与劳动者不堪其扰；又因为管制只对正式部门生效，并未触及经济的每一个角落，因而企业和劳动者可以通过非正式化而躲开它。虽然同样也分析了管制和税收的影响，马卢尼（Maloney，1998）更多地从劳动者择业的角度来考虑非正式部门的出现和存在。他认为，对于很多工人而言，目前的劳动法典的无效率和相对低的人力资本（低劳动生产率）使人们愿意在非正式部门就业。尽管在正式部门就业获得的表面好处更多，而有些工人仍然会倾向选择非正式的工作，尤其偏好自我雇佣，这正是因为正式部门的管制缺乏效率，这既影响到工人对正式部门就业的需求，也影响到正式部门企业对劳动的需求。

埃默森等（Emerson et al，2012）则提出，发展中国家政府的腐败程度也是原因之一。他认为，不发达国家的政府比发达国家在干预经济活动方面力度更大、范围更广，但往往也更为腐败。在这些国家，政府当局可以通过控制正规企业的数量来抽取企业利润作为租金。他指出，正规企业是寡头垄断者，因而可以得到正利润；非正规企业所处的市场是完全竞争的，均衡条件下企业利润为零。企业若要进入不完全竞争的正规部门中，就要付出一定的进入成本给政府。因此，正规企业的数量是内生决定的，并且与政府所获得租金负相关，政府越腐败，抽取租金越多，正规企业的数量将越少。

7.4 非正规经济的作用和影响

对于非正式部门在经济中的作用有过很多争论。ILO 于 1972 年关于肯尼亚的就业报告中认为非正式部门的存在对改善就业机会和收入分配具有积极意义，是经济发展的推动力。对于发展中国家来说，非正式部门的意义首先在于其创造一个就业机会的必需费用极低，从而可以大量吸纳经济结构转变过程中产生的结构性失业者。发展中国家结构调整过程中分化出来的劳动力大部分进入非正式部门就业。在为居民提供个性化社会服务方面，非正式部门也发挥了重要的作用。居民收入水平提高后，大多会接受社会化的家政服务活动。居民的需要是多种多样的，很难由标准的程式化的服务所满足，而非正式部门就业的分散性和流动性的特点正好可以满足居民多样化的需求。近年来，社区服务是中国城市非常活跃的非正式部门领域，从业者为居民提供家庭护理、绿化、维修等服务，社区服务大部分是由非正式部门从业者来完成的。非正式部门是中国目前重要的就业渠道，是缓解劳动力市场上就业压力的重要方式，同时也是劳动者进入正式部门的通道，许多新进入劳动力市场的劳动者要先在非正式部门工作若干年，然后才成为正规就业者。

有经济学家却认为非正式部门只是一个廉价劳动力市场，采用密集的劳动力，工人工作时间很长却只得到很少的工资，他们不能通过进化的方式如劳动生产率和收入水平的提高来进行扩张和发展。虽然非正规企业提供大量就业机会，有利于缓和发展中国家的严峻的失业形势，但是由于非正规企业缺乏进行长期生产投资的动机，经常采用水平较低的生产技术，同时避税也减少了政府收入，影响了公共品的供给，因而不利于发展中国家经济的发展。

罗亚扎（Loayza，1996）在一个内生增长的框架下讨论了非正规部门的经济影响。在他的模型中，生产技术主要依赖拥挤的公共服务。如果一些政策参数和制度质量发生改变，刺激了非正规部门的相对规模扩大，那就会降低经济增长率。这是因为非正规部门没有缴纳税收，但是要占用公共服务，因此使公共服务显得拥挤，减少了提供给正规部门的服务量，也促使不能有效利用公共服务的活动增加，从而降低了经济增长。他还利用拉丁美洲的数据检验了模型的结论并估算了非正规部门的规模。

上面这两种观点都有一些极端，还有一些学者认为由于非正式部门不同的生产技术和产量水平，他们的一部分经济活动有着较大的发展潜能。有学者将非正式部门分为两部分，即贫民团体（the Community of the Poor）和中间部门（the Intermediate Sector），贫民团体中的从业者认为他们现有的工作是暂时的，他们不停地寻找机会进入正式部门，也正因为此，他们缺少进入正式部门或在现有的岗位上发展的机会和能力，始终处于失败和绝望中。而中间部门的从业者把他们现在从事的工作作为他们永久的生计，愿意为他们的将来付出成本。

Gerry（1978）从社会学角度分析非正规部门与社会经济发展的关系。对非正规经济的兴趣与国际经济正在经历繁荣还是衰退有关。对非正规经济的分析主要包括以下思想和理论，一是自由放任主义，该理论认为，从长远来看，市场力量也可以促使所有欠发达国家逐步实现现代化，与此同时，小型企业和非正规经济可以提供这些国家缺乏的本土企业家。二是改良主义，认为只要非正规部门与主要是外商独资的发达资本主义企业不平等地共存，则该部门永远不可能实现自身发展所需的资本积累和增长动力，因此，作为相对自给自足的发展战略的一部分，应该创造一种更激进的状态以支持本土的小企业家对抗国外的大资本家。三是马克思主义，认为大型资本在繁荣时受益，在衰退时期转嫁成本负担，因此大多数小生产者在繁荣和衰退时期境遇都很糟糕，小企业家和他们的员工都具有革命意识。与其对国家及大型企业应该怎么帮助非正规部门发表意见，马克思主义者将努力在正规和非正规部门的工人间建立更紧密的联系，作为实现社会革命性转型的手段。四是平民主义，平民主义思想建立在前殖民时期的平等和集体主义的制度基础上，他们也鼓吹更大的自主权，自力更生或运用合适的技术。小型企业和非正规部门在发展中扮演了和农民一样核心的角色。

Gerry（1978）还分析了在 19 世纪、大萧条时期，以及 20 世纪 80 年代的经济危机时期以上四种理论对非正规经济在经济中的作用及相应的政策建议，最后得出结论，平民主义理论和政策对解决发展中国家贫困和就业不足问题贡献不大。改良主义方法一直被自由放任主义理论者和决策者攻击，内部也存在分歧，面对在第三世界肆虐的经济危机，改良主义者面临着必败的境况。新自由主义在经济低迷和重建的这些年中一直在发动攻势，其宣传语不仅吸引了失去工资雇佣机会的人，也吸引了相信小人物的时代将要来临的平民主义信徒。新自由主义者在重建更有利于大型企业的国际国内市场时也开始转变对自我雇佣和小企业的态度。在第三世界，向更多的市场导向政策的转变会持续下去，这会使越来越多的人与大中型企业有间接的联系，如作为外包工、临时工、外出工。这会使马克思主义者描述的情形更多地出现，即欠发达国家劳动力与资本间更紧密的联系会给这个系统带来新的挑战。为了成功应对这些挑战，必须更多地联合非正规经济和农业中的劳动力。当前新自由主义关于自我雇佣者、小企业和市场力量的自由模式在经济增长中应该起到更大的作用，这一建议已经被广泛接受。然而在世界经济的复苏过程中，仍然是各个国家的统治阶级获利，而非正规部门人员难以获得长久利益。

业余项（蔡昉，2007a），这部分就业者占全部城镇就业人数的比重，从1996年的11%上升到2005年的36%。这部分就业之所以没有在就业统计中反映，主要是因为这部分从业人员或者作为自我雇佣劳动者，或者在个体、私营企业就业，而这些自我雇佣和个体、私营企业没有在工商管理部门注册；另外，还有一些工作单位，不把再就业人员统计为本企业职工，而列入外包劳务项目，没有纳入统计范围。

从上述分析中我们可以看出，国有企业改革以来非正式部门迅速扩大和发展，在就业增长的过程中起到了很大的推动作用。我国城市的非正式部门从业人员按照现行的户籍制度可以分成两部分，一是进城的农民工，如从事零星装修的木匠、建筑工、装修工等；二是由城市政府正式认定的非正规就业者，如从事社区服务、经营家庭小作坊的城市下岗、失业人员等。两种就业群体具有显著不同的特征。首先，在非正式部门就业的城市居民只占城市居民就业总体的很小份额，而进城农民工则大多从业于非正式部门。其次，城市非正规就业者的典型经历是由正规就业跌落到失业，再由失业向就业攀升的过程中遭遇挫折，不得已滞留在非正式部门，相对于原来的在正式部门的职位，其地位垂直下降了。而对于进城农民来说，进入正式部门固然可喜，即使是获得非正规岗位，相对于其原先在农村闲置状态还是垂直上升了。现行户籍制度分割了劳动力市场，但它在一定程度上保护了城市非正式部门从业者，避免了两种就业之间的激烈竞争。

石美遐（2007）2005年在中国某市对56名非正规就业者进行了个案访谈，访谈结果发现，非正规就业者的文化程度以初中毕业为主，他们获得工作的优势是年轻、有体力或是人工成本低，大多不具备维护劳动者权益的基本法律常识，文化程度低，可从事的工作类型有限；他们的求职方式以亲戚和老乡的介绍为主，往往是非正式的，大多数未签订劳动合同，即使签订合同，有的也只是就每月工资收入和休息日进行规定，不涉及其他内容，劳动关系比较稳定的人在被访者中只是极少数；大多数被访者的工作时间超过国家法定标准，工作时间最长的达24小时，工资收入高于最低工资且集中在每月600～800元，工资经常被扣留或拖欠；他们的社会保障和工作境遇和所在单位及所从事的工作有关，在正式部门的非正规就业人员往往社会保障的情况好一些，而大多非正式部门员工不知道有社会保险的权利。

非正式部门就业的特点还表现在其他方面，如非正式部门从业人员因收入较低又无力对提高技能进行投资，因而在劳动力市场上始终处于竞争力差的境地；由于劳动争议处理程序烦琐等体制上的问题，非正式部门就业者寻求法律救济比较困难；由于非正式部门被排斥在就业保护的主流框架之外，非正式部门的职工往往也不被劳动监察制度所覆盖。

在大多数发展中国家，政府通常把非正式部门就业看作劳动力市场中的低层的、困难的、为政府制造麻烦的人汇聚的地方，对非正式部门采取否定的或敌对的态度。而中国政府的态度要积极得多，政府不仅将非正式部门作为解决城市失业问题的一种重要方式，而且制定了一系列的制度来鼓励、扶持其发展，让非正式部门在政府的帮助下走上规范化发展道路。可以说，中国的非正式部门是正式部门经济活动的外延，它不包含但不等同于非法经济部门，正式部门与非正式部门的关系是主次关系、互补关系。

非正式部门是中国政府为了增进就业而实施的特殊策略。政府鼓励发展非正式部门的基本目的是尽可能多地吸收失业人员就业，而经济效益目的则放在其次。从这个意义上说，只要国民经济还处于发展阶段，只要失业问题还存在，发展非正式部门就不失为一种长期的就业策略，非正式部门就业也就会维持一定的存量水平。中国城镇非正式就业队伍已经十分庞大，他们的收入远远低于正式部门从业者，这很大程度上是劳动力市场上供过于求的一种反映，是劳动力过剩情况下就业者退而求其次的选择。

今后几年间，我国非正式部门将得到巨大的发展，在非正式部门就业的比例也将迅速上升，成为我国城镇最主要的就业部门。城市正式部门就业岗位不足的局面短期内难以改变，目前该劳动力市场新增加的就业岗位可能尚不足以安排待分流的机关干部及其他自然增长的具有高学历和技能的劳动力，非国有经济特别是个体私营经济仍将成为非正式就业最集中的领域。

近年来，私营经济的发展充满了活力，增长势头迅猛，潜力巨大。2000年私营企业工业产值占全国工业总产值的比重为6%，至2004年，这一比重已经上升到17%，2004年私营企业增速最快，达到了47.3%。非正式部门将在私营经济这一载体上得到进一步的发展，符合我国当前产业结构多元化、投资主体多元化、社会需求多元化的历史潮流，是经济体制向市场经济结构转型的必然产物。

但在未来几年内，非正式部门的低工资水平不会产生明显的改变。因为非正式部门劳动力的低工资是市场决定的，虽然中国在改革时一直保持世界上最快的发展速度和人均收入水平提高速度，但是，从国际比较来看，中国仍然处于一个相对低的收入水平上。由于存在着庞大的农村剩余劳动，具有世界上最高的城乡收入差距，在劳动力从农业和农村向外转移的过程中，市场决定的工资水平应该是十分低的，非正式部门受政府干预较少，因此没有扭曲地反映了这一事实。

随着我国市场经济体制的逐渐完善，阻碍非正式部门从业者向正式部门流动的制度壁垒将会越来越少，劳动力从非正式部门转向正式部门的主要障碍将越来越多地体现于受教育程度和劳动技能上，这将会促进非正式部门从业者提高自身素质，为进入正式部门付出教育成本，从而使非正式部门更好地发挥劳动力“蓄水池”的作用。

同时，非正式部门与正式部门之间的劳动力流动也将不仅仅是单向的，非正式部门将成为高素质劳动力的重要就业方式。随着现代通信设施的迅猛发展，社会组织形式也受到极大冲击，传统的单位就业对高技能劳动力的吸引力正在下降，他们更加喜欢相对自由、宽松的工作方式和生活方式。于是大量的自由职业者涌现出来。正式部门的高技能人才凭借自己的专业特长，结合市场需求，以个体或小企业的形式参与经济活动，并享受丰厚的劳动报酬。但实现这一转化的前提是非正式部门劳动无保障、社会地位低的问题得到解决。

另外，众多高科技、专业化服务的新兴产业部门将以非正式部门的形态出现，并迅速成长，跻身正式部门行列。由于这部分产业部门起步初期缺乏资金、场地，市场需求也尚未得到开发，所以它们往往采取灵活性较强的非正式部门的形式从事经营活动。但这部分产业部门具有强大的生命力，在外部条件改善的条件下会得到迅速的发展。

7.6 本章小结

城市非正规就业对个人、家庭和社会有着重要作用。我国目前就业形势严峻，社会保障还不是很完善，城市非正规就业解决了更多人特别是社会弱势群体的生计问题，是缓解社会矛盾的重要途径，但过多的劳动力流入城市非正式部门也影响了经济效益，产生了劳动力的剩余问题。未来几年里，我国城市非正规就业的规模将进一步扩大，解决城市非正规经济的发展问题是应对农村劳动力的转移及城市就业一系列问题的关键。对此，既要保持一定的经济速度增长，也要采用合适的经济社会发展战略。

8 非正规就业的特点和估算

非正规就业是经济发展过程中长期存在的经济社会现象，在发达国家，尤其是发展中国家广泛存在。但是，非正规就业的形式、特征及在就业中所占的比重，在不同的经济发展水平上有着重要的区别。非正规就业是我国新增就业的主要组成部分，也为高增长条件下正规经济的发展提供必要的劳动供给。本章梳理和归纳了非正规就业估算的主要方法，并以综合法对我国非正规就业的数量进行了初步的估算。本章还选取农民工较为集中的建筑业作为非正规就业的代表行业，采用数据包络分析法分析了可能存在的剩余劳动的数量和比例。

8.1 非正规就业的特点与估算方法

8.1.1 非正规就业的特点

发轫于 20 世纪 50 年代的发展经济学明确地以结构主义作为主要的理论分析方法。刘易斯（Lewis，1954）的经典论文确定了二元经济的分析框架，被广泛应用于有关农业与工业、农村与城市、传统部门与现代部门，以及世界经济体系中的中心与外围之间的相互关系和相互影响的研究。刘易斯在最初的论述中已经明确提出，在城市经济内部，除了采用资本密集型生产方式的现代部门以外，也存在传统部门，其劳动的边际产出微小，工资水平低下，仅够维持生存所需。托达罗及其合作者（Todaro，1969；Harris and Todaro，1970）对城市就业的分析表明，城乡工资差异吸引大量农村劳动者进入城市劳动市场，而城市经济能够提供的就业机会有限，因此产生大量的失业现象。这些在城市中寻找更好的就业机会的劳动者，为了维持生存，不得不从事一些收入更为低微的工作。

在刘易斯和托达罗这些早期的研究中，城市传统部门仅作为剩余劳动的蓄水池，为现代部门提供数量可观的产业后备军，在与现代部门的关系中处于消极被动的地位。哈特（Hart，1973）对这一观点提出了挑战。他在对加纳城市就业的研究中，第一次提出了“非正规部门”这一术语，并且说明非正规就业对发展中国家的劳动者提供就业机会，提高收入水平，从而促进经济发展具有重要意义，这一观点也为以后的实证研究所证实。此后，发展经济学家越来越重视对非正规经济和非正规就业的研究。ILO 作为联合国处理劳工问题的权威机构，历来重视对非正规就业的研究，2012 年发表统计手册，明确非正规部门及非正规就业的定义和核算的有关问题。

非正规就业是一种复杂的经济社会现象，不仅广泛存在于发展中国家的城市经济部门，在发达国家也并不鲜见，既与经济发展水平有关，也与经济社会环境和具体的制度安排有关，因此，可以从经济学或社会学等不同的角度进行分析和界定。根据研究视角的不同，得出的非正规就业的概念也不尽相同，但是，一般而言，如果某一特定的就业形式在某些方面符合以下描述的非正规就业的主要特征，则可认定为非正规就业。

（1）经济规模较小，生产效率低下，收入水平不高。非正规就业通常是由于正规经济部门尚未充分发展起来，不能提供足够多的就业机会，吸收全部或绝大部分的劳动者，一些劳动者尤其是那些缺乏技能的非熟练劳动，不得不自己创造一些就业机会，以获得收入来维持自身及其家庭的生存。这些劳动者能够动员和运用的资金是相对有限的（胡鞍钢和杨韵新，2001；黄乾，2003）。

非正规就业所从事的经济活动规模较小，人均资本数量较少，使用简单的生产技术或传统的生产方式，生产效率和收入水平也较为低下。发展中国家非正规劳动者的工资水平不仅大大低于正规部门，有时甚至低于法律规定的最低工资水平。而且，非正规部门劳动力从事的多是没有技术含量的工作，或是劳动强度很大的工作，往往劳动时间长，劳动条件差（张兴华，2002）。

对北京市农民工的调查显示，2002 年农民工的平均月工资为 949 元，城市居民为 1780 元；除工资外，农民工不享有任何附加收益；农民工与雇主间的劳动合约关系松散，经常引起劳动纠纷；农民工就业不稳定，经常换工作（李强和唐壮，2002）。黄宗智（2009）指出我国正规部门和非正规部门人员报酬差距大，2004 年，农民工的平均劳动报酬为每年 9360 元，远低于 16 159 元的全国平均报酬，而非正规部门人员工作时间却很长，平均每天 11 小时，每周 6～7 天。

虽然非正规就业的收入水平较低，但是，在经济发展过程中，尤其在经济发展的初始阶段，非熟练劳动者有着充足的供给，而非正规就业规模小，进入门槛低，使用生产技术较为简单，对技能和学历的要求较少[①]，因此，劳动力市场的竞争非常激烈。

（2）组织形式和劳动关系简单，就业形式灵活。由于经济规模有限，非正规就业所在经济部门的组织形式较为简单，也难以建立完善的企业财务人事制度，没有明确区分个人和企业的收入支出。非正规就业所在企业的建立，往往是为了解决自我就业或家庭就业，劳动者的数量较少，劳动关系的建立经常基于临时就业、亲属关系或个人和社会关系，缺乏规范的劳动雇佣合同，就业得不到保障，失业风险大。

正规就业对于工作时间和工作地点有着严格规定，非正规就业则更为灵活。对印度尼西亚的劳动力参与劳动的决策分析显示，家中有婴幼儿的女性更倾向在非正规部门工作，其原因正是非正规部门就业具有灵活性，方便其照顾孩子（Gallaway and Bernasek，2002）。发达国家的白领阶层选择非正规就业也是由于非正规就业具有更大的灵活性（丁金宏等，2001）。

① 印度尼西亚家庭调查数据显示，拥有最高学历的人大部分在正规部门工作，而拥有最低学历的人更有可能在非正规部门工作和在家中劳动（Gallaway and Bernasek，2002）。

（3）游离于正式的经济社会制度之外。非正规就业经常游离于正式的经济社会制度以外。这是因为利用正式的经济社会制度具有规模经济的特点，企业的规模越大，单位成本越低。由于非正规就业所在的经济部门规模较小，因此，出于降低成本的考虑，经常有意识地规避正式的经济社会制度（Henley et al.，2009）。有调查表明，大约 95% 的农民工借助老乡介绍等非正规渠道来寻找工作机会，只有大约 5% 的农民工利用了就业指导中心、人才交流中心和人才招聘会等正式的就业招聘渠道（李强和唐壮，2002）。

除以上特征以外，非正规就业还具有以下两个明显的特点。

（1）非正规就业与非正规经济或非正规部门并不完全重合。在正规部门中也存在部分非正规就业，如我国政府和企事业单位中广泛存在的临时工，经常具有非正规就业的特点；而在非正规部门，也可能存在少量的正规就业。因此，非正规就业的统计和估算经常包括非正规部门里的各类就业和正规部门里的非正规就业，如短期临时性就业、非全日制就业、劳务派遣就业、分包生产或服务项目的外部工人等（蔡昉和王美艳，2004；胡鞍钢和杨韵新，2001；常进雄，2003）。

（2）非正规就业和非正规经济具有很强的异质性，这表现在以下几个方面。

① 非正规就业的收入水平存在差异，部分非正规就业的收入水平甚至高于正规就业。Koo 和 Smith（1983）对菲律宾城市非正规部门的调查发现，虽然非正规部门工人平均收入远远少于正规部门工人的平均收入，但也有部分非正规部门工人的收入高于正规部门工人的平均收入。

② 非正规经济可以进一步细分为性质不同的部门。Ranis 和 Stewart（1999）将城市非正规部门分为现代和传统两个部分，其中，现代非正规部门具有活力，对经济发展起到了有力的促进作用；而传统非正规部门处于停滞状态，仅为城市贫困人口提供维持生活的经济来源。在经济发展过程中，这两个部分也表现出了不同的发展前景。Buckley（1997）分析了非正规部门中的裁缝，他发现此行业中的裁缝可以分为两类：比较成功的裁缝和只能维持生存的裁缝，二者在收入

和经营规模等方面都存在很大的差异。前者收入高，经营规模大，有时还会招收临时工或学徒；后者的收入只能维持生存，经营规模小。

③ 不同国家的非正规经济之间也存在很多差异。Gerxhani（2004）比较了发展中国家和发达国家的非正规经济，发现发达国家的非正规经济可能会促进经济增长，而发展中国家的非正规经济仅以“维持生存”为主要特征。因此，发达国家倾向积极地看待非正规经济的作用及其与正规经济的关系，而发展中国家则对此持消极态度。

我国的非正规部门也存在很强的异质性。李强和唐壮（2002）考察了我国进城农民工的非正规就业，发现与国外相比，我国非正规部门存在着不小的差异。例如，部分非正规部门单位雇员人数较多，有的甚至有超过 50 个的员工；相对于其他国家非正规部门中女性占比例较大的情况，我国非正规部门中，男性和女性占比差异不大。

8.1.2 估算方法

参考现有文献，非正规就业的测度方法主要有以下几种。

（1）统计调查法。第十五届 ICLS 有关非正规部门就业统计的决议指出，可以采用家庭调查或企业调查的方法，收集非正规部门的数据。其中，家庭调查方法以家庭作为报告对象，以单个家庭成员作为观察对象。如果有可能的话，每年调查一次，以确定非正规部门的就业变化。企业调查方法，以企业作为调查对象，将非正规部门单位本身及其所有者作为调查和报告对象。如果可能的话每五年调查一次，以深入研究非正规部门单位的数量和特征，尤其是他们的组织和运作，生产活动和收入水平，以及发展的局限性和潜力[①]。利用这一调查方法和印度第 55 次全国抽样调查（National Sample Survey，NSS）中有关农村和城市地区的企业调查和住户调查数据，Mitra（2006）估计了非正规部门中非农企业的工人数。根据企业调查数据的估计结果，印

① 吴润生和左颖（2001）指出国外非正规经济调查方法的基本思路如下：第一步以地区抽样为基础，实行多阶段抽样，以获取样本住户；第二步通过住户调查获取有关人员的就业和工作状况，调查所有家庭成员的主要和次要活动，进而判定住户从事非正规部门活动与否；第三步重点调查非正规部门活动的情况，并据此推算出非正规部门的总量与结构数据。

度全国非正规就业的比例，在农村和城市分别为55%和47%；根据住户调查数据的估计，农村和城市非正规就业的比例分别为65%和55%。

（2）加总法。加总法首先界定非正规经济的各组成部分，然后利用相关统计数据对各个部分的就业规模进行估计，最后加总得出非正规就业的总量。张兴华（2002）将我国城镇非正规部门界定为包括个体经济单位、私营独资企业和私营合伙企业构成的小型私营企业。

（3）差额法。差额法是用国家统计的城镇就业人员总数减去正规单位上报的人员数，得出城镇非正规就业人员数。这是因为非正规经济和非正规就业通常未被纳入政府正式的核算体系中，而正式的核算体系主要统计正规经济的就业状况。因此，利用人口普查或劳动普查的资料，得出全部就业人员的统计，然后利用正式核算体系中正规就业的统计数据，计算其差额作为非正规就业的统计。Mitra（2006）采用从总的工人数中减去估计出的正规部门的工人数的方法来估算非正规部门的工人数，表明印度非正规部门的工人数占城乡所有地区非农部门工人数的90%。这有可能是低估了正规部门的就业，从而导致非正规部门就业被高估。

黄宗智（2009）运用2006年的统计数据，从2.831亿城镇就业人员数中减去1.149亿的城镇单位职工数量，得出城镇非正规就业人员为1.682亿，其中既包括在政府相关部门登记的私营企业和个体户，也包括未经登记的就业人员。

张彦（2009）采用了两种方法估计2000～2007年上海市非正规就业规模，一是将非正规就业界定为未被纳入正式的单位职工统计的就业人员，即由全市就业总规模减去单位职工人数，得出非正规就业的统计；二是将非正规就业界定为未被社会保障体系覆盖的就业人员，即由城镇就业人员减去已经被社会养老基本保险覆盖的部分，得出非正规就业的估计数据。

（4）综合法。综合法将加总法和差额法结合在一起进行非正规就业的测算。胡鞍钢和赵黎（2006）采用这一方法，将城镇非正规就业界定为三部分，即城镇就业中的私营企业从业人员、个体经济从业人员，以及以农业转移劳动力为主的未纳入正式统计的从业人员。前两者有公开的统计数据，最后一部分可以采用总就业人数与各项统计就业人数之差作为估计数，然后将三项数据加总，得出城镇非正规就业已经占城镇总就业的58%，占新增就业的100%以上。

8.2 估算结果

本章主要采用综合法对我国非正规就业的数量进行估算，为了便于比较，也列出了按照差额法计算的估算结果。按照综合法估算的非正规就业既包括非正规经济中的就业人员，也包括正规经济中的非正规就业人员，主要从经济因素来区分正规与非正规就业。按照差额法估算的非正规就业是指未被社会保障体系覆盖的劳动者数量，主要从社会因素来区分这两种不同的就业形式。因为使用的标准不同，估算结果也有很大的差异。

8.2.1 综合法

综合法首先用城镇就业人员数减去城镇单位就业人员数①，得出未纳入正式统计的就业人数、城镇私营企业就业数和城镇个体就业人数。然后将城镇私营企业就业数减去城镇私营企业投资者人数的部分，得到城镇非正规单位就业数。按照非正规就业测算的相关文献，私营企业和个体经济被视为非正规经济，其中的就业为非正规就业。但是，私营企业主的收入水平与其所雇佣的劳动者有着明显的差异，因此，不应包含在非正规就业的测算中。

图8-1显示了我国1995～2010年城镇非正规就业规模和比例的变化。长期以来，我国非正规就业呈现明显的增长趋势。1995年，城镇非正规就业不足2000万人，占城镇全部就业的比例仅为11%。至2010年，城镇非正规就业超过2亿，占比达到60%，已经成为城镇就业的

① 按照国家统计局的分类标准，城镇单位包括国有单位、集体单位、股份合作单位、联营单位、有限责任公司、股份有限公司、港澳台商投资单位、外商投资单位，不包括私营企业和个体工商户。

主要组成部分。

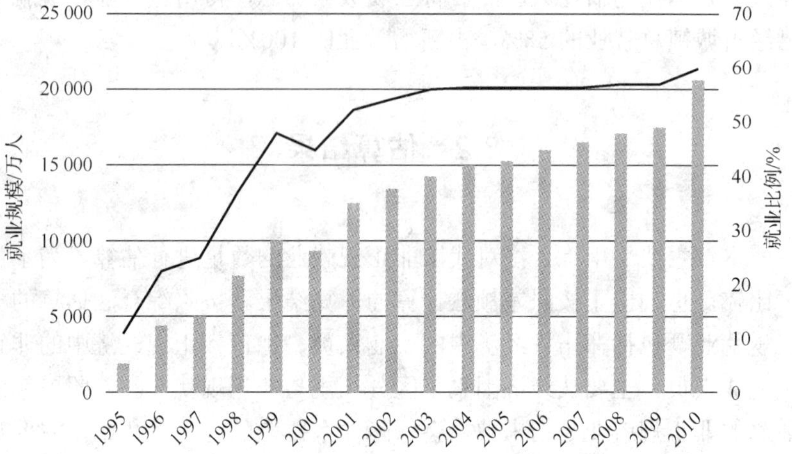

图 8-1　1995～2010 年全国非正规就业规模和比例（综合法）

数据来源：《中国统计年鉴》（1996～2010 年）。

在本书考察的时期内，城镇非正规就业的增长大致可以分为两个阶段，一是 2000 年之前，非正规就业的数量和比例增长迅速，在这一时期，受国有企业改革和东南亚金融危机的影响，正规经济吸纳就业的能力减弱，出现了大量下岗职工，被迫进入非正规经济中。与此同时，乡镇企业创造就业机会的能力也受到很大的影响，促使农民工采取异地转移的方式，来到城市地区寻找工作，城镇化进程开始加快，这部分就业人员更多地进入城镇非正规部门就业。因此，非正规就业的数量和比例大幅增加。二是 2000 年以后，经济形势逐渐好转，国有企业改革也逐步完成，就业数量相对稳定，非正规就业的增加主要来自由农村转移到城镇地区的农民工，而不是城镇下岗职工。这一时期非正规就业数量有所增长，但是就业比例的上升趋势有所减缓。2001 年非正规就业的比例由 1995 年的 11%上升至 52%，提高了 31 个百分点；2010 年进一步上升至 60%，仅提高了 8 个百分点。

8.2.2　差额法

差额法是以城镇就业人员中未被城镇基本养老保险覆盖的部分作为非正规就业的估计，即用城镇就业人员数减去城镇职工基本养老保险参保人数中除去离退休人员的部分，得到非正规就业人员数。

图8-2显示了按照差额法估算的我国1995～2011年城镇非正规就业规模和比例的变化。1995～2011年，我国非正规就业规模略有上涨，非正规就业占比呈逐渐下降的趋势。1995年城镇非正规就业约为1亿，占城镇全部就业的比例约为58%。至2011年，城镇非正规就业人口为1400万，占比约为40%。

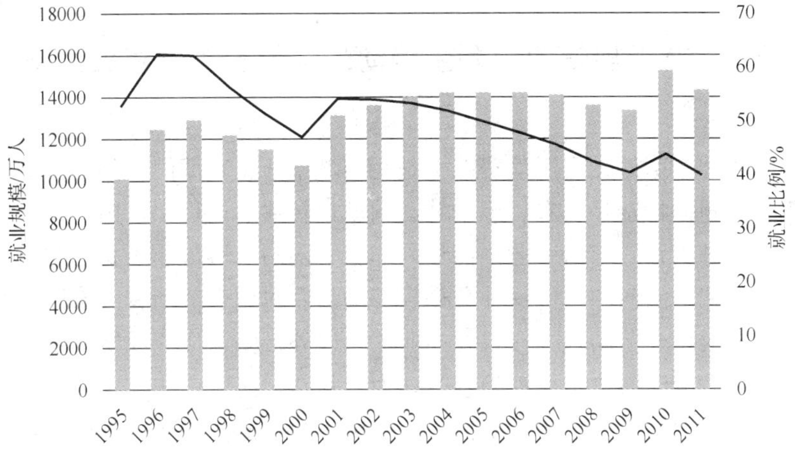

图8-2　1995～2011年全国非正规就业规模和比例（差额法）

数据来源：《中国统计年鉴》（1996～2011年）。

用差额法估算的非正规就业规模及其占比受国家政策等社会因素的影响较大，其变化过程也可大致分为两个阶段，一是2000年之前，非正规就业的数量及比例迅速下降。1997年，国务院颁布了《关于建立统一的企业职工基本养老保险制度的决定》，这标志着我国现代城镇职工养老保险制度的正式建立。这一决定指出基本养老保险制度要逐步扩大到城镇所有企业及其职工，城镇个体劳动者也要逐步实行基本养老保险制度，这就扩大了企业职工基本养老保险制度的覆盖范围，使非正规就业的数量和比例迅速下降。二是2000年以后，我国的养老保险制度进一步完善，非正规就业数量及占比平稳下降。2000年党的十五届五中全会提出了“完善的社会保障制度是社会主义市场经济体制的重要支柱”，拉开了中国养老保险制度进一步改革的序幕。2005年，国务院颁布《关于完善企业职工基本养老保险制度的决定》，指出城镇各类企业职工、个体工商户和灵活就业人员都要参加企业职工基本养老保险，这就进一步扩大了养老保险的覆盖面。2001年，非正规就业的比例由1997年的64%降至54%，下降了10个百分点；2011年进一步降至40%，下降了14个百分点。

8.3 非正规就业中剩余劳动的估算：以建筑业为例

生产效率低、资源浪费严重是我国城市非正式部门面临的一个主要的问题，特别是在农村剩余劳动向城市转移的过程中，由于各种障碍难以进入正式部门就业，而进入非正式部门，城市非正式部门也存在剩余劳动的问题，但这部分剩余劳动与农村剩余劳动有所不同，第一，农村剩余劳动是指在农村产业需求以外，处于失业或半失业状态的那部分劳动力，是一种闲置劳动力的状态，而城市非正式部门剩余劳动则是隐性的，体现在低下的生产效率和极低的劳动报酬上；第二，从事农业生产的劳动力的剩余具有明显的季节性，土地这一生产要素在农业产出和劳动力投入的问题上有较强的控制作用，而且数量相对固定，我国农村剩余劳动产生的根本原因在于我国拥有丰富的农村人口与相对稀缺的耕地资源，劳动要素不能完全替代土地，而城市部门的生产主要依赖的投入要素为材料及生产设备等，投入数量处于不断的变化之中；第三，要解决农村剩余劳动的问题，关键是要关注这部分劳动力向城镇的转移，而解决城市非正式部门剩余劳动的问题则关键在于管理体制的完善和劳动者素质的提高。

我国目前对剩余劳动的研究主要针对农村剩余劳动，国外很多学者也对中国农村的剩余劳动做出过估算，但是城市非正式部门的剩余劳动又有其特殊性，就非正式部门的特点而言，首先，非正式部门企业劳动关系大多基于临时就业、亲属、个人或社会关系，而非法律合同关系，经常游离于现行法律框架之外，与组织规范的市场信贷机构、现代化技术、正规教育和培训，以及众多的公共服务没有联系，不为政府认可、支持和管辖，有时甚至被政府与非法活动等同起来，加以干涉和限制；其次，他们的活动一般较为分散，规模也较小。非正式部门企业的组织结构简单，资本、生产率、收入水平都较低，通常从事小规模经营，没有固定场所，即使有也只是一些小商店、小作坊、小摊位等。因此，对于城市非正式部门很难找到准确完整的统计资料，我们需要对前人在剩余劳动方面的研究加以整理，结合我国城市非正式部门的具体情况寻求相对有效的研究方法。

与其他生产部门不同，城市非正式部门往往单位规模较小，活动分散，人员流动性大，因此很难获取关于非正式部门的有针对性的较为准确的统计数据。由于这一局限性，我们选取非正式就业较为集中的行业作为研究对象，近似地估计城市非正式部门中剩余劳动的状况。

农村转移劳动力在我国城市非正式部门从业人员中占有相当的比例，罗西基和米德（Rawski and Mead，1998）指出农村劳动力转移的三个主要行业，即建筑业、交通业和贸易业，这部分从业者与正式部门员工收入差距悬殊，这种贫富差距已经成为较为严重的社会安全隐患。为了获取数据的方便，我们选取工资收入水平作为区分正式部门与非正式部门的主要标准，根据2005年的统计数据，工资收入水平较低的部门主要集中于纺织业、房屋和土木工程建筑业、零售业和餐饮业等，年职工平均工资在14 000元以下。我们选择较有代表性的建筑业作为研究对象，将采用数据包络分析法估计建筑业的剩余劳动的数量，进一步，使用结构比较法对这一行业的剩余劳动进行重新计算，并比较估计结果。

8.3.1 基于数据包络分析法的估算

在这里，用拟凹弱单调函数表示生产技术，函数满足以下假设条件：

（A1）所有实际观察到的投入产出组合都是可行的。一个投入产出组合（x，y）是可行的，如果产出 y 能够被投入 x 所生产。假设我们从某产业中抽取 N 个企业的样本，他们有 n 种投入和 m 种产出。令 $x^j=(x_{1j},x_{2j},\cdots,x_{nj})$ 为企业 j（j=1，2，…，N）的投入组合，L 为产出组合，所以每一个 $\overline{T}$（j=1，2，…，N）都是可行的投入产出组合。

（A2）生产可能性集合是凸集。考虑两种可行的投入产出组合 (x^A,y^A) 和 (x^B,y^B)，则（加权）平均投入产出组合为 $(\overline{x},\overline{y})$，其中 $\overline{x}=\lambda x^A+(1-\lambda)x^B$ 和 $\overline{y}=\lambda y^A+(1-\lambda)y^B$ 对任意的 $0\leqslant\lambda\leqslant1$ 都是可行的。

（A3）投入是免费的可以随意使用的。即如果 (x^0,y^0) 是可行的，则对任意的 $x\geqslant x^0$，(x,y^0) 也是可行的。

（A4）产出是免费的可以随意使用的。即如果 (x^0,y^0) 是可行的，则对任意的 $y\leqslant y^0$，(x^0,y) 也是可行的。

可以利用观察的数据实证地建立一个满足假设（A1～A4）的生产可能性集合，而不必确定生产函数的准确形式。考虑投入产出组合（$W_R=BT^{1-\beta}L_R^{\beta-1},\hat{y}$）其中 $\hat{x}=\sum_1^N\mu_jx^j,\hat{y}=\sum_1^N\mu_jy^j,\sum_1^N\mu_j=1$，且 $\mu_j\geqslant0$（j=1，2，…，N）。根据（A1～A2），（$\hat{x}$，$\hat{y}$）是可行的。

现在，根据（A3）如果 $x\geqslant\hat{x}$，（$x,\hat{y}$）也是可行的。根据（A4）如果 $y\leqslant\hat{y}$，（$\hat{x}$，y）也是可行的。因此，根据（A1～A4）我们可以建立生产可能性集合：

$$S^V=\left\{(x,y):x\geqslant\sum_1^N\mu_jx^j;y\leqslant\sum_1^N\mu_jy^j;\sum_1^N\mu_j=1;\mu_j\geqslant0(j=1,2,\cdots,N)\right\}\tag{8.1}$$

Varian（1984）把 S^V 称为满足（A1～A4）的真实生产可能性集合的内部近似。如果我们假设规模报酬不变，

（A5）如果(x,y)是可行的，对任意的$k \geqslant 0$，(kx,ky)也是可行的。

考虑一些$(x,y) \in S^V$。定义$\tilde{x} = kx$和$\tilde{y} = ky$，其中$k \geqslant 0$，则$\tilde{y} \leqslant k\sum_{1}^{N} \mu_j y^j$且$R_F$。定义$\lambda_j = k\mu_j$，则$\lambda_j \geqslant 0$且$\sum_{1}^{N} \lambda_j = k$。但$k$只被限定为非负。因此，除了非负条件，$\lambda_j$还有额外的约束。所以，如果我们假设报酬恒定，生产可能性集合就变为

$$S^C = \left\{(x,y): x \geqslant \sum_{1}^{N} \lambda_j x^j; y \leqslant \sum_{1}^{N} \lambda_j y^j; \lambda_j \geqslant 0\,(j=1,2,\cdots,N)\right\} \quad (8.2)$$

生产可能性集合的另一种表示可以是投入需求集合的形式，对任意产出组合y，投入需求集合为

$$V(y) = \{x: x \text{ can produce } y\} \quad (8.3)$$

下面这些投入集合的性质是根据有关生产可能性集合的假设提出的。

（V1）如果(x^j, y^j)是实际观测的投入产出组合，则$x^j \in V(y^j)$。

显然，每一个观测值W_E。因此，由投入集合的定义得$W_E = W_R + C$。

（V2）如果$x^0 \in V(y^0)$，且$L_F = -\frac{1}{\gamma-1}L_U + \frac{\gamma}{\gamma-1}(\frac{\bar{W}}{A\alpha})^{-\frac{1}{1-\alpha}}\bar{K}$，则$L_I = \frac{\gamma}{\gamma-1}L_U - \frac{\gamma}{\gamma-1}(\frac{\bar{W}}{A\alpha})^{-\frac{1}{1-\alpha}}\bar{K}$。

这是根据投入是免费可随意使用这一假设的，因为$(x^l, y^0) \subset T$，当$x^l \geqslant x^0$且$(x^0, y^0) \in T$时，有（V2）成立。Varian（1984）称之为投入集合的单调性。

（V3）如果$x^0 \in V(y^0)$，且$y^l \leqslant y^0$，则$x^0 \in V(y^l)$。

这是根据投入是免费可随意使用这一假设的，因为$(x^0, y^l) \in T$，当$y^l \leqslant y^0$且$(x^0, y^0) \in T$时，有（V3）成立。Varian（1984）称之为投入集合的嵌套性质。这说明有着更大产出的投入集合时有较小产出的投入集合的子集。

（V4）每个投入集合都是凸的。

生产可能性集合的凸性质对于投入集合的凸性质是充分但不必要的，考虑两种不同的投入组合 x^0 和 x^l 使 $(x^0,y^0)\in T$ 且 $(x^l,y^0)\in T$。令 $\bar{x}=\lambda x^0+(1-\lambda)x^l$，其中 $0<\lambda<1$。则由于 T 是凸集，$(\bar{x},y^0)\in T$。当然这意味着 $\bar{x}\in V(y^0)$。但是需要注意的是，生产函数是拟凹的时候投入集合是凸集，而一个拟凹的生产函数很可能对应的是非凸的生产可能性集合。

8.3.2 剩余劳动估算模型

假设 k 个观测值生产固定产量 y 的等产量线上投入组合（L，K），如果可以知道 L 和 K 的价格 w_1 和 w_2，把成本最小化作为衡量有效性的标准，则最优的投入组合为满足下面最优化问题的解：

$$\min W = w_1 L + w_2 K$$

$$\text{s.t.}\quad \begin{cases} \sum_{1}^{N}\lambda_j y^j \geqslant y; \\ \sum_{1}^{N}\lambda_j L^j \leqslant L; \\ \sum_{1}^{N}\lambda_j K^j \leqslant K; \\ \sum_{1}^{N}\lambda_j = 1; \\ \lambda_j \geqslant 0;(j=1,2,\cdots,N) \end{cases} \tag{8.4}$$

比较实际投入的劳动力 L 和满足以上最优化问题的最优劳动投入量 L^*，其差额即为隐性失业劳动力的数量。

假设企业用投入 x 生产产出 y 的技术有效性的投入导向径向测量为 θ^*，即各种投入要素等比例减少，其中 $\theta^*=\min\theta:\theta x^0\in V(y^0)$，则计算技术无效率劳动力比例的模型为

$$
\begin{aligned}
&\theta^* = \min \theta \\
\text{s.t.} \quad &\sum_1^N \lambda_j y^j \geqslant y; \\
&\sum_1^N \lambda_j L^j \leqslant \theta L; \\
&\sum_1^N \lambda_j K^j \leqslant \theta K; \\
&\sum_1^N \lambda_j = 1; \\
&\lambda_j \geqslant 0; (j = 1, 2, \cdots, N)
\end{aligned}
\tag{8.5}
$$

在排除了以上技术无效率的劳动力以外，当企业可以进一步保持 K 不变而通过减少 L 来实现原有的产量不变时，可以定义条件投入需求集合：$V(y^0 \mid K^0) = \left\{L : (L, K^0) \in V(y^0)\right\}$。这里包含了所有和另一种投入 K^0 一起进行生产产出 y^0 的所有的 L。一个企业生产产出 y^0 的投入组合 (L^0, K^0) 的子向量效率为

$$\theta^*_L = \min \theta_L : \theta_L L^0 \in V(y^0 \mid K^0)$$

下面的条件投入需求集合的性质是由（A1～A4）的基本假设得出的。

（B1）$L^j \in V(y^j \mid K^j)$ 对每一个观察到的投入产出组合 $(L^j, K^j, y^j)(j = 1, 2, \cdots, N)$ 成立。

（B2）$V(y \mid K)$ 是凸集。

（B3）如果 $L^0 \in V(y \mid K)$ 且 $L^l \geqslant L^0$，则 $L^l \in V(y \mid K)$。

（B4）如果 $L^0 \in V(y^0 \mid K)$ 且 $y^l \leqslant y^0$，则 $L^0 \in V(y^l \mid K)$。

（B5）如果 $L^0 \in V(y \mid K^0)$ 且 $K^l \geqslant K^0$，则 $L^0 \in V(y \mid K^l)$。

则净剩余劳动比例的计算模型为

$$\phi^* = \min \phi$$
$$\text{s.t.} \quad \begin{cases} \sum_{1}^{N} \lambda_j y^j \geqslant y; \\ \sum_{1}^{N} \lambda_j L^j \leqslant \phi\theta^* L; \\ \sum_{1}^{N} \lambda_j K^j \leqslant \theta^* K; \\ \sum_{1}^{N} \lambda_j = 1; \\ \lambda_j \geqslant 0; (j = 1, 2, \cdots, N) \end{cases} \tag{8.6}$$

本书主要估计技术无效率劳动力和净剩余劳动的规模。

8.3.3 数据来源与估算结果

数据来源为《中国统计年鉴 2006》和《中国建筑业统计年鉴 2006》。选取了全国 31 个省份 2005 年的建筑业的数据，计算出有代表性的 15 个省份的建筑行业剩余劳动比率。

模型中，产出 y 是投入要素 L 和 K 的函数，即 $y = f(L, K_1, K_2)$。选取建筑业总产值作为产出指标，劳动力投入指标 L 选取的是建筑业从业人数，其他要素投入 K_1 为投入机器设备等固定资产部分，用固定资产折旧来计，K_2 为其他要素投入，计算中是用主营业务成本（即工程结算成本）扣除人工成本（即职工工资总额）和固定资产折旧的余额，即

y =建筑业总产值

L=建筑业从业人数

K_1=固定资产折旧

K_2=工程结算成本-职工工资总额-固定资产折旧

建筑业技术无效率劳动力比例的计算结果如表 8-1 所示。

表 8–1　建筑业技术无效率劳动力比例

省份	建筑业总产值（y）/万元	建筑业企业从业人员数（L）/人	固定资产折旧（K_1）/万元	其他要素投入（K_2）/万元	θ^*	$1-\theta^*$	技术无效率劳动力规模（$1-\theta^*$）/（L/人）
北京市	18 940 436	668 011	242 658	18 267 956	1.0006	−0.0006	−401
天津市	7 543 702	266 522	119 754	6 744 243	1.0473	−0.0473	−12 606
河北省	12 852 931	1 080 939	181 976	8 713 634	0.9919	0.008 1	8 756
山西省	8 492 165	554 568	148 587	7 443 367	0.8787	0.121 3	67 269
辽宁省	14 816 528	909 106	220 970	11 960 693	0.9548	0.045 2	41 092
上海市	18 892 463	719 586	238 689	18 884 960	0.9995	0.000 5	360
浙江省	47 187 431	3 119 927	285 741	35 180 670	1.0011	−0.001 1	−3 432
安徽省	963 5410	994 048	141 334	7 743 755	0.8318	0.168 2	167 199
福建省	8 739 771	711 800	93 772	7 196 929	0.8593	0.140 7	1 00 150
江西省	5 660 408	602 133	72 855	3 961 076	0.9840	0.016 0	9 634
山东省	25 090 992	2 495 840	347 645	17 488 435	0.9945	0.005 5	13 727
广东省	21 995 888	1 662 065	321 671	21 166 588	0.8023	0.197 7	328 590
四川省	14 690 022	1 726 990	248 554	10 757 764	0.9845	0.015 5	26 768
贵州省	2 712 254	304 364	38 661	2 145 687	0.8302	0.169 8	51 681
陕西省	6 585 112	422 217	98 381	5 338 530	0.9306	0.069 4	29 302

从计算结果看，北京市、天津市和浙江省的技术无效率劳动力比例为负，即$\theta^*>1$，说明这些地区建筑业劳动力实际需求数量大于现有的从业人数，不存在剩余劳动，相反，还有一定的需求缺口。而贵州省、安徽省、广东省的技术无效率劳动力比例较高，均在15%以上。这一现象从投入和产出的数据中也可直观地解释。例如，安徽省建筑业从业人数是天津市的3.73倍，而总产值只有天津市的1.3倍，显然天津市的劳动力技术效率高于安徽省，因此存在着部分地区剩余劳动比例较高，而部分地区存在劳动力供给不足的现象。

建筑业净剩余劳动比例的计算结果见表8–2。

表 8–2　建筑业净剩余劳动比例

省份	建筑业企业从业人员数/人	θ^*	ϕ^*	净剩余劳动比例（$\theta^*-\theta^*\phi^*$）	净剩余劳动规模（$\theta^*-\theta^*\phi^*$）/（L/人）
北京市	668 011	1.000 6	1.000 6	−0.000 6	−401
天津市	266 522	1.047 3	0.987 5	0.013 1	3 489

续表

省份	建筑业企业从业人员数/人	θ^*	ϕ^*	净剩余劳动比例（$\theta^*-\theta^*\phi^*$）	净剩余劳动规模（$\theta^*-\theta^*\phi^*$）/（L/人）
河北省	1 080 939	0.991 9	0.899 8	0.099 4	107 433
山西省	554 568	0.878 7	0.994 2	0.005 1	2 826
辽宁省	909 106	0.954 8	1.049 5	−0.047 3	−42 967
上海市	719 586	0.999 5	0.998 4	0.001 6	1 151
浙江省	3 119 927	1.001 1	1.000 5	−0.000 5	−1 562
安徽省	994 048	0.831 8	0.881 3	0.098 7	98 147
福建省	711 800	0.859 3	0.997 5	0.002 1	1 529
江西省	602 133	0.984 0	1.181 8	−0.178 9	−107 716
山东省	2 495 840	0.994 5	0.892 0	0.107 4	268 068
广东省	1 662 065	0.802 3	1.003 2	−0.002 6	−4 267
四川省	1 726 990	0.984 5	0.645 2	0.349 3	603 239
贵州省	304 364	0.830 2	0.811 8	0.156 2	475 55
陕西省	422 217	0.930 6	0.998 0	0.001 9	786

根据定义，技术无效率劳动力规模和净剩余劳动的规模并不存在必然的联系，以天津市为例，技术无效率的劳动比例小于零，而净剩余劳动力比例大于零，即如图 1-1 所示，实际要素投入在 a 点，若要等比例改变劳动力投入和其他要素投入量使得要素投入位于等产量线上，则各要素投入都应增加，直至 b 点，而 b 点存在数量为正的净剩余劳动，可以通过减少劳动投入而其他要素投入量保持不变来改进。

根据第 3 章第 3.1 节中的定义，可以用技术无效率劳动力和净剩余劳动之和来表示边际产量为零的剩余劳动总量，于是建筑业剩余劳动比例与规模见表 8–3。

表 8–3　建筑业剩余劳动比例与规模

省份	剩余劳动比例	剩余劳动规模/人	农业剩余劳动比例	农业剩余劳动规模/万人
北京市	−0.001 2	−802	−0.141 9	−9.49
天津市	−0.034 2	−9 117	−0.037 0	−3.05
上海市	0.002 1	1 511	−0.075 9	−5.59
浙江省	−0.001 6	−4 994	0.008 3	7.27
河北省	0.107 5	116 188	0.113 3	189.19
山西省	0.126 4	70 095	0.138 1	89.85

续表

省份	剩余劳动比例	剩余劳动规模/人	农业剩余劳动比例	农业剩余劳动规模/万人
辽宁省	−0.002 1	−1 875	0.047 4	33.02
安徽省	0.266 9	265 346	0.153 2	287.26
福建省	0.142 8	101 679	0.068 8	51.33
江西省	−0.162 9	−98 082	0.090 1	89.05
山东省	0.112 9	281 795	0.125 2	285
广东省	0.195 1	324 323	0.080 3	125.2
四川省	0.364 8	630 007	0.126 7	307.57
贵州省	0.326 0	99 236	0.216 4	287.24
陕西省	0.071 3	30 088	0.175 3	174.75

从表 8-3 中可以看出，中部地区剩余劳动较为集中，安徽省、四川省、贵州省城市建筑业剩余劳动规模较大，为 20%～30%，而东部地区则相对较少，特别是北京市、天津市、浙江省等发达城市建筑业劳动力需求还不能得到满足。表 8-3 中后两列为王检贵和丁守海（2005）运用国际标准结构比较法估计的农业剩余劳动比例和数量，可以看出城市非正式部门剩余劳动规模较大的地区农业剩余劳动数量通常也较多，这一点也体现出农村外来人口是城市非正式部门劳动力的主要来源。

8.3.4 基于结构比较法的估算

当非正式部门劳动力的边际产出等于零时，多余的劳动力将向城市正式部门转移，不会造成原部门的减产和职工工资的提高；当非正式部门劳动边际产出大于零但小于不变的工资时，劳动力的转移会使工资水平上升。只有当劳动边际产出等于或大于制度工资时，才会消除剩余劳动和隐蔽失业。所以，在非正式部门剩余劳动被全部吸收完之前，工资水平应该先是保持不变，然后缓慢上升。统一的劳动力市场中，当非正式部门劳动力没有剩余的时候，每个劳动力的劳动报酬收入应该与其边际产出、与正式部门劳动力的工资报酬收入相等。于是，非正式部门总收益与现有城市劳动力平均收入水平的比值，就是实际所需要的劳动力数量。再将这个数量与现有数量进行比较，就可以计算出城市非正式部门剩余劳动数量。

在这一方法中，我们将各省市建筑业总的纯收入与劳动力平均收入报酬水平的比值作为该部门真正需要的劳动力数量，这一数量和实际劳动力投入量的差额即为剩余劳动。根据前面的定义，结构比较法估计的剩余劳动数量应该大于等于前面用数据包络分析法估计的边际产量为零的剩余劳动数量。

设城市总的劳动力报酬水平 G，用被测部门总的纯收入 C 和其他部门总收入 F 之和代表，即 $G=C+F$。其中，其他部门总收入 F 等于人均可支配收入 D 与人口数量 E 的乘积，即 $F=D\times E$。

设城市平均劳动力收入报酬水平 I，等于总的劳动力报酬收入 G 与劳动力总量 H 的比值，即 $I=G/H$。

设被测部门总的纯收入 C，是该部门人均纯收入 A 与总人口 B 的乘积，即 $C=A\times B$。

真正需要的劳动力数量 L'，是被测部门总的纯收入 C 与城市平均劳动力收入报酬水平 I 的比值，即 $L'=C/I$。

设某部门现有劳动力总量已知为 L，只要求得真正需要的劳动力数量 L'，即可得到该部门剩余劳动数量 $LS=L-L'$，以及农村劳动力剩余率 $LSR=LS/L$。

由此可以得出非正式部门剩余劳动的数量。

数据来源为《中国统计年鉴 2006》，通过 2005 年建筑业在岗职工工资总额、城镇家庭人均全年实际收入，建筑业企业从业人员数的数据计算出剩余劳动比例，见表 8-4。

表 8-4　建筑业剩余劳动数量与比例

省份	建筑业在岗职工工资总额/亿元	城镇家庭人均全年实际工薪收入/元	建筑业企业从业人员数/万人	需求劳动力数量/万人	剩余率
北京市	88.6	13 666.34	66.801 1	64.830 8	0.029 5
天津市	22.4	8 174.64	26.652 2	27.401 8	-0.028 1
河北省	39.5	6 346.53	108.093 9	62.238 7	0.424 2
山西省	25.8	7 103.45	55.456 8	36.320 4	0.345 1
辽宁省	38.6	6 103.41	90.910 6	63.243 3	0.304 3
上海市	35.1	14 280.65	71.958 6	24.578 7	0.658 4

续表

省份	建筑业在岗职工工资总额/亿元	城镇家庭人均全年实际工薪收入/元	建筑业企业从业人员数/万人	需求劳动力数量/万人	剩余率
浙江省	142.9	11 941.09	311.992 7	119.670 8	0.616 4
安徽省	26.4	6 425.54	99.404 8	41.086 0	0.586 7
福建省	42.0	8 791.56	71.18	47.773 1	0.328 8
江西省	22.4	6 222.55	60.213 3	35.998 1	0.402 2
山东省	89.9	9 026.55	249.584	99.595 1	0.601 0
广东省	96.7	12 265.04	166.206 5	78.842 0	0.525 6
四川省	79.2	5 838.27	172.699	135.656 6	0.214 5
贵州省	21.2	5 516.18	30.436 4	38.432 4	−0.262 7
陕西省	20.9	6 347.81	42.221 7	32.924 7	0.220 2

由表 8-4 可以看出，与数据包络分析法相比，结构比较法估计的城市非正式部门剩余劳动的比例更大。另外，剩余劳动在各省份的分布情况也有很大差异，上海市、浙江省、山东省等城市建筑业存在大量剩余劳动，而四川省剩余劳动规模则相对较小，贵州省甚至出现了剩余劳动比例小于零的情况，这种差异主要因为两种方法的计算依据的区别：结构比较法以城镇整体收入水平作为基准，通过比较建筑业的职工薪酬来计算劳动力的剩余，建筑业职工工资与城镇整体收入水平相差较小的省份，其剩余劳动的规模就相对较小；而数据包络分析法计算边际产量为零的劳动力规模，是以一定的产出水平为基准的，产出量大的省份所需的劳动力数量就会较大。而各地区劳动力报酬与建筑业总产出的比例不同，是这两种方法估计的剩余劳动在各省份中的分布差异较大的主要原因。

例如，贵州省建筑业职工工资总额与建筑业总产出的比值为 0.079，而上海市这一比值仅为 0.019，相差 3 倍左右，因此贵州省建筑业职工工资相对而言并不低，于是运用结构比较法估计剩余劳动规模的时候会发现贵州省建筑业并不存在劳动力剩余问题，而实际上从数据包络分析法的结果可以看出这部分劳动力的技术效率并不高，仍然可以实现减少劳动力的数量而保持产出水平不变。

由此可以看出，运用结构比较法的时候，用来作为“正常水平”的比较标准对于估计的结果有着很大影响，而这一比较标准的确定往往较为困难，需要大量的经验数据，这也是结构比较法的一个缺陷。

8.4 本章小结

随着我国城镇化进程的加快，越来越多的农村劳动力涌入城市，城镇规模不断壮大。新涌入的农村劳动力并不能够完全被城市正规部门所吸纳，他们中的大部分只能从事非正规性的工作，城市经济正规—非正规的二元特征日趋明显。非正规经济对于我国经济的影响也日益显著，非正规经济占我国 GDP 的比重不断上升，非正规就业也成为我国新增就业的主要来源和渠道。

本章梳理了关于非正规就业的概念、特征、作用等，对非正规就业的主要测度方法即统计调查法、加总法、综合法和差额法进行了总结，并选取了综合法和差额法估算了我国的非正规就业规模及其占比。由于这两种方法对非正规就业的界定并不相同，因此用不同方法估算出的我国非正规就业规模及其占比的变化趋势也不相同，采用综合法估算的非正规就业规模及占比不断上升，而采用差额法估算的非正规就业规模及占比则趋于下降。

对于非正规就业规模的测度有多种方法，本书只是选取了其中两种较易执行的测度方法对非正规就业规模进行了测度，在进一步的研究中，可以采用多种方法对其进行估计，以求得到更为准确的结果。

本章还对建筑业剩余劳动进行估算，主要有以下发现。

（1）不同地区城市非正式部门剩余劳动规模差异较大与地区经济发展水平有关，部分经济发达省份对劳动力需求不能得到满足，可以进一步增加劳动力投入以提高产出水平，中西部地区则存在着相对较多的剩余劳动。

（2）农村剩余劳动规模与城市非正式部门剩余劳动规模有着较强的相关性，一方面，农村向城市的转移人口由于各种制约条件不能进入正式部门，因此成为城市非正式部门职工的重要组成部分；另一方面，由于交通、语言和家庭方面条件的影响，农村剩余劳动的转移更倾向转移至附近的城市，使农村剩余劳动规模较大的省份的城镇聚集了大量的农村转移人口。

（3）要素之间的相互替代性是有限的，一味追求解决就业问题，以牺牲效率为代价，把就业弱势群体大量集中于城市非正式部门不是长远之计，还需要通过持续的经济增长及劳动力以外的生产要素的相应投入，调节要素投入结构，提高城市经济容纳劳动力的能力和潜力。

9 非正规就业的理论研究与进展

自“非正规就业”概念提出以来，国外学者就对其进行了深入的理论研究，并形成了二元经济理论、结构联系理论和新自由主义理论三大主流理论学派。但是，由于不同学派理论渊源和研究视角的差异，对非正规就业的起因、发展及与其他经济变量的关系等问题的认识存在较多的理论争论。本章将首先对三大理论的理论基础和基本观点进行介绍；其次对三大理论的理论争论进行阐述，并以其理论争论为基础，构成本书剩余部分的研究框架；最后对国内外学者对非正规就业理论争论的研究进展进行综述。

9.1 理论基础和基本观点

非正规就业的理论研究与经济学界不同流派思想主流地位转换一脉相承。对非正规就业问题最早的理论研究可以追溯到刘易斯的二元经济理论。20 世纪 50 年代，发展经济学在经济学理论和政策研究中占据了重要地位。1954 年，发展经济学家阿瑟・刘易斯提出了基于传统—现代两部门的二元经济理论，将经济发展与城乡劳动力转移和二元结构转换联系起来，成为 20 世纪五六十年代经济发展问题研究的代表性理论之一。1972 年，ILO 提出非正规就业概念之后，Fields（1975）等迅速将其纳入二元经济理论的研究框架，使之成为刘易斯二元经济理论的重要补充。20 世纪 70 年代末 80 年代初，亚历山大・波特斯（Alejandro

Poters）、曼纽尔·卡斯特（Manuel Castells）等继承了发展经济学中的结构主义分析方法，从正规—非正规就业结构性联系的视角出发，提出结构联系理论，对不同部门之间的结构联系以及政府在非正规就业形成和发展中的作用进行了深入的分析。20 世纪 80 年代以后，随着新自由主义思潮的再度兴起，赫尔南多·德·索托等提出的新自由主义理论迅速发展，并逐渐取代二元经济理论，成为非正规就业研究领域的主流理论。20 世纪 90 年代中后期至今，基于新自由主义理论的基本假设，在一定资源和制度约束下对劳动者或企业等微观主体的正规—非正规决策研究，成为非正规就业理论研究的主流。

此外，非正规就业理论研究还包括 ILO 提出的贫困就业理论和基于发达国家劳动力市场的嵌入理论。其中，贫困就业理论的思想渊源来自 Hart（1971，1973）早期对非正规就业的观点。该理论与二元经济理论关于非正规就业的特征描述和基本观点大致相同，最大的区别在于前者将非正规就业产生原因归结于城市内部的阶层分化，后者则是从经济发展和城乡二元结构转换的角度探究非正规就业产生的根源。嵌入理论是从城市生产组织结构转化的角度对发达国家非正规就业问题的研究。本书将重点对二元经济理论、结构联系理论和新自由主义理论三大理论的理论渊源和基本观点进行阐述，同时，为了保持理论综述的完整性，在 9.1.4 中对贫困就业理论和嵌入理论进行简要论述。

9.1.1 二元经济理论

二元经济理论（Dualistic Theory）的思想渊源来自刘易斯的二元经济理论，该理论将非正规就业与农村劳动力转移和城乡二元结构转换联系起来，从经济发展的角度对非正规就业的产生原因和发展过程进行了研究。

刘易斯二元经济理论认为，在经济发展的初始阶段，存在低效率的农村传统部门和高效率的城市现代部门两个部门。由于农村传统部门存在大量边际产出为零甚至为负的剩余劳动，城市现代部门只需支付略高于农业传统部门平均收入的工资，就能吸引农村剩余劳动向城市转移，因此经济发展的过程就是城市现代部门通过资本积累实现扩张，源源不断地吸收农村剩余劳动转移到城市，与此同时，农村传统部门随着劳动力数量的减少，边际劳动产出不断提高，最终与城市现代部门相同，从而剩余劳动消失，形成城乡一体化的一元经济。在这个过程中，农村传统部门发挥剩余劳动“蓄水池”的作用，为城市现代部门提供廉价的劳动力（Lewis，1954）。但是，研究者很快发现，转移到城市的农村剩余劳动并没有完全进入城市现代部门就业，而是处于失业或者在城市地区零售商业、运输业和建筑业等行业从事临时性或业余性工作（Geertz，1963；Moser，1978）。刘易斯（1989）称之为“临时性失业”，并将该现象的产生原因归结为农村劳动力对城市部门的过度供给：第一，政府最低工资制度、新兴行业的高工资等因素拉大了城乡收入差距，吸引更多的农村剩余劳动转移到城市；第二，乡村教育的发展使年轻人更愿意进入城市寻找就业机会；第三，公共资源和福利在城市的集聚使城市更具吸引力。Harris 和 Todaro（1970）则从需求不足的角度进行解释，认为农村剩余劳动转移和城市失业并存的原因在于城市现代部门高于“市场出清”的制度工资，使城市现代部门不能创造足够的就业岗位吸纳全部转移劳动力。早期二元经济理论学者观察到的城市“临时性失业”现象与 ILO 提出的非正规就业基本相同，因此，Fields（1975）等二元经济理论学者迅速将非正规就业纳入二元经济理论的研究框架中，成为刘易斯二元经济理论的重要补充。

二元经济理论关于非正规就业问题的基本观点如下：第一，非正规就业是与农村传统部门就业相同的“传统的”“落后的”就业形式；第二，非正规就业是农村转移到城市的劳动力，由于不能进入正规部门就业，为了维持生计的生存选择，非正规就业作为农村剩余劳动在城市地区的“蓄水池”，具有剩余性、边缘性特征（Gilbert and Ones，1998；Lyon；2007）；第三，发展中国家非正规就业产生的根本原因在于经济发展水平的低下，具有较高生产率的城市正规部门无法创造出足够的就业吸纳农村剩余劳动（Tokman，1989）；第四，随着经济发展水平的提高，城市正规部门不断扩张，逐渐将全部非正规就业纳入正规部门就业，由此形成一体化的劳动力市场，非正规就业最终消失（Bromley，2007）。

9.1.2 结构联系理论

结构联系理论（Structural Articulation Theory）是由亚历山大·波特斯和曼纽尔·卡斯特（Manuel Castells）等在20世纪70年代末80年代初提出的，并于20世纪80年代中后期成为非正规就业理论研究的主流理论之一。结构联系理论的理论贡献体现在以下三个方面：第一，从历史的角度提出劳动力市场从“非正规”到“正规”的演化路径，为非正规就业产生的原因研究提供了历史性视野；第二，继承结构主义分析方法，对正规—非正规就业的结构性联系进行了分析；第三，强调了政府在非正规就业形成和发展中的重要作用。

与其他学者从20世纪五六十年代出发，对劳动力市场从正规到非正规演化路径分析不同，Portes（1983）将劳动力市场正规—非正规的演化路径拉伸到19世纪，从更长的历史视野对非正规就业的产生原因进行分析。他认为，19世纪劳动力市场以家庭为单位的、自我雇佣式的小规模家庭作坊式生产为主，这种既没有劳动合同约束，也没有政府管制的非正规就业方式是劳动力市场的最初形式。进入20世纪，随着资本主义经济的发展和垄断资本主义的出现，大规模的工业化生产成为经济主体，以工资为生存基础的、不具备任何社会保障的工人阶层不断增长，Wallerstein（1976）将这种趋势称为劳动者的“无产阶级化”。这一阶段劳资双方对立冲突成为世界范围内劳动力市场的主要矛盾，为了缓解这一矛盾，资本主义国家开始建立社会保障、最低工资规定、员工福利待遇等一系列的劳工权利保护制度，从而产生了所谓的正规就业。从这一角度来看，非正规就业并不是劳动力市场的新生事物，而是相反（Portes，1983）。该理论继承了马克思关于资本主义生产关系、无产阶级产业工人、阶级剥削的分析传统，因此也被称为“新马克思主义理论”。

与二元经济理论将非正规就业看作农村剩余劳动在城市地区的“蓄水池”不同，结构联系理论认为非正规就业是资本主义经济的有机组成部分。结构联系理论认为，第二次世界大战之后发展中国家非正规就业兴起的原因在于经济全球化背景下资本主义生产关系的重构。20世纪六七十年代以来，发达资本主义国家经济得到快速发展，但是随之建立起来的一系列劳工权益保障制度大大提高了发达国家劳动力成本，从而降低了资本回报率。发达国家资本为了追求利润开始采取转包或分包等方式将生产或销售的某些环节外包给发展中国家企业，而发展中国家由于经济发展水平较低，劳工保护制度和政府监管不健全，非正规就业形式成为企业降低雇佣成本和经营成本的重要雇佣形式之一，因此，发展中国家的非正规就业规模猛增（Portes and Schauffler，1993；Ranis and Stewart，1999）。由此可见，结构联系理论认为非正规就业和正规就业是依赖共生的，非正规就业产生的原因在于资本主义制度发展的天性，而不是经济发展过程中的"结构性"滞后（Portes et al.，1989）。因此，结构联系理论认为非正规就业不会随着经济的发展而消失，而是会随着资本主义制度的发展变化而变化。

9.1.3 新自由主义理论

新自由主义理论（Neoliberal Theory）又称为规制理论、制度边缘理论等，由赫尔南多·德·索托（Hernando De Soto）于20世纪八九十年代提出。De Soto（1989）基于成本收益分析方法对秘鲁劳动力市场进行了研究。他认为经济组织在一定的资源和制度约束下，对比其获得合法性地位的成本和收益，选择进入正规或非正规部门就业，因此非正规就业是劳动者在既有条件约束下作出的理性选择。De Soto研究框架中最突出的贡献是对正规和非正规化成本的表述：一方面将经济组织的正规化成本分为进入成本（Cost to Entry）和留存成本（Cost to Stay），其中进入成本包括获得经营或建筑许可证的资金成本和时间成本，留存成本包括税收、政府法规管制（包括最低工资制度、社会保险、劳动力雇佣和开除约束、工会保护，以及带薪休假、病假、健康保险等员工福利保障）、行政成本（包括红头文件、文案工作及应付政府行政检查等成本）；另一方面关注非正规化成本，包括被政府部门发现后的罚金或贿赂、不能完全享受获得政府提供的公共产品（包括对资本和产品完整的产权、司法保护，以及由此带来的无法获得正规的信贷市场融资等）。随后 Chickering 和 Salahdine（1991）和 Tokman（1994）等利用 De Soto 框架，分别对亚洲和拉丁美洲及加勒比海地区的发展中国家进行研究，进一步为 De Soto 的理论提供了现实依据。由这一理论框架出发，学术界对正规—非正规就业选择的认识从基于二元经济理论的正规—非正规二元对立，转变为基于完全竞争理论的劳动者的理性决策；非正规就业的理论研究也从城乡劳动力转移和二元结构转换拓展到政府税收、公共服务、资本市场、人力资本等重要的宏观经济领域（Becker，2004；Nwabuzor，2005）。

新自由主义理论对非正规就业的基本观点如下：首先，与二元经济理论将非正规就业由从农村转移到城市的剩余劳动组成不同，新自由主义理论认为非正规就业是由那些“有勇气的”小微企业家组成的，因此非正规就业具有成长性和可积累性，并且与正规就业相比，具有更大的自主性和灵活性（De Soto，1989）；其次，新自由主义理论认为非正规就业是劳动者在一定资源和制度约束下的理性决策，并强调政府制度安排对这一决策过程的重要影响。发展中国家的高税收、低行政效率和劣质的法律体系等制度质量的低下使正规化成本高于非正规化成本，是劳动者选择非正规就业的主要原因（Williams and Lansky，2013）；最后，在对非正规就业发展趋势的认识上，新自由主义理论认为，非正规就业的生存空间随着制度边界的变化而变化，随着政府制度质量的提高，非正规就业的生存空间减小，非正规就业规模将会下降。因此提出降低非正规就业的有效途径为减少正规企业税收和福利负担、简化政府行政程序、减少政府行政干预、增强劳动力市场的灵活性等。

9.1.4 其他理论

1．贫困就业理论

贫困就业理论由 ILO 于 20 世纪 70 年代初提出，是最早对非正规就业进行研究的理论之一。贫困就业理论的思想源自 Hart（1973）提出的“非正规活动是贫困群体之生存机制”的观点。随后，经济学者对 Hart 的观点进行了补充和发展，从城市内部阶层分化这一微观角度对非正规就业现象进行解释。该理论将非正规就业等同于城市贫困，认为正规就业的产生原因：城市地区的失业和贫困拉大贫富差距，造成城市内部社会阶层严重分化，那些没有能力进入正规部门的劳动者为了维持生存，只能退而求其次进入非正规部门从事临时性的、非全日制的非正规就业（ILO，1984）。

贫困就业理论不仅将非正规就业与城市贫困问题联系起来，而且肯定了非正规就业在吸纳贫困人口就业和减轻城市贫困中的作用，并将其看作解决发展中国家失业问题的有效途径。20 世纪七八十年代，ILO 从贫困就业理论出发，为许多贫困的发展中国家和地区制订了全国性或地区性就业发展计划，使这一理论成为指导发展中国家就业政策制定的规范理论。

与二元经济理论相同，贫困就业理论也从二元对立的角度看待正规就业和非正规就业，即将正规就业看作先进的、可积累的就业方式，而将非正规就业看作落后的、边缘性的就业方式。贫困就业理论和二元经济理论最大区别在于前者将非正规就业产生的原因归结于城市内部社会阶层的分化，而后者将非正规就业产生的原因归结于工业化不足条件下人口增长和农村劳动力转移下城市劳动力的过度供给。正是从这一角度出发，一些学者认为贫困就业理论是关于非正规就业产生和发展的内动力学说，而二元经济理论是关于非正规就业产生和发展的外动力学说（丁金宏等，2001）。

2．嵌入理论

20 世纪 90 年代中后期，杰里米 • C. 莫里斯（Jeremy Morris）、科林 • C. 威廉姆森（Colin. C Williams）等提出嵌入理论（Embeddedness Theory），从社区导向型经济组织的角度，对发达经济体非正规就业现象进行了理论解释。与传统理论认为劳动者受市场导向或利润驱使从事非正规就业不同，嵌入理论认为发达国家自我雇佣式的非正规就业是以家庭再分配或社区利益为导向，依靠亲戚、朋友、熟人或社区中的关系网络建立和维系的非契约关系（Persson and Malmer，2006）。Williams 等（2013）通过对欧洲国家劳动力市场的研究发现，55%的非正规就业是为家庭以外的朋友、邻居、熟人或社区需求服务的。因此，嵌入理论将非正规就业看作社区导向型的微观经济组织。

嵌入理论认为，发达国家非正规就业的产生与发达经济体市场化后期后福特主义[①]引起的城市地区生产组织结构的变化息息相关。20世纪70年代以后，随着经济全球化和生产方式的转变，城市主导经济部门开始向服务业转移，分散生产、柔性劳动力组织改变了原来的以资本集中、标准化生产和郊区化主导下的正规化就业关系，社会再生产和消费趋势的重塑对经济组织和收入产生了反馈效应，导致收入的分散化和就业关系的临时化。因此，以家庭社区为单位的非正规化生产和交换方式更有利于降低运营成本，提高灵活性，满足廉价商品和服务需求的增长（Sassen，1994；Quassoli，1999；Pavlovskaya，2004）。

9.2　劳动力市场分割理论

劳动力市场分割理论并不是针对非正规就业问题提出的理论，但是，发展经济学理论下的二元经济体系本身就是劳动力市场分割形成的原因之一，而劳动力市场分割也是二元经济体系下劳动力市场的基本特征，因此分割性劳动力市场是二元经济理论视角下非正规就业问题研究的基本假设之一。事实上，在非正规就业理论研究中，基于二元经济理论视角下分割性劳动力市场假设，与基于新自由主义理论视角下的竞争性劳动力市场假设，是非正规就业理论研究的基本观点，也是非正规就业问题的基本争论点和理解其他理论争论的重要节点。因此，本章采用单独的一节对劳动力市场分割理论的理论渊源和基本观点进行论述。

劳动力市场分割理论最早可以追溯到约翰·穆勒（John Stuart Mill）对亚当·斯密（Adam Smith）的竞争性劳动力市场假说的批判。

---

① 后福特主义是指以满足个性化需求为目的，以信息和通信技术为基础，生产过程和劳动关系都具有灵活性（弹性）的生产模式。

约翰·穆勒认为古典经济学关于劳动力市场是"统一的和完全竞争的市场，工资具有无限弹性，可以自由调节劳动力市场的供求"的假说，忽略了行会、地方法律和习俗等制度因素对工资水平和劳动力配置的影响，不能完全反映劳动力市场运行的现实，因此他主张从制度等非市场因素的角度对劳动力市场进行研究。但是，由于长期以来古典学派占据经济学思想的主流地位，约翰·穆勒的观点并没有得到太多的重视。进入20世纪以后，阿尔弗雷德·马歇尔（Alfred Marshall）、庇古（Arthur cecil Pigou）、约翰·希克斯（John R. Hicks）等新古典经济学家进一步发展了亚当·斯密的竞争性劳动力市场假说，将劳动力市场运行中的法律、企业制度、产权和财富分配等非市场因素的影响全部抽去，认为市场机制和市场性因素在决定工资水平和劳动力资源配置方面起决定性作用。20世纪60年代，美国经济学家舒尔茨和贝克尔等提出人力资本理论，进一步指出劳动力收入是由个人人力资本水平决定的，并将劳动者收入差距完全归结于个体在人力资本（主要是教育和经验）方面的差异（Becker，2004）。[①]

虽然新古典经济学的竞争性劳动力市场理论已经形成了较为完整的理论框架，但是现实劳动力市场中的贫困、歧视及与人力资本理论相悖的收入分配等现象依然给竞争性劳动力市场理论提出很大的挑战。20世纪五六十年代，Kerr等继承了约翰·穆勒的制度分析方法，从被新古典经济理论忽略的劳动力市场职业结构和行会、地方法律和习俗等制度因素入手，提出劳动力市场分割理论（Kerr，1954）。在这一时期，劳动力市场分割理论学者以职业、产业及年龄、性别、种族等为分割界线对劳动力市场运行特征进行了诸多研究（Dunlop，1957；Hildebrand，1963）。其中，Doeringer.和 Piore（1985）提出的二元劳动力市场分割理论是劳动力市场分割理论最重要的形式之一，也是劳动力市场分割理论的代表性理论之一。二元劳动力市场理论的核心观

① 虽然新古典学派也承认劳动力市场具有某些特殊属性，如生理的、生物的，特别是年龄等因素会导致劳动投入要素之间不能完全替代，而使劳动力市场存在某种程度的分离，但是他们认为这些因素的影响是受到市场竞争的严格控制的，因此分析产品市场和其他要素市场的新古典理论模型也同样适用于劳动力市场（姚先国和黎煦，2005）。

点如下。

（1）劳动力市场由一级市场（Primary Market）和二级市场（Secondary Market）两个市场组成。一级市场的雇主由组织层次较高的大公司、政府机构、公共部门等构成，雇员人力资本水平普遍较高，且工资福利待遇好、工作条件好、就业稳定、有很多晋升和培训机会；二级市场由组织层次较低的自我雇佣或其他小规模经济组织构成，劳动者一般是缺乏相应技能的非熟练工人和新进入劳动力市场的就业者，工资福利低、工作条件差、几乎没有晋升和培训机会。

（2）两个市场的劳动力配置机制不同。一级市场以结构性的内部劳动力市场为主体，因而具有高度的组织性、详细的雇佣规则和程序，并以这些制度性的雇佣规则和程序代替了劳动力的市场配置过程（Osterman，1975）。二级市场的工作是被一级劳动力市场排除在外的工作，具有较低的或根本没有组织性，但是具有高度的流动性和竞争性，市场在劳动力配置中发挥基础性作用（Doeringer and Piore，1985）。

（3）两个市场的收入决定机制不同。一级市场工资结构安排根据组织内部需要制定，以制度规则代替了利润最大化的市场机制；二级市场工资按照劳动者的边际贡献或市场竞争性工资支付。

（4）两个市场之间缺乏流动性。一级市场和二级市场受众多非经济因素（如地域、背景、习惯及工会等制度保护）的影响而严格分割，表现为两个市场之间的劳动力流动性极低，一级市场的劳动者即便在失业状态下也不愿意进入二级市场寻找工作，而二级市场的劳动者也很难进入一级市场工作。

二元劳动力市场分割理论中虽然没有提到“非正规就业”的概念，但是该理论对一级—二级市场的描述与二元经济理论对正规—非正规就业的性质判定和特征描述基本相同。因此，20 世纪 70 年代后期，二元经济理论学者将二元劳动力市场分割理论与正规—非正规就业研究结合起来，将分割性劳动力市场作为二元经济理论视角下对劳动力市场状态的基本假设。

9.3 理论争论

现有理论研究对非正规就业的概念、特征、作用、产生原因，以及发展趋势和政策取向等问题都有很大的差异，甚至存在很多截然相反的观点，因此，非正规就业问题理论研究是目前经济学研究中最具争议性和挑战性的命题之一。本书基于二元经济理论、结构联系理论和新自由主义理论三大理论对现有研究的主要争论点进行梳理（表 9-1），并进行具体分析。

表 9-1 三大理论的主要争论点梳理

争论点	比较项目	二元经济理论	结构联系理论	新自由主义理论
	理论渊源	刘易斯二元经济理论	结构主义理论	新古典经济理论
基本观点	形成原因	城市地区劳动力过度供给与正规就业发展不足之间的矛盾	经济全球化背景下资本主义生产关系的重构	政府过度管制下劳动者基于自身效用（或收入）最大化的理性选择
	发展趋势	随着经济发展水平的提高而消失	随着资本主义制度的发展而发展	随制度边界的变化而变化
对劳动力市场的观点	劳动者特征	贫穷的生存劳动者	异质性：既存在贫穷的生存劳动者，也存在具有企业家精神的自愿进入者	具有企业家精神的自愿进入者
	劳动力市场	分割性劳动力市场	异质性：既存在分割性也存在竞争性	竞争性劳动力市场
	正规—非正规工资差距	不能完全由人力资本水平决定，存在部门歧视	异质性：劳动者存在歧视；自愿进入者由人力资本水平决定	完全由人力资本水平决定
	正规—非正规流动性	缺乏流动	异质性：正规—生存缺乏流动，正规—自愿自由流动	完全自由流动
与其他经济变量的关系	与经济发展的关系	负相关	不一定（与全球资本主义发展有关）	不一定（与制度边界有关）
	与经济周期的关系	逆周期	生存部门：逆周期 自愿部门：顺周期	顺周期

续表

争论点	比较项目	二元经济理论	结构联系理论	新自由主义理论
	理论渊源	刘易斯二元经济理论	结构主义理论	新古典经济理论
与其他经济变量的关系	与正规就业的关系	相互分离、单向替代	相互联系、相互补充	相互替代、相互对抗
对政府的态度	对政府作用的态度	未强调	强调及肯定	强调但否定
	具体措施	提高经济发展水平，增加正规就业机会；推动农村部门发展	加强对非正规部门的管理和整合；增强劳动力市场灵活性；支持小微企业发展项目	通过教育、培训等提高劳动者人力资本水平；降低税收水平、解除政府管制

资料来源：作者自行整理。

9.3.1 劳动力市场的认识

由于理论渊源和基本观点的不同，三大理论对劳动力市场的认识有很大的差异，并由此形成较大的理论争论。三大理论对劳动力市场认识的争论点在于：是否存在劳动力市场分割，以及由此引发的是否存在不能以人力资本差异解释的劳动者工资差异和部门间流动性障碍。

二元经济理论的理论渊源是刘易斯二元经济理论，从正规—非正规二元结构对立的角度对非正规就业问题进行了研究。该理论将非正规就业看作农村剩余劳动在城市地区的“蓄水池”，因此认为非正规就业与农村传统就业相同，具有传统的、欠发生的特征，由贫困的、维持生计的生存劳动者组成。二元经济理论从典型的传统—现代二分法视角出发，将劳动力市场看作分割的、非均衡的劳动力市场。因此在对劳动力市场的态度上，二元经济理论认为：①正规—非正规就业是两个分割性的劳动力市场；②劳动者工资差距不能完全由人力资本水平解释，劳动力市场存在对正规就业者工资的制度性保护，以及对非正规就业者的歧视；③劳动者在正规就业与非正规就业之间的流动存在障碍，正规就业者很少放弃正规性工作选择非正规就业，非正规就业者也很难进入正规劳动力市场从事正规就业。

新自由主义理论的理论渊源是新古典经济理论，基于边际效用理论和竞争性劳动力市场假设对非正规就业问题进行研究。新自由主义理论认为劳动力市场是一个统一的、完全竞争的市场，非正规就业是具有企业家精神的劳动者的集合，劳动者进入非正规劳动力市场是在政府过度管制下基于自身效用（或收入）最大化的理性选择。因此，该理论认为：①正规就业和非正规就业的收入差距完全可以由劳动者自身的人力资本水平差异解释；②劳动力在正规就业和非正规就业之间是可以自由流动的；③可观察到的正规就业与非正规就业之间人力资本水平差异，是非正规部门企业以非熟练劳动力替代资本的结果（Pratap and Quintin，2006）。

在对劳动力市场认识上，二元经济理论与新自由主义理论作为两种完全对立的学说，是理论研究矛盾点的根源，而结构联系理论在一定程度上可以看作两大理论观点的折中。结构联系理论的理论贡献在于提出了非正规就业的“异质性”观点，即非正规就业既不完全由二元经济理论认为的为了维持生计的生存选择者组成，也不完全是新自由主义理论认为的具有企业家精神的自愿进入者，而是具有这两种特征的劳动者的集合。结构联系理论从正规就业和非正规就业的结构性联系出发，对非正规就业的异质性进行了解释。该理论认为以承接正规企业外包或转包的生产商或经销商身份选择非正规就业的劳动者更可能是具有一定企业家精神的自愿进入者，这类非正规就业者一般能获得较高的收入；而从事传统的运输、零售、小家庭作坊等经济活动的非正规就业者更多地具有生存劳动者特征，获得的收入水平也较低。从对劳动者自身就业特征的分析出发，结构联系理论最早主张将对非正规就业的关注从部门特征转向就业者特征，也是最早认识到正规部门也存在非正规就业的研究者之一（Portes 和 Schauffler，1993）。

9.3.2 非正规就业与其他经济变量的关系

由于对非正规就业的产生原因和特征认知不同，三大理论对非正规就业与经济发展、经济周期及与正规就业的关系的观点也存在较大的差异。

（1）对非正规就业与经济发展的关系的争论。二元经济理论认为非正规就业与经济发展水平呈反比。该理论认为非正规就业的产生原因在于经济发展不足条件下，高效率的正规部门不能创造出足够的正规性工作吸纳农村转移劳动力，从而使大量劳动力不得不进入低效率的非正规部门就业，而随着经济发展水平的提高，正规部门的扩张会把所有非正规就业吸收到正规部门就业，非正规就业最终将会消失。新自由主义理论并没有直接说明非正规就业与经济发展的关系，而是强调非正规就业与制度质量的关系。新自由主义理论认为非正规就业产生的原因在于政府对劳动力市场的过度管制，因此非正规就业的生存空间随着制度条件的改善而降低。一般认为，好的制度是经济发展的基石，而随着经济发展水平的提高，经济社会对制度质量的要求也会越来越高，因此当经济发展到一定阶段，制度水平也会相应提高，制度质量便可能不再是阻碍非正规就业正规化的主要因素。此外，在非正规就业与经济发展关系的认识上，新自由主义理论认为非正规就业比正规就业更具有竞争性、自由性和灵活性，因此非正规就业很可能成为发展中国家通往自治、民主和真正的市场经济的有效路径（De Soto，1988）。结构联系理论将非正规就业产生的原因归结于经济全球化下资本主义生产关系的重构，认为非正规就业的发展将随着资本主义制度的变化而变化。一般而言，发展中国家随着经济发展水平的提高，剩余劳动枯竭和劳动力工资上涨，会使政府开始注重劳工权益的保护，以低工资、低保障、低效率为特征的非正规就业的生存空间将会逐渐缩小。

（2）对非正规就业与经济周期关系的争论。二元经济理论将非正规部门看作农村转移劳动力在城市地区的劳动力“蓄水池”，认为非正规就业的规模与正规部门对劳动力的吸纳能力呈反向关系。在经济繁荣时期，产品市场的繁荣带动正规部门的扩张，正规部门对劳动力的吸纳能力增强，非正规就业进入正规部门就业的机会增多，非正规就业的规模会下降；而在经济衰退时期，正规部门收缩，劳动力的吸纳能力下降，劳动者为了维持生计不得不进入非正规部门就业，此时非正规就业规模扩张，因此非正规就业表现出逆经济周期变动特征。新自由主义理论则认为非正规就业和正规就业都是劳动者的自愿选择，因此二者在经济周期中的变化趋势相同，即在经济繁荣时期扩张，在经济衰退时期收缩。结构联系理论从非正规就业的异质性出发，认为非正规就业既存在非自愿选择的生存选择者，也存在理性选择的自愿进入者，前者表现出逆经济周期变动特征，而后者表现出顺经济周期变动特征。

（3）对非正规就业与正规就业关系的争论。二元经济理论认为非正规就业只是正规部门劳动力的“蓄水池”，并且最终会被正规部门就业替代，因此两个部门在经济关系上是相互分离的，在发展趋势上是单向替代的。新自由主义理论认为非正规就业是在低效率、过分侵权和有失公平的政府法规下的对正规就业的自愿和主动的替代，因此，正规就业和非正规就业是相互对抗、相互替代的和此消彼长的关系。结构联系理论认为二元经济理论和新自由主义理论对正规就业和非正规就业关系的认识过于简单和僵化，因而强调正规就业与非正规就业之间的经济联系，这也是结构联系理论的重要理论贡献之一。结构联系理论认为正规就业和非正规就业的经济联系体现在以下两个方面：①正规部门企业通过将部分生产和销售环节外包或分包给非正规部门企业降低运营成本；②非正规部门企业为正规部门中的中低收入者提供廉价的产品或服务。前者随着正规部门企业之间竞争程度的加强而增加，后者随着正规部门中低收入人群的减少而减少（Ranis and Stewart，1999）。因此，结构联系理论认为正规就业和非正规就业是相互联系、相互补充的。

9.3.3 政府作用及政策取向

三大理论对政府在非正规就业发展的作用及其政策取向也有不同的观点。二元经济理论在对非正规就业形成原因的理论研究中并没有特别强调政府的作用，但是在非正规就业产生的微观机理分析中，一般将由于集体谈判制度或最低工资标准等政府制度安排而形成的制度工资作为正规部门工资，并且由于制度工资高于完全竞争条件下的均衡工资水平，正规部门所能吸纳的劳动力数量低于完全竞争条件下农村转移劳动力数量，形成非正规就业（Harris and Todaro，1970；Fields，

1975）。此外，二元经济理论对政府在降低非正规就业的政策作用上持肯定态度。二元经济理论认为政府可以通过以下两个途径降低非正规就业：①从增加需求的角度，提高经济发展水平，从而提高正规部门的就业吸纳能力，增加正规就业机会。②从减少供给的角度，推动农村发展，减少农村剩余劳动转移规模，一方面，提高农业生产效率，提升农村部门劳动力吸纳能力；另一方面，提高农村部门劳动力收入，降低城乡收入差距，从而降低农村剩余劳动向城市转移数量（Moser，1978）。

新自由主义理论认为政府规定的法律法规是低效率的、过分侵权的和有失公平的，并且正是政府对劳动力市场的过度管制才产生了非正规就业，新自由主义理论对政府在非正规就业形成中的作用持否定态度。新自由主义理论认为通过政府政策降低非正规就业规模的途径如下：①降低甚至完全消除政府法律法规对劳动力市场的管制，提高劳动力市场的灵活性和自由度；②由于劳动者收入是由自身人力资本水平决定的，政府可以通过教育和培训等措施提高劳动者人力资本水平，进而提升非正规就业者的收入和生活水平（De Soto，1989；Post and Evans，1989）。

结构联系理论也认为政府管制是非正规就业形成的重要原因之一，但是与新自由主义理论主张完全解除政府对劳动力市场管制的态度不同，结构联系理论强调提升政府管制水平在促进非正规就业发展中的作用。结构联系理论认为非正规部门企业逃避政府管制是因为与正规部门企业相比，非正规企业在资本和技术上没有任何优势，所以政府应当通过调整僵化的制度安排，提高劳动力市场的灵活性，推动非正规就业的发展。具体政策措施如下：①通过建立行业协会或劳动者协会等，加强对非正规部门的管理和整合，在此基础上为非止规部门提供资金和技术支持，帮助非正规企业实现技术改造或升级；②放宽非正规就业政策管制，制定针对非正规企业和就业的政策措施，增强劳动力市场的灵活性和政府政策的自主性；③支持小微企业发展项目，增加非正规部门中具有动态可发展性的小企业数量，使非正规部门成为成长型中小企业孵化器。

9.4 研究进展

非正规就业作为发展中国家城镇劳动力市场中的重要现象，先后受到二元主义、结构主义和新自由主义等不同思想流派的广泛关注，并成为各个学派理论框架中的重要组成部分。进入21世纪，由于各国对发展经济、增进福利的迫切需要，以及国际劳工组织和世界银行等国际性机构的全力推动，各国政府消除或治理非正规就业的主动性越来越强，学术界对非正规就业问题的研究也方兴未艾。本节将从理论研究和实证研究两个层面介绍国内外学者对非正规就业问题研究的新进展。

9.4.1 理论研究进展

国内外学者对非正规就业的理论研究是沿着以下两种思路展开的：第一种是基于二元经济理论，建立包含农村部门、城市正规部门和城市非正规部门的多部门模型，将非正规就业与农村劳动力转移和城乡二元结构转换联系起来，从经济发展的角度对非正规就业的产生原因、发展趋势，以及与经济发展、经济增长、资本市场等因素的关系进行研究；第二种是基于新自由主义理论，建立在一定资源和制度约束下的企业或劳动者的正规—非正规决策模型，对非正规就业与信贷市场、政府税收、公共服务及人力资本水平等因素的关系进行研究。与二元经济理论相比，新自由主义理论研究的内容更为宽泛。虽然由于理论基础不同，这两种理论研究得出的结论也有所不同，但是基于经济现象自身的复杂性和多样性，不同理论对经济现实都具一定的解释力，这两种理论研究并不完全冲突和矛盾。从历史发展轨迹来看，以20世纪90年代中后期为界限，之前的理论研究以基于二元经济理论的研究思路为主，而之后随着新自由主义思潮的兴起，基于新自由主义理论的研究思路占据非正规就业理论研究的主流。

基于二元经济理论的理论研究最初源于 Lewis（1954）对经济发

展过程中的农村—城市两部门劳动力转移和城乡二元结构转换的论述。随后 Harris 和 Todaro（1970）建立农村—城市两部门模型将刘易斯的理论模型化，对城乡劳动力转移和城市失业并存的现象进行了解释。Fields（1975）将非正规部门引入 Harris-Todaro 模型中，形成农村—城市正规—城市非正规三部门模型，成为非正规就业理论研究的基本框架。随后，Stark 等二元经济理论学者从该基本框架出发，将农村—城市正规—城市非正规三部门模型与产品市场、劳动力市场、资本市场和 Harris-Todaro 转移条件结合起来，对模型进行进一步拓展（Stark，1982；Banerjee，1983；Fields，1987；Gupta，1987；Chaudhuri，1989；Gang and Gangopadhyay，1987）。在研究内容上，这一时期对非正规就业的理论研究主要围绕非正规就业的产生和发展等基本问题，得出结论认为，非正规就业产生的原因在于发展中国家在经济发展初期资本数量缺乏，劳动者只能进入劳动密集型的非正规部门就业，而随着经济发展水平的提高和资本积累的增加，非正规部门最终将会被正规部门吸收。进入 20 世纪 90 年代以后，二元经济理论研究文献不断增加，研究内容和范围也拓展到企业规模的二元性、资本市场的不完全性、收入分配及政府政策等层面。Rauch（1991）从劳动力市场和企业规模的二元性出发，将非正规部门企业规模与企业家才能、最低工资制度等联系起来，建立正规—非正规两部门模型，发现以正规—非正规部门工资差异为表现形式的劳动力市场的二元性与企业规模的二元性呈正比，最低工资与非正规部门规模呈正比，与非正规部门工资呈反比。Yamada（1996）考虑了产品价格和收入分配，从供需两个方面对整个经济体进行了考察。该模型假设农业部门生产农产品、工业部门生产工业品、城市自我雇佣部门提供服务，当城市自我雇佣部门生产的服务价值与服务需求相等时，经济达到均衡，城市自我雇佣部门的规模取决于三部门相对价格和城市部门总收入。Gupta（1997）摒弃了之前的“完全资本市场”假设，考察资本市场不完全性对非正规部门的影响。他假设正规部门使用正规资本、农村部门和城市非正规部门使用非正规资本，从而建立农村—城市正规—城市非正规三部门均衡模型发现，正规资本和非正规资本增长会提高经济产出，以及农村部门和非正规部门工资，但是会降低非正规部门就业比重和非正规部门资本产出。政策研究方面，Loayza（1994）通过建立农村—城市正规—城市非正规三部门均衡模型，对正规部门和非正规部门增长与城乡劳动力流动速度、资本积累速度和政府城市偏向性政策的关系进行了研究，结果表明，政府城市偏向性政策会使农村劳动力转移速度超过城市资本积累的速度，造成短期内城市非正规部门的急剧膨胀。Gupta（1993）建立农村—城市正规—城市非正规三部门模型，对政府福利和津贴政策对非正规部门和城市公开失业的影响进行研究。模型假设正规部门生产最终产品，而非正规部门生产中间产品，非正规部门的工资和规模由正规部门对非正规部门中间产品的需求内生决定。结果发现，对农村劳动力提供额外的工资津贴会提高城市部门失业率，而为非正规部门提供价格津贴将降低非正规部门工资和失业率，但是会提高非正规部门产品价格。

20 世纪 90 年代中后期以后，基于新自由主义理论的理论研究成为非正规就业理论研究的主流，并将非正规就业的研究内容和范围拓展到政府税收、政府公共服务、政府制度质量，以及信贷市场、劳动力异质性等微观层面。新自由主义理论认为劳动力市场具有完全竞争性，非正规就业是劳动者基于自身收益最大化的自愿选择，因此新自由主义理论研究摒弃了二元主义理论的农村—城市正规—城市非正规的三部门研究框架，而是从企业或劳动者等微观主体出发，将非正规就业的形成过程转化为企业或劳动者在特定制度和资源约束下的个体决策行为。基于新自由主义理论的理论研究可以分为三个层面：第一个层面是对非正规就业与经济增长、政府管制等关系的研究。Loayza（1994）通过建立包含正规部门和非正规部门的内生增长模型，将非正规就业与经济增长和政府管制联系起来。该模型假设正规部门缴纳税收、获得全部政府公共服务，非正规部门不缴纳税收，获得部分政府公共服务，政府提供的公共服务数量取决于税收收入和政府制度质量，由此在个体效用最大化和政府税收收入最大化条件下，得到均衡增长路径下的政府最优税率，以及非正规部门规模与经济增速的关系。该模型表明均衡经济增速与非正规部门规模呈反比，而非正规就业规模与政府税率呈正比，与政府制度质量呈反比。第二个层面是对非正规就业与信贷市场的关系的研究。Amaral 和 Quuintin（2006）认为正规部门与非正规部门的差异在于是否缴税和能否获得外部资金支持。他假设正规部门企业缴税，非正规部门企业不缴税，正规部门企业能够获得外部金融支持，但是必须缴纳一定的抵押品，并且在违约时付出违约成本，而非正规部门企业所有资金来自自己的初始财富。模型分析表明，企业家在外部融资收益高于额外的税收成本时选择进入正规部门，初始财富较高的企业家会选择进入正规部门，而初始财富超过一定临界值的企业家会进入非正规部门，因此非正规部门由初始财富值分布在两端的企业家组成。第三个层面是从劳动力异质性的角度出发对不同部门间劳动力配置机制的研究。Pratap 和 Quintin（2006）建立基于劳动力异质性的个体收益最大化模型，对两部门的人力资本差异进行了考察。该模型假设资本和劳动力是可以相互替代的，非正规部门企业的人力资本水平较低是由于非正规部门缺乏获得外部融资的渠道，因而是以非熟练劳动力替代资本的结果。Azuma 和 Grossman（2008）在考虑劳动者异质性和政府信息不对称的条件下，假设正规部门缴税、享受全部公共服务，而非正规部门不缴税也不享受公共服务，但必须消耗部分产出替代公共服务；政府的公共服务水平取决于税收收入，从而在政府最优税率选择下会使所有禀赋较好的劳动力保留在正规部门，而禀赋较差的劳动力进入非正规部门，由此对正规部门和非正规部门的人力资本差异进行了解释。

9.4.2 实证研究进展

国内外学者围绕对非正规就业理论争论的实证研究可以分为两大部分：第一部分是对三大理论关于劳动力市场的不同观点的实证检验，检验方法有两种：第一种是对正规就业和非正规就业者之间的收入差距进行检验。第二种是对劳动者在正规就业和非正规就业之间的流动性进行检验。第二部分是对非正规就业与其他经济变量的关系的检验，包括对非正规就业与经济发展、经济增长、经济周期和正规就业等变量之间的关系的实证检验。由于不同理论下对劳动力市场认识与非正规就业和其他经济变量关系的认识一脉相承，对非正规就业与其他经济变量的关系的检验，不仅是对不同理论观点的检验，也是间接地对劳动力市场特征的检验。这两大部分实证检验最终都归结于对非正规就业性质和不同观点适用性的检验。

早期对非正规就业性质的认识主要来自研究者对劳动力市场的观察。Hart 最早观察到非正规就业群体具有收入水平低的自我雇佣特征，并将其称为“贫困的就业者（working poor）”（Hart，1973）。ILO（1972）在对非正规部门的特征描述中也认为非正规部门具有进入门槛低、资源数量少、技术水平低和劳动密集型的家庭型生产特征。二元经济理论研究者则将非正规就业与城市贫困联系起来，将非正规就业和正规就业看作两个分割的劳动力市场（Raczynski，1978；Gerry，1978；Tokman，1978）。Dickens 和 Lang（1985）的实证研究发现，正规就业和非正规就业者的收入决定机制不同，为二元经济理论的分割性劳动力市场假说提供了实证证据。但是，Lopez 等于 1982 年对哥伦比亚的研究发现，正规部门蓝领工人的工资水平低于非正规部门就业者的平均工资。随后，更多的实证研究表明，非正规部门也存在进入门槛，且非正规就业者的收入并不一定低于正规就业者的收入（Heckman and Hotz，1986；Rosenzweig，1988），二元经济理论关于劳动力市场分割的观点面临诸多的挑战。随后，De Soto 提出的新自由主义理论完全摒弃了二元经济理论的分割性劳动力市场的假设，而把非正规就业的产生看作劳动力市场竞争性的结果（De Soto，1989）。

20 世纪 90 年代中后期以后，Maloney 等新自由主义理论研究者对拉丁美洲地区的实证研究为新自由主义理论提供了实证证据，由此二元经济理论和新自由主义理论研究者对劳动力市场性质的争论愈加激烈（Maloney，1998，2004；Pratap and Quintin，2006）。与此同时，结构联系理论学者提出了非正规就业自身异质性的观点，认为非正规就业中既包含维持生计的生存劳动者，也包含具有成长性和积累性的小微型企业（House，1984；Tokman，1989）。随后，Portes 和 Schaffler（1993）、Marcouiller 等（1997）、Ranis 和 Stewart（1999）的实证研究为非正规就业异质性提供了现实证据。

进入 21 世纪，大部分实证研究支持非正规就业具有异质性的观点，学者对劳动力市场特征的争论从是分割性劳动力市场还是竞争性劳动力市场转移到异质性非正规就业者在非正规就业中所占的比重问题上。例如，Maloney（2004）通过对墨西哥的研究发现，非正规就业中只有 13%是生存劳动者，因此认为非正规就业整体上表现出新自由主义描述的性质。而 Fields（2005）的研究认为大部分发展中国家的生存就业者比重更高，二元经济理论更符合发展中国家非正规就业研究的现实。Günther 和 Launov（2012）通过对科特迪瓦的研究发现，44.8%的非正规就业是低收入的非自愿劳动者，而 55.2%的非正规就业是高收入的自愿进入者。事实上，由于不同国家的劳动力市场结构不同，不同的研究得到的结论有很大的差距，并且所采取的初始假设和估计方法不同，也会对结果产生较大的影响。而本节对非正规就业异质性的研究也并不能给当前争论一个肯定的结论，只是对我国非正规就业的性质研究进行初步的探索。Fields（2005）指出，非正规就业的研究意义不在于验证理论的正确性，而在于找出更适合本国劳动力市场的理论，以提高非正规就业者的收入，降低贫困劳动者比例，让更多的劳动者覆盖在社会保障制度之下。

9.5　本章小结

本章从二元经济理论、结构联系理论和新自由主义理论的三大理论基础出发，结合劳动力市场分割理论，对非正规就业研究的基本理论观点和理论争论进行了阐述。不同的理论学派从不同的理论渊源出发，对非正规就业的基本观点存在较大的争论，从而对劳动力市场的认识、对正规就业与其他经济变量的关系，以及对政府的作用和政策取向都有较大的差异。因而对非正规就业与其他经济变量，以及正规—非正规就业收入差距的实证研究，既是对非正规就业性质和特征的考察，也是对不同理论学派对非正规就业问题研究的适用性的研究，并在实证基础上，结合不同理论学派对政府作用和政策取向的观点，得到针对非正规就业问题的政策建议。

从非正规就业的理论争论出发，目前对非正规就业问题的理论研究形成二元经济理论和新自由主义理论两大研究基础，由于研究层面和侧重点的差异，分别从经济发展的角度和微观个体决策的角度对非正规就业的形成原因及其与其他变量的关系进行了研究。实证研究方面，最新的实证研究基本上支持了结构联系主义理论关于非正规就业本身存在异质性的观点，即非正规就业中既存在二元主义理论描述的生存劳动者，也存在新自由主义理论描述的自愿选择劳动者，只是不同实证结果对这两种劳动者的相对比例的研究结果有所差异。

10 我国非正规就业的发展历程

我国城镇非正规就业的兴起和发展与中华人民共和国成立后复杂的经济社会转型和政策转变密不可分。正如胡鞍钢和赵黎（2006）指出的，我国城镇非正规就业的发展是在经济运行机制的市场化、所有制结构的非国有化、经济结构的非农化、人口结构的城镇化和对外经济的国际化等多重转型背景和政策因素影响下的综合结果。本章认为，城镇非正规就业的发展与经济体制改革、城乡劳动力转移，以及经济转型和经济结构调整等密切相关。从政策演变来看，中华人民共和国成立初期到20世纪90年代前期，非公有经济发展政策和城乡劳动力流动政策是影响非正规就业发展的最主要因素；随后20世纪90年代中后期的国有企业改革不仅直接增加非正规就业数量，也进一步拓宽了非正规就业的发展空间；到2008年左右，随着国有企业改革的基本完成，以及劳动力供求结构的改变，政府开始大力出台一系列劳动力市场改革政策，行政干预成为影响这段时间乃至今后非正规就业发展的主要政策。本章将以非公有制经济发展政策、劳动力流动政策、国有企业改革和劳动立法改革为政策背景，对1949年以来我国城乡劳动力转移、城镇正规和非正规就业发展进行分析，进而展现我国劳动力市场变化的全貌。在估算方法上，本章采用综合法对非正规就业进行估算。具体方法：首先用城镇就业人员数减去城镇单位就业人员数，得出未纳入正式统计的“未统计就业”人数、城镇私营企业就业数和城镇个体就业人数，即城镇非正规就业人数。为了保证数据的连续性和可比性，本章中城镇私营企业就业人数并未减去城镇私营企业投资者人数。

10.1 政策背景

10.1.1 非公有制经济发展政策

私营个体经济是城镇非正规就业的重要组织形式，因此非公有制经济发展政策是影响非正规就业发展的最重要的政策之一。1949 年以来，我国非公有制经济政策由最初的允许发展到禁止发展，再到重新得到认可并鼓励支持发展，经历了一个复杂的、曲折的、艰难的历程（图 10-1）。从国家对非公有制经济的基本政策取向来看，我国非公有制经济发展政策大致可以分为以下五个阶段。

第一阶段（1949～1952 年）：允许但限制阶段。中华人民共和国成立初期，为了医治战争创伤，尽快恢复生产，国家对私人工商业采取利用、限制、改造的政策。一方面，采取扩大加工订货、调整价格和经营范围、放宽限制管理等措施帮助私营企业渡过难关；另一方面，针对私营经济唯利是图“劣行”的抬头，对私营经济进行整顿（王建香，2007）。因此，这一阶段私营经济在得到较大恢复发展的同时，占国民经济的比重大幅度下降。从就业数据来看，私营企业就业占城镇就业的比重从中华人民共和国成立初的 47%下降到 36%。

第二阶段（1953～1977 年）：基本禁止阶段。从 1953 年的“三大改造”开始，到 1978 年十一届三中全会之前，我国基本上实行禁止非公有制经济发展的政策。1953 年，国家开始对农业、手工业和资本主义工商业进行社会主义改造（即“三大改造”），到 1956 年底基本完成，个体经济、私营经济基本被国营经济及农业合作社取代。到 1956 年底，私营个体就业占城镇就业的比重不到 1%。随后，经过 1958 年和 1965 年的两次改造，私营个体经济基本上被消灭。“文化大革命”时期，更是采取取消个体经济的政策，到 1977 年底，全国城镇个体工商户只剩 15 万人，占城镇就业比重仅为 0.16%。

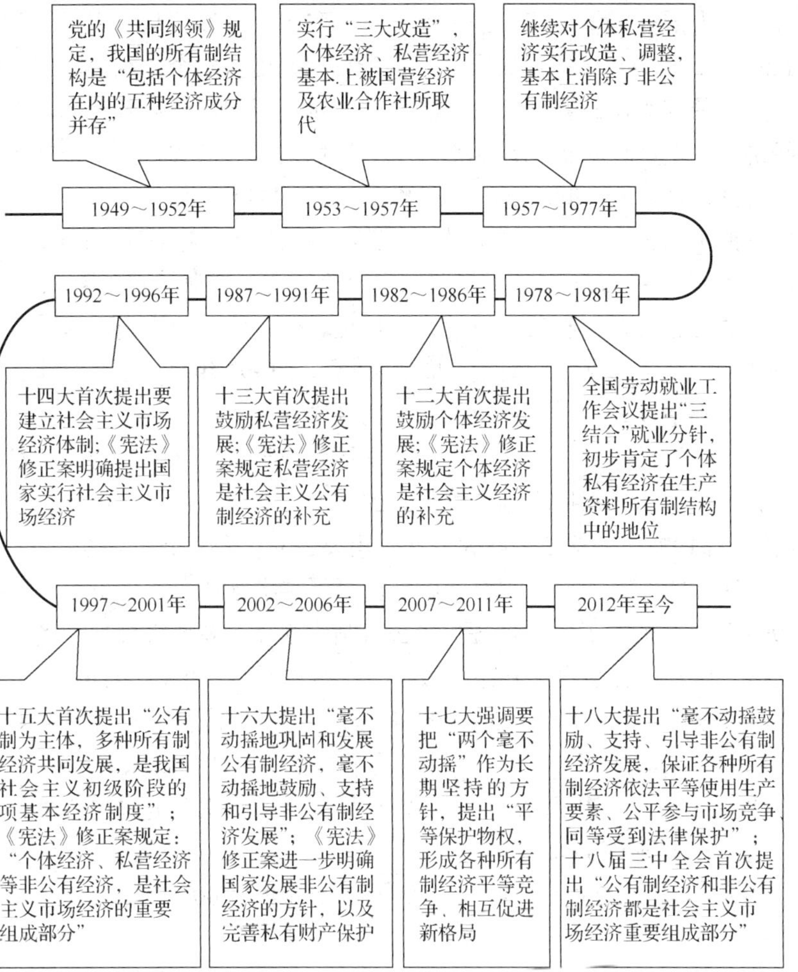

图 10-1　我国非公有制经济发展政策演化过程

第三阶段（1978～1991 年）：初步肯定阶段。1978 年十一届三中全会以后，党和政府对非公有制经济的认识和政策取向都发生了重要变化，党提出的“非公有制经济是社会主义公有制经济必要的和有益的补充”这一基本论断，为非公有制经济重新发展提供了理论依据。1980 年中央劳动就业工作会议提出实行“劳动部门介绍就业、自愿组织起来就业和自谋职业相结合”（称为“三结合”）就业方针，为个体经济的发展开辟了道路。到 1981 年，我国个体经济从业人员恢复到 113 万人。1982 年，党的十二大报告首次提出鼓励个体经济发展。同年通过的《宪法》修正案规定“在法律规定范围内的城乡劳动者个体经济，是社会主义公有制经济的补充”，以法律的形式肯定了个体经济的合法地位。到 1986 年，个体经济从业人员增加到 483 万人。1987 年党的十三大报告首次提出鼓励私营经济的发展。1988 年通过的《宪法》修正案进一步规定“私营经济是社会主义公有制经济的补充”，以法律的形式肯定了私营经济的合法地位。但是，总的来说，这一阶段非公有制经济发展空间有限，增速缓慢。到 1991 年底，私营个体从业人员达到 760 万人，占城镇就业的比重仅为 4.4%。

第四阶段（1992～2001 年）：支持引导阶段。这一阶段，党对非公有制经济的认识提升到了一个新的高度，非公有制经济进入迅速发展阶段。1992 年，党的十四大首次提出要建立社会主义市场经济体制。同年通过的《宪法》修正案明确提出“国家实行社会主义市场经济”。1997 年，党的十五大首次提出“公有制为主体，多种所有制经济共同发展，是我国社会主义初级阶段的一项基本经济制度”；同年《宪法》修正案规定“个体经济、私营经济等非公有制经济，是社会主义市场经济的重要组成部分”。这一阶段的个体私营企业从业人员占城镇就业比重从 4.7%上升到 15.2%，而国有集体单位从业人员占城镇就业比重从 81%下降到 37%。

第五阶段（2002 年至今）：全面支持阶段。2002 年党的十六大报告提出“坚持和完善以公有制为主体、多种所有制经济共同发展的基本经济制度”，以及“毫不动摇地巩固和发展公有制经济，毫不动摇地鼓励、支持和引导非公有制经济发展”“两个毫不动摇”方针。2004 年通过的《宪法》修正案进一步明确国家发展非公有制经济的方针，并首次提出“完善私有财产保护”，肯定了私有财产的合法性。2007 年，党的十七大报告再次强调要把“两个毫不动摇”作为长期坚持的方针，并提出“平等保护物权，形成各种所有制经济平等竞争、相互促进新格局”。2012 年，党的十八大报告提出“毫不动摇鼓励、支持、引导非公有制经济发展，保证各种所有制经济依法平等使用生产要素、公平参与市场竞争、同等受到法律保护”。2013 年十八届三中全会提出“公有制经济和非公有制经济都是社会主义市场经济重要组成部分”，首次将非公有制经济与公有制经济置于同等重要的地位。这一阶段非公有制经济得到了空前的发展，并呈现出以下几个特点：第一，公有制经济占比继续下降，2013 年国有集体等公有制企业就业占城镇就业比重下降到 18%；第二，私营个体经济继续发展，2013 年私营个体企业就业占城镇就业比重上升到 38%；第三，股份制和外商企业发展迅速，股份制和外商企业占城镇就业比重从 10%上升到 28%。

10.1.2　劳动力流动政策

劳动力流动政策是 20 世纪 90 年代以前影响城镇非正规就业发展的最重要的政策之一，这不仅是因为农村转移劳动力是城镇非正规就业的主要来源，还因为劳动力流动政策改革修正了计划经济时期扭曲的产品和要素价格，是经济发展和市场开放的基本条件。1949 年以来，我国城乡劳动力流动政策大致经历了以下四个阶段（图 10-2）。

第一阶段（1949～1977 年）：控制和禁止阶段。1949 年以后，为了实现经济上的赶超目标，我国制定了优先发展重工业的发展战略，因而采取了一系列扭曲产品和要素价格的办法来压低重工业发展成本，如通过扭曲农产品价格来压低城市的工资率，而隔断城乡人口迁移的户籍管理制度正是与此相配套的制度安排（林毅夫等，1994）。1951 年，国家颁布《城市户口管理暂行条例》建立了全国城市地区登记制度。1955 年，又颁布《关于建立经常户口登记制度的指示》，建立了全国范围内的户口登记制度。1958 年，颁布的《中华人民共和国户口登记条例》，标志着城乡分离的户籍制度正式确立。到 1964 年，公安部再次出台《关于处理户口迁移的规定（草案）》，明确规定限制农村户口迁往城市、集镇，限制集镇户口迁往城市，彻底将农村户籍人口桎梏在农村地区。

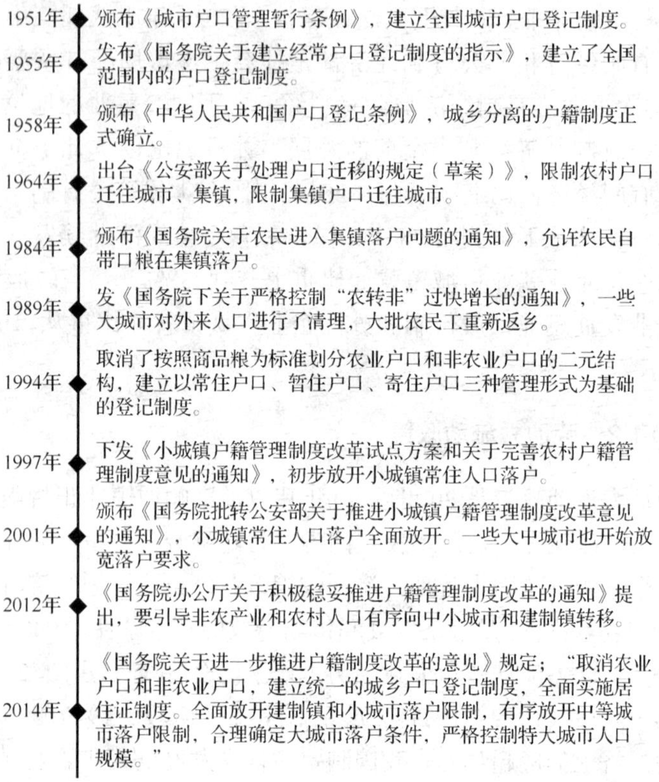

图 10-2　我国城乡劳动力流动政策演化过程

第二阶段（1978～1991 年）：放松但限制阶段。1978 年，十一届三中全会以后，城乡人口流动政策逐渐开始松动。1984 年，国务院颁布《关于农民进入集镇落户问题的通知》，允许农民自带口粮在集镇落户，被认为是国家放松城乡人口流动的“破冰”之举。1985 年，公安部颁布《公安部关于城镇暂住人口管理的暂行规定》，对流动人口实行暂住证、寄住证制度，同年颁布《中华人民共和国居民身份证条例》，开始对全国人口实施居民身份证制度。1989 年，由于农村人口转移速度太快，给城市就业造成很大压力，国务院下发了《关于严格控制“农转非”过快增长的通知》，控制“农转非”人口的过快增长，一些大城市对外来人口进行了清理，大批农民工重新返乡。

第三阶段（1992～2000 年）：逐渐放宽阶段。1992 年，党的十四大明确提出发展社会主义市场经济，改革开放步伐加快，户籍制度改革也逐渐深化。1994 年以后，国家取消了按照商品粮为标准划分农业户口和非农业户口的二元结构，建立以常住户口、暂住户口、寄住户口三种管理形式为基础的登记制度。1997 年，国务院下发《国务院批转公安部小城镇户籍管理制度改革试点方案和关于完善农村户籍管理制度意见的通知》，允许符合一定条件的农村人口，在小城镇办理城镇常住户口，这标志着小城镇落户政策开始放宽。2000 年，国家正式取消了粮油迁徙证制度，粮食供应关系和户籍迁移脱离。

第四阶段（2001～2011 年）：鼓励且推动阶段。2001 年，国务院颁布《国务院批转公安部关于推进小城镇户籍管理制度改革意见的通知》，对办理小城镇常住户口的人员不再实行计划指标管理，小城镇落户开始全面放开。同时，一些大中城市也开始放宽落户条件，以准入条件取代各类进城人口控制指标。虽然这一阶段农村劳动力转移和城市化进程都取得了较大进展，但是户籍制度改革遇到了空前的难题，这主要是因为地方政府发现户籍制度实际上并不是简单的人口登记制度，其核心是户口背后所包含的福利差异，但是由于现行的城市财政体系和公共服务体制无法应对大量转移人口的社会福利负担，转移人口户籍登记方式的改变并没有改变户籍人口的社会福利、社会保障和公共服务待遇（蔡昉，2008a），这一阶段超过 1 亿的进城却不能落户的“农民工”是户籍制度改革的后遗症。

第五阶段（2012 年至今）：全面推进改革阶段。这一阶段，户籍制度改革路径基本明确，即构建一体化的劳动力市场和城乡统筹的公共服务体系，户籍制度改革政策也取得了实质性的进展。2012 年，《国务院办公厅关于积极稳妥推进户籍管理制度改革的通知》，明确“要引导非农产业和农村人口有序向中小城市和建制镇转移，逐步满足符合条件的农村人口落户要求，逐步实现基本公共服务均等化”。2013 年，《中共中央关于全面深化改革若干重大问题的决定》进一步指出，要“创新人口管理，加快户籍制度改革，全面放开建制镇和小城市落户限制，有序放开中等城市落户限制，合理确定大城市落户条件，严格控制特大城市人口规模”。2014年7月30日，《国务院关于进一步推进户籍制度改革的意见》正式发布，新型户籍制度改革目标正式确立。意见规定，建立统一的城乡户口登记制度，取消农业户口和非农业户口；建立居住证制度；全面放开建制镇和小城市落户限制；有序放开中等城市落户限制；合理确定大城市落户条件；严格控制特大城市人口规模。稳步推进义务教育、就业服务、基本养老、基本医疗卫生、住房保障等城镇基本公共服务覆盖全部常住人口。

10.1.3 国有企业改革

国有企业改革是20世纪90年代中后期对城镇非正规就业发展影响最大的政策之一。一方面，国有企业改革的下岗职工大部分采取非正规就业形式再次进入劳动力市场，是20世纪90年代中后期非正规就业数量剧增的主要因素；另一方面，国有企业改革是推进社会主义市场经济体制改革的中心环节，促使市场在生产要素配置中发挥基础性作用，为私营个体等非公有制经济开拓了更广阔的生存空间。改革开放以来，我国国有企业改革经历了1978～1984年的“放权让利”、1985～1993年的“两权分离”、1994年之后的“建立现代企业制度”三个阶段（王金胜和陈明，2008；王常亮，2009）。其中1994～2005年推动的大规模国有企业改组、改制是对非正规就业发展影响最大的改革，本节将主要对这一阶段改革进行分析。

为了提高国有企业效率，调整经济结构，政府从1994年开始推动大规模国有企业改革，实行“抓大放小”方针和“减员增效、下岗分流”的政策使国有企业从许多竞争性行业退出，只在少数关系国计民生的行业保留国有或国有控股，并实行机制创新，建立现代企业制度（中国劳动和社会保障部劳动科学研究所课题组，2005）。在这个过程中，大批国有企业的职工以下岗和失业的方式剥离出旧体制，我国国有企业下岗职工和城镇登记失业人员大幅度上升（表10-1）。1994～1997年国有企业新增下岗人员分别为60万人、204万人、327.6万人和259.4万人，年均增速达40%。国家经济贸易委员会下发《关于1998年国有企业改革和发展工作的意见》，提出1998～2000年国有企业“三年改革脱困”的改革目标，政策力度空前加大。在此期间，共产生1600万新增下岗人员，城镇登记失业人员将近600万人。2001年之后，国有企业新增下岗人员数量开始下降，国有企业改革中关于就业人员的改革目标基本实现。国有企业改革期间，各级政府通过“再就业服务中心”职业介绍、下岗职工创业和自谋职业税收、贷款优惠及培训等政策积极扶持下岗人员再就业，1998～2005年，共有1974万下岗人员实现再就业，而其主要就业渠道集中在非正规就业领域。根据全国总工会对部分城市的调查，1999年实现再就业的下岗职工中80%～90%转入了非正规就业。

表10-1　历年国有企业下岗人员和城镇登记失业人员情况

单位：万人，%

年份	国有企业新增下岗人数	国有企业累计下岗人数	国有企业再就业人员	城镇登记失业人员	城镇登记失业率
1994	60	360	—	476.4	2.8
1995	204	564	—	519.6	2.9
1996	327.6	891.6	—	552.8	3.0
1997	259.4	1151	—	576.8	3.1
1998	562.2	1713.2	609.9	571.0	3.1
1999	618.6	2331.8	490.5	575.0	3.1
2000	445.5	2777.3	360.5	595.0	3.1
2001	234.3	3011.6	226.8	681.0	3.6
2002	162.1	3173.7	120.2	770.0	4.0
2003	103.0	3276.7	83.1	800.0	4.3
2004	34.3	3311.0	47.3	827.0	4.2
2005	14.8	3325.8	34.0	839.0	4.2

数据来源：杨宜勇（2007）；信长星（2007）。

注：随着我国下岗和失业的并轨，2005年以后的统计数据中不再出现下岗人员统计。

10.1.4　劳动立法政策

长期以来，劳动立法一直是我国法律体系中较为薄弱的环节，这一方面由于1949年以后我国建立了计划经济体制，基本消灭了资本主义劳动关系，改革开放以后，学术界对劳动关系的存在进行了长期的辩论，延缓了劳动立法进程；另一方面由于我国作为一个处于经济发展初级阶段的人口大国，劳动力资源供给充足，劳动力成本长期保持在较低的水平，在“资强劳弱”的市场条件下，劳动立法进展非常缓慢。但是，进入21世纪，随着人口结构的转变和剩余劳动的消失，我国劳动力市场的供求关系发生了快速的转变，劳动保护和劳动立法建设成为各方关注的焦点。因此可知，我国劳动立法经历发展也经历了一个漫长而曲折的过程，本节将其大概分为以下几个阶段（表10-2）。

表10-2 不同阶段重要的劳动立法法规

2007年至今（劳动立法不断强化阶段）	《中华人民共和国劳动合同法》（2008年） 《中华人民共和国就业促进法》（2008年） 《中华人民共和国劳动争议仲裁法》（2008年） 《中华人民共和国社会保险法》（2011年）
1994～2006年（劳动立法体系初步建立阶段）	《中华人民共和国劳动法》（1994年） 《国务院关于建立城镇职工基本医疗保险制度的决定》（1998年） 《失业保险条例》（1999年） 《工伤保险条例》（2003年）；《最低工资规定》（2004年）
1978～1993年（劳动立法恢复阶段）	《国有企业劳动争议处理暂行规定》（1987年） 《私营企业劳动管理暂行规定》（1989年） 《全民所有制企业临时工管理暂行规定》（1989年） 《关于企业职工养老保险制度改革的决定》（1991年） 《劳动部关于印发〈企业最低工资规定〉的通知》（1993年）
1949～1977年（劳动立法基本停滞阶段）	《关于劳资关系暂行处理办法》（1949年） 《关于私营工商企业劳资双方订立集体合同的暂行办法》（1949年） 《关于劳动争议解决程序的暂行规定》（1949年） 《中华人民共和国劳动保险条例》（1953年）

第一阶段（1949～1977年）：基本停滞阶段。1949年以后，为了维护劳动人民权益，国家出台了调整劳资关系的几项法规，包括1949年11月中华全国总工会制定的《关于劳资关系暂行处理办法》《关于私营工商企业劳资双方订立集体合同的暂行办法》《关于劳动争议解决程序的暂行规定》，以及1953年公布的《中华人民共和国劳动保险条例》等。但是，1956年后，随着“三大改造”的完成，我国基本上消灭了资本主义劳动关系，劳动立法也不复存在。直到十一届三中全会之前，劳动立法基本处于停滞状态，原有的一些劳动法规也基本失去

了法律效力。

第二阶段（1978～1993 年）：初步恢复阶段。改革开放以后，我国劳动立法工作重新启动。从十一届三中全会到 1982 年，我国颁布了 450 余件劳动方面的规范性文件，其中全国人民代表大会常务委员会、国务院颁布和批准的法规有 14 件之多。1982 年起，又出台了一些重要的劳动法规，涉及安全生产、劳动合同、劳动管理、劳动争议、最低工资、养老保险等各个方面（关怀，2009）。虽然这一阶段的劳动立法工作取得了一定的进展，但是这些劳动法规只是协调劳动关系某一方面的行政规范，而且立法层次较低，一些法规之间还存在着一些矛盾，法律约束效力较差，未构成完备的法律体系。

第三阶段（1994～2006 年）：立法体系初步建立阶段。随着经济体制由计划经济向市场经济转型和劳动力市场的开放，劳动关系日益复杂，劳动法律体系构建势在必行。1994 年颁布的《中华人民共和国劳动法》奠定了我国劳动法律体系的基础，随后制定的《关于实施最低工资保障制度的通知》《中华人民共和国企业劳动争议处理条例》等一系列单项法律和法规，进一步充实和完善了劳动法律体系。这一阶段劳动立法的另一重大进展是城镇社会保障体系的建设。随着《国务院关于建立城镇职工基本医疗保险制度的决定》《失业保险条例》《工伤保险条例》《社会保险费征缴暂行条例》等法规的出台，城镇基本医疗保险、失业保险和工伤保险立法先后建立。随后出台的《劳动和社会保障部办公厅关于城镇灵活就业人员参加基本医疗保险的指导意见》《劳动和社会保障部办公厅关于推进混合所有制企业和非公有制经济组织从业人员参加医疗保险的意见》《劳动和社会保障部关于农民工参加工伤保险有关问题的通知》等，为加强非正规就业者社会保障提供了法律依据。

第四阶段（2007 年至今）：劳动立法不断强化阶段。进入 21 世纪，随着市场经济改革的深入和劳动力市场的扩张，劳资冲突更为直接和频繁，而随着人口结构的转变，人口红利逐渐消失，劳资双方地位发生改变，加强劳动保护和社会保险立法的要求更为迫切。2008 年《中华人民共和国劳动合同法》《中华人民共和国就业促进法》《中华人民共和国劳动争议仲裁法》颁布实施，是1994年以后我国出台的最高层次的劳动立法，也标志着我国劳动立法体系进入实质性进展阶段，对推进劳动立法体系的发展和完善具有重大意义。2011年《中华人民共和国社会保险法》的出台又将社会保险体系建设全面纳入法制化轨道。这一阶段的劳动立法的立法层次和实施效力都空前加强，2012年后，陆续对《中华人民共和国劳动合同法》《中华人民共和国劳动法》《社会保险法》进行多次修订，表明我国劳动立法强度不断增强，劳动立法和劳工保护成为影响我国城镇非正规就业发展的重要制度因素。

10.2 发展历程

10.2.1 限制发展阶段（1949~1977年）

1949～1977年，在限制非公有制经济发展和劳动力流动政策的双重政策背景下，我国城镇非正规就业发展基本处于停滞阶段。

以1956年为界限，这一阶段的非正规就业发展大致可以分为两个小的阶段：一是1949～1956年“三大改造”完成之前，我国对非公有制经济发展采取“允许且限制”的政策，全面限制劳动力流动的政策尚未建立。在这一时期，城镇非正规就业得到了小规模的发展，从1949年的724万人逐年上涨，在1953年达到峰值为898万人。随后，随着“三大改造”政策的实施，非正规就业规模迅速下降，到1956年“三大改造”基本完成之时，非正规就业规模下降至16万人，占城镇就业比重仅为0.53%。二是1957～1977年，我国实行完全限制非公有制经济发展和城乡劳动力流动政策，非正规就业发展基本处于停滞阶段。这一阶段，1963年非正规就业规模和比重达到峰值，此后基本呈现逐年下降的趋势，到1977年，城镇非正规就业规模仅为15万人，占城镇就业比重为0.16%，达到历史最低值（表10-3）。

表 10-3　1949～1977 年城镇就业发展情况

单位：万人，%

年份	城镇就业					
	规模	占全国就业比重	城镇正规就业		城镇非正规就业	
			规模	比重	规模	比重
1949	1 533	8.48	809	52.77	724	47.23
1952	2 486	11.99	1 603	64.48	883	35.52
1953	2 754	12.89	1 856	67.39	898	32.61
1954	2 744	12.57	2 002	72.96	742	27.04
1955	2 802	12.55	2 162	77.16	640	22.84
1956	2 993	13	2 977	99.47	16	0.53
1957	3 205	13.48	3 101	96.76	104	3.24
1958	5 300	19.92	5 194	98	106	2
1959	5 389	20.59	5 275	97.88	114	2.12
1960	6 119	23.64	5 969	97.55	150	2.45
1961	5 336	20.85	5 171	96.91	165	3.09
1962	4 537	17.51	4 321	95.24	216	4.76
1963	4 603	17.28	4 372	94.98	231	5.02
1964	4 828	17.41	4 601	95.3	227	4.7
1965	5 136	17.91	4 965	96.67	171	3.33
1966	5 354	17.96	5 198	97.09	156	2.91
1967	5 446	17.67	5 305	97.41	141	2.59
1968	5 630	17.64	5 504	97.76	126	2.24
1969	5 825	17.53	5 714	98.09	111	1.91
1970	6 312	18.33	6 216	98.48	96	1.52
1971	6 868	19.28	6 787	98.82	81	1.18
1972	7 200	20.08	7 134	99.08	66	0.92
1973	7 388	20.16	7 337	99.31	51	0.69
1974	7 687	20.57	7 651	99.53	36	0.47
975	8 222	21.54	8 198	99.71	24	0.29
1976	8 692	22.38	8 673	99.78	19	0.22
1977	9 127	23.18	9 112	99.84	15	0.16

数据来源：《中国统计年鉴 1990》。

注：正规就业人员是指城镇全民所有制单位和集体所有制单位职工；非正规就业是指城镇个体劳动者。

10.2.2 恢复发展阶段（1978~1996 年）

1978 年十一届三中全会以后，随着非公有制经济发展政策和城乡劳动力流动政策的逐渐放开，私营个体经济得到恢复性发展，非正规就业规模和占城镇就业比重都开始提高。这一阶段，城镇劳动力市场发生了以下几个变化：第一，非正规就业规模和比重都不断上升，1978～1996 年，非正规就业规模从 15 万人上涨到 4710 万人，增长了 313 倍，同时，非正规就业占城镇就业的比重也从 0.16%上升到 23.64%；第二，正规就业规模也保持了较快的增长，从 1978 年的 9499 万人上涨到 1996 年的 15 212 万人，年均增速为 3.3%；第三，非正规就业成为城镇新增就业的重要来源，1978～1996 年，新增正规就业和新增非正规就业分别为 5713 万人和 4695 万人，分别占全部新增城镇就业的 55%和 45%。这一阶段虽然城镇非正规就业得到了较快的发展，但是由于非公有制经济发展政策和劳动力流动政策的推进较为曲折，非正规就业整体发展速度依然比较缓慢（表 10-4）。

表 10-4 1978~1996 年城镇就业发展情况

单位：万人，%

年份	城镇就业					
	规模	占全国就业比重	城镇正规就业		城镇非正规就业	
			规模	比重	规模	比重
1978	9 514	23.69	9 499	99.84	15	0.16
1979	9 999	24.37	9 967	99.68	32	0.32
1980	10 525	24.85	10 444	99.23	81	0.77
1981	11 053	25.28	10 940	98.98	113	1.02
1982	11 428	25.23	11 281	98.71	147	1.29
1983	11 746	25.3	11 515	98.03	231	1.97
1984	12 229	25.37	11 890	97.23	339	2.77
1985	12 808	25.68	12 358	96.49	450	3.51
1986	13 292	25.92	12 809	96.37	483	3.63
1987	13 783	26.11	13 214	95.87	569	4.13
1988	14 267	26.26	13 608	95.38	659	4.62
1989	14 390	26.01	13 742	95.5	648	4.5
1990	17 041	26.32	14 057	82.49	2 984	17.51

续表

年份	城镇就业					
	规模	占全国就业比重	城镇正规就业		城镇非正规就业	
			规模	比重	规模	比重
1991	17 465	26.67	14 506	83.06	2 959	16.94
1992	17 861	27	14 787	82.79	3 074	17.21
1993	18 262	27.34	14 831	81.21	3 431	18.79
1994	18 653	27.65	15 249	81.75	3 404	18.25
1995	19 040	27.97	15 291	80.31	3 749	19.69
1996	19 922	28.89	15 212	76.36	4 710	23.64

数据来源：《中国统计年鉴 1990》和《中国劳动统计年鉴 2013》。

注：1990 年及以后的就业总计数据是根据第五次全国人口普查资料及历年劳动力调查资料推算的，由此产生了“未统计部分”就业（蔡昉和王美艳，2004），因此 1990 年的城镇就业和非正规就业出现猛增。1994 年，城镇单位劳动统计把就业人员的概念从职工扩大到了单位就业人员，因此非正规就业规模和占比略有下降（岳希明，2005）。

10.2.3　迅速发展阶段（1997 年至今）

1997 年以后，随着非公有制经济发展政策和劳动力流动政策的进一步放宽，以及国有企业改革的实施，我国城镇非正规就业进入迅速扩张的阶段。随着经济的高速发展和城镇化的快速推进，这一阶段我国城镇劳动力市场发生了急剧变化，按非正规就业的增长情况，大致可以将这一阶段划分为三个小的阶段。

第一阶段是 1997～2003 年，是非正规就业增长最快的时期。在此期间，由于国有企业改革政策，正规就业规模急剧下降，非正规就业占城镇就业比重猛增；同时，部分国有企业下岗失业人员以再就业的形式进入非正规劳动力市场，增加了非正规就业的供给，使非正规就业规模也出现猛增。数据显示，1997～2003 年，非正规就业规模以每年 1000 万人以上的速度增加，并于 2000 年开始超过正规就业，到 2003 年非正规就业占城镇就业比重达 58.79%，同一时期正规就业规模从 15 019 万人下降至 2003 年的 10 809 万人，减少幅度高达 28%。

第二阶段是 2004～2010 年，非正规就业规模增加速度放缓，每年增加值在 800 万～1000 万人，同时，正规就业规模出现正的增长，但是增长幅度仍小于非正规就业，因此非正规就业占城镇就业比重继续上升，到 2010 年达到峰值，为 63.19%。

第三阶段是 2011 年至今，非正规就业和正规就业的增长趋势开始逆转。2011 年，非正规就业规模首次出现下降，而正规就业规模的增加幅度高达 1 327 万人，因此非正规就业占城镇就业比重下降至 60.76%。2012 年，非正规就业占城镇就业比重继续下降至 59.95%。按照此趋势，随着人口结构的变化和正规部门的扩张，我国非正规就业占比将会呈现持续下降的趋势。

这一阶段也是城镇化快速发展的时期，从就业城镇化数据来看，1997～2013 年，城镇就业规模从 20 781 万人增加到 38 240 万人，平均每年增加 1 100 万人，占全国就业比重也从 29.76%上升到 49.68%，其中正规就业和非正规就业的新增就业人员分别为 2798 万人和 14 661 万人，分别占城镇新增就业人员的 16%和 84%，表明非正规就业是我国城镇新增就业的主要来源（表 10-5）。

表 10-5　1997～2013 年城镇就业发展情况

单位：万人，%

年份	城镇就业					
	规模	占全国就业比重	城镇正规就业		城镇非正规就业	
			规模	比重	规模	比重
1997	20 781	29.76	15 019	72.27	5 762	27.73
1998	21 616	30.6	12 686	58.69	8 930	41.31
1999	22 412	31.39	12 109	54.03	10 303	45.97
2000	23 151	32.12	11 585	50.04	11 566	49.96
2001	24 123	33.14	11 123	46.11	13 000	53.89
2002	25 159	34.33	10 870	43.2	14 289	56.8
2003	26 230	35.57	10 809	41.21	15 421	58.79
2004	27 293	36.75	10 937	40.07	16 356	59.93
2005	28 389	38.03	11 225	39.54	17 164	60.46
2006	29 630	39.52	11 485	38.76	18 145	61.24
2007	30 953	41.09	11 801	38.13	19 152	61.87
2008	32 103	42.48	11 972	37.29	20 131	62.71
2009	33 322	43.94	12 324	36.98	20 998	63.02
2010	34 687	45.58	12 767	36.81	21 920	63.19
2011	35 914	47	14 094	39.24	21 820	60.76

续表

年份	城镇就业					
	规模	占全国就业比重	城镇正规就业		城镇非正规就业	
			规模	比重	规模	比重
2012	37 102	48.37	14 861	40.05	22 241	59.95
2013	38 240	49.68	17 817	46.59	20 423	53.41

数据来源：《中国统计年鉴 2014》。

注：1997～2000 年数据的就业总计数据是根据第五次全国人口普查资料及历年劳动力调查资料推算的，2001 年以后的就业总计数据是根据第六次全国人口普查资料及历年劳动力调查资料推算的。2013 年将原属于乡镇企业的规模以上法人单位纳入劳动工资统计范围内，造成部分经济类的单位就业人员数变动较大，因此 2013 年数据与往年数据不可比。1998 年开始，城镇单位统计中将不在岗职工从就业人员中扣除（岳希明，2005），因此正规就业规模和比重出现猛降，而非正规就业规模和比重出现猛增。

10.3 特征分析

我国城镇非正规就业的发展是伴随着经济市场化改革进程中的经济的高速发展而发展的，与城镇化、人口结构转变、国有企业改革等紧密相关，由此在发展过程中呈现出诸多特征。本节将使用 1990～2012 年数据对城镇非正规就业的发展特征进行分析。这一方面是由于 1990 年之前，我国非公有制经济发展政策和劳动力流动政策还处于不断探索的阶段，受此影响，城镇非正规就业发展较慢，直到 1992 年前后，我国非公有制发展政策和劳动力流动政策取向基本确定，不再成为限制非正规就业发展的主要因素。另一方面，考虑到数据的可比性，1990 年之后才开始公布根据全国人口普查资料调整的，包含私营企业、股份制企业和外商企业等非公有制经济就业的数据，而 2013 年城镇单位就业统计口径发生变动，数据与以往年份不可比。

10.3.1 总体发展特征

1．全部就业的“城镇化”和城镇就业的“非正规化”

根据二元经济理论，城市非正规就业的产生原因在于经济发展初级阶段，农村传统部门存在大量的剩余劳动，城市现代部门只需要支付略高于农村传统部门的工资，就能吸引大量农村劳动力向城市转移，但是由于城市正规部门发展不足，不能创造出足够的工作岗位吸纳全部农村转移劳动力就业，因此农村转移劳动力不得不进入城市非正规部门就业。纵观我国城镇非正规就业发展历程，正是伴随着农村就业人员的下降和城镇劳动力市场的扩张（图 10-3）。

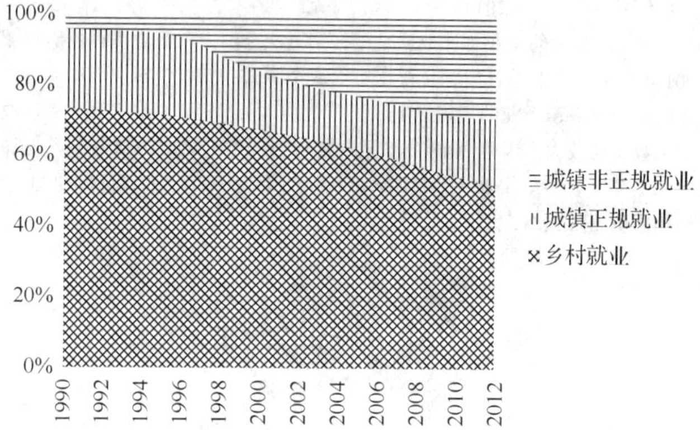

图 10-3　1990～2012 年全部就业的结构性变化

数据来源：《中国统计年鉴 2014》。

1990 年以来，全国就业的结构性变化可以分为两个阶段：第一阶段为 1990～2000 年，其突出特点为农村就业的缓慢上升和城镇非正规就业的迅猛增加。这一阶段农村就业人员从 47 708 万人上升到 48 934 万人，平均每年增加 122.6 万人，农村就业占全部就业比重从 73.68% 下降到 67.88%，平均每年下降 0.58 个百分点。与此同时，城镇正规部门就业不但没有扩张，反而受国有企业改革的影响大幅度下降，从 14 057 万人下降到 11 585 万人，平均每年减少 247 万人，而非正规就业规模从 2984 万人上升到 11 585 万人，平均每年增加 868 万人，占城镇就业的比重从 17.51%上升到 49.96%。由此可见，非正规就业已经成为吸纳农村转移就业和城镇新增就业的主要来源。

第二个阶段为 2001～2012 年，这一阶段就业结构的变化体现在以下三点：第一，农村就业规模开始下降，在此期间，农村就业规模从 48 934 万人下降到 39 602 万人，平均每年减少 756 万人；第二，农村就业占全部就业比重下降速度加快，2001～2012 年，农村就业占全部就业比重从 66.86%下降到 51.63%，平均每年下降 1.27 个百分点；第三，城镇非正规就业的规模继续扩张，非正规就业规模从 13 000 万人上升到 22 241 万人，占城镇就业的比重保持在 60%左右，并在 2010 年达到峰值，为 63.19%。

2．城镇非正规就业与人口结构转变

1997 年之后，我国城镇非正规就业在经历了三次较大的变化，在此期间非正规就业的快速变化不仅与国有企业改革和非公有制经济的迅速发展有关，而且与人口结构转变密切相关。本节采用全部就业人员作为人口结构变化的代理变量，对非正规就业与人口结构转变的关系进行分析。

1991～2001 年，我国全部就业增长比较稳定，每年新增就业人数在 600 万～800 万，增速保持在 1%左右（表 10-6）。在此期间，城镇就业也保持了较快的增长，增速在 2%～5%，与之相对应的是城镇非正规就业规模的迅速扩张，尤其是 1997～2001 年，非正规就业规模每年以 1 000 万人以上数量增加，增速保持在 10%以上。2002 年，全部就业增速急剧下降至 0.66%，城镇非正规就业的增速下降至 10%以下。此后至 2010 年，虽然城镇非正规就业规模保持每年 1000 万人左右的净增量，但是城镇非正规就业的增速明显下降。这一方面是由于城镇正规部门的扩张，对就业的吸纳能力增强；另一方面更重要的原因在于人口结构的转变使新增就业数量减少，在此期间，全部就业新增人数保持在 300 万人左右，并且呈现逐年下降的趋势。2011 年以后，全部就业新增人数下降的同时，城镇正规就业规模迅速扩张，由此导致城镇非正规就业规模出现负增长，到 2012 年非正规就业规模恢复上升，但是增加规模远远低于之前水平。可以预见的是，未来一段时期，在新增就业数量减少和城镇正规就业扩张的双重压力下，我国城镇非正规就业必将继续收缩，因此城镇就业的结构性变化和正规—非正规就业转换是值得关注的重要议题。

表 10-6　1991～2012 年不同类型就业增加值及增速

单位：万人，%

年份	全部就业		城镇就业		城镇正规就业		城镇非正规就业	
	增加值	增速	增加值	增速	增加值	增速	增加值	增速
1991	742	1.15	424	2.49	449	3.19	-25	-0.84
1992	661	1.01	396	2.27	281	1.94	115	3.89
1993	656	0.99	401	2.25	44	0.30	357	11.61
1994	647	0.97	391	2.14	418	2.82	-27	-0.79
1995	610	0.90	387	2.07	42	0.28	345	10.14
1996	885	1.30	882	4.63	-79	-0.52	961	25.63
1997	870	1.26	859	4.31	-193	-1.27	1 052	22.34
1998	817	1.17	835	4.02	-2 333	-15.53	3 168	54.98
1999	757	1.07	796	3.68	-577	-4.55	1 373	15.38
2000	691	0.97	739	3.30	-524	-4.33	1 263	12.26
2001	712	0.99	972	4.20	-462	-3.99	1 434	12.40
2002	483	0.66	1 036	4.29	-253	-2.27	1 289	9.92
2003	456	0.62	1 071	4.26	-61	-0.56	1 132	7.92
2004	528	0.72	1 063	4.05	128	1.18	935	6.06
2005	383	0.52	1 096	4.02	288	2.63	808	4.94
2006	331	0.44	1 241	4.37	260	2.32	981	5.72
2007	343	0.46	1 323	4.47	316	2.75	1007	5.55
2008	243	0.32	1 150	3.72	171	1.45	979	5.11
2009	264	0.35	1 219	3.80	352	2.94	867	4.31
2010	277	0.37	1 365	4.10	443	3.59	922	4.39
2011	315	0.41	1 227	3.54	1 327	10.39	-100	-0.46
2012	284	0.37	1 188	3.31	767	5.44	421	1.93

数据来源：《中国统计年鉴 2014》。

3．非正规就业占比的倒 U 形特征

1990 年以来，随着非公有制发展政策和劳动力流动政策的逐步放开，以私营个体为主的非公有制经济开始迅速发展。1997 年后，国有企业改革的实施在释放了大量劳动力的同时，推进了劳动力的市场化进程，非正规就业由此进入迅速扩张阶段并成为城镇劳动力就业的主渠道和新增就业岗位的主要来源。但是 2005 年以后，在人口结构转变和城镇正规就业扩张的双重压力下，非正规就业的增速明显放缓，甚至在 2011 年，非正规就业规模出现负增长。如图 10-4 所示，我国城镇非正规就业呈现出“先上升、后下降”的倒 U 形变化特征。

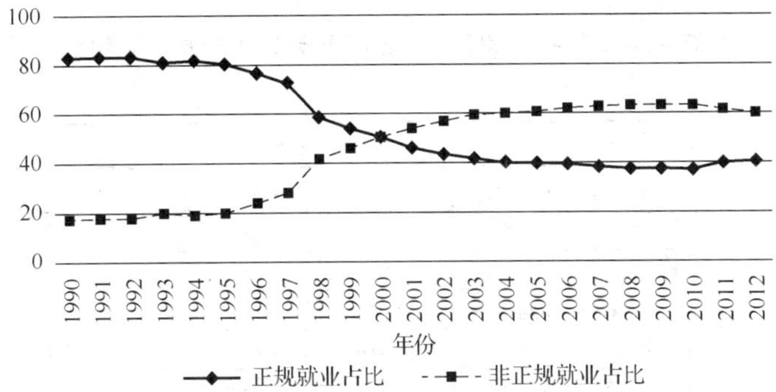

图 10–4　1990～2012 年正规就业和非正规就业占比变化

数据来源：《中国统计年鉴 2014》。

10.3.2　内部结构特征

1990 年以来，我国城镇正规就业和非正规就业内部结构发生了较大的变化，主要表现为以下两点：一是正规就业的“非公有化”；二是非正规就业内部私营和个体企业就业的扩张。

1．正规就业的“非公有化”

城镇正规就业的“非公有化”与公有制发展政策和国有企业改革密切相关。中华人民共和国成立以后，在计划经济主导的时期，以国有集体经济为主体的公有制经济一直是我国经济的主体。改革开放以后，虽然打破原有的计划经济体制，但是非公有制经济依然发展缓慢。直到 1996 年国有企业改革启动之前，公有制单位就业依然占城镇正规就业的 93.74%。1997 年国有企业改革实施以后，公有制单位就业规模迅速下降，以国有集体单位为主的正规就业规模和比重也迅速下降。与此同时，非公有制单位正规就业的发展成为正规部门吸纳就业的主要来源。1997～2012 年，非公有制单位正规就业规模从 1092 万人上升到 7433 万人（表 10–7），平均每年增加 230 万人，年均增速高达 45.39%。在此期间，非公有制单位正规就业占正规就业的比重从 7.27% 上升到 50.02%，非公有制单位正规就业成为城镇正规就业的主体。

表 10-7　1991～2012 年城镇正规就业内部结构变化

单位：万人，%

年份	城镇正规就业					
	规模	占城镇就业比重	公有制单位就业		非公有制单位就业	
			规模	比重	规模	比重
1990	14 057	82.49	13 895	98.85	162	1.15
1991	14 506	83.06	14 292	98.52	214	1.48
1992	14 787	82.79	14 510	98.13	277	1.87
1993	14 831	81.21	14 313	96.51	518	3.49
1994	15 249	81.75	14 499	95.08	750	4.92
1995	15 291	80.31	14 408	94.23	883	5.77
1996	15 212	76.36	14 260	93.74	952	6.26
1997	15 019	72.27	13 927	92.73	1 092	7.27
1998	12 686	58.69	11 021	86.88	1 665	13.12
1999	12 109	54.03	10 284	84.93	1 825	15.07
2000	11 585	50.04	9 601	82.88	1 984	17.12
2001	11 124	46.11	8 931	80.29	2 193	19.71
2002	10 870	43.21	8 285	76.22	2 585	23.78
2003	10 809	41.21	7 876	72.86	2 933	27.14
2004	10 937	40.07	7 607	69.55	3 330	30.45
2005	11 225	39.54	7 298	65.02	3 927	34.98
2006	11 485	38.76	7 194	62.64	4 291	37.36
2007	11 801	38.13	7 142	60.52	4 659	39.48
2008	11 972	37.29	7 109	59.38	4 863	40.62
2009	12 324	36.98	7 038	57.11	5 286	42.89
2010	12 767	36.81	7 114	55.72	5 653	44.28
2011	14 094	39.24	7 307	51.84	6 787	48.16
2012	14 861	40.05	7 428	49.98	7 433	50.02

数据来源：《中国统计年鉴 2014》。

2．非正规就业内部私营和个体就业的扩张

按照我国现行统计制度，城镇非正规就业由私营企业就业、个体就业和“未统计就业”三部分组成。1990 年以来，我国城镇非正规就业内部结构也发生了较大的变化，其中最突出的特点在于私营企业就业和个体就业的扩张。1990～2012 年，私营企业就业、个体就业和“未统计就业”的规模分别从 57 万人、614 万人和 2313 万人上涨到 7557 万人、5643 万人和 9041 万人（表 10-8），增幅分别为 131.6 倍、8.19 倍和 2.9 倍，其中增幅最大的私营企业就业。从私营企业就业和个体就业的增长来看，城镇非正规就业的结构性变化可以分为两个阶段：第一阶段是 1990～2001 年，“未统计就业”快速扩张时期，这一阶段私营企业就业、个体就业和“未统计就业”的规模分别增加 1470 万人、1517 万人和 7029 万人，平均每年增加 134 万人、138 万人和 639 万人；第二阶段是 2002～2012 年，私营企业就业和个体就业迅速扩张时期，这一阶段私营企业就业和个体就业规模分别增加 5558 万人和 3374 万人，平均每年增加 555.8 万人和 337.4 万人，而“未统计就业”规模则从 10022 万人减少至 9041 万人，减少幅度为 981 万人。从 2002 年以来，“未统计就业”规模的增加值呈现下降趋势，到 2009 年出现负值，2011 和 2012 年下降幅度大幅增加，对比 2002 年以来私营企业就业和个体就业规模增加值的逐年上涨可知，非正规就业规模的下降主要是因为“未统计就业”规模的下降，这表明“未统计就业”更具有劳动力“蓄水池”的作用，不仅为正规就业提供劳动力来源，而且随着私营个体企业注册条件的放宽和私营个体企业生存条件的改善，越来越多的“未统计就业”者选择进入私营个体企业就业。

表 10-8　1991～2012 年城镇非正规就业内部结构变化

单位：万人，%

年份	私营企业就业			个体就业			未统计就业		
	规模	比重	增加值	规模	比重	增加值	规模	比重	增加值
1990	57	1.91	—	614	20.58	—	2 313	77.51	—
1991	68	2.3	11	692	23.39	78	2 199	74.32	-114
1992	98	3.19	30	740	24.07	48	2 236	72.74	37
1993	186	5.42	88	930	27.11	190	2 315	67.47	79
1994	332	9.75	146	1 225	35.99	295	1 847	54.26	-468
1995	485	12.94	153	1 560	41.61	335	1 704	45.45	-143
1996	620	13.16	135	1 709	36.28	149	2 381	50.55	677
1997	750	13.02	130	1 919	33.3	210	3 093	53.68	712
1998	973	10.9	223	2 259	25.3	340	5 698	63.81	2605
1999	1 053	10.22	80	2 414	23.43	155	6 837	66.35	1139

续表

年份	私营企业就业			个体就业			未统计就业		
	规模	比重	增加值	规模	比重	增加值	规模	比重	增加值
2000	1 268	10.96	215	2 136	18.47	-278	8 162	70.57	1325
2001	1 527	11.74	259	2 131	16.39	-5	9 342	71.86	1180
2002	1 999	13.99	472	2 269	15.88	138	10 022	70.14	680
2003	2 545	16.5	546	2 377	15.41	108	10 499	68.08	477
2004	2 994	18.3	449	2 521	15.41	144	10 841	66.28	342
2005	3 458	20.15	464	2 778	16.18	257	10 928	63.67	87
2006	3 954	21.79	496	3 012	16.6	234	11 178	61.6	250
2007	4 581	23.92	627	3 310	17.28	298	11 261	58.8	83
2008	5 124	25.45	543	3 609	17.93	299	11 398	56.62	137
2009	5 544	26.4	420	4 245	20.21	636	11 209	53.38	-189
2010	6 071	27.7	527	4 467	20.38	222	11 382	51.92	173
2011	6 912	31.68	841	5 227	23.96	760	9 681	44.37	-1701
2012	7 557	33.98	645	5 643	25.37	416	9 041	40.65	-640

数据来源：《中国统计年鉴 2014》。

从城镇非正规就业的内部结构变化趋势可知，对城镇非正规就业问题的研究不仅要关注劳动者在正规就业与非正规就业之间的转换，还应当关注非正规就业内部的结构性变化。非正规就业内部从“未统计就业”到私营企业就业和个体就业的变化，一方面表明“未统计就业”与私营企业就业和个体就业性质、特征可能有所不同；另一方面也表明非正规就业内部结构复杂，对非正规就业不同类型劳动者的结构性分析可能更有利于对我国非正规就业问题的理解。

10.4 本章小结

本章从政策背景、发展历程和发展特点三个方面对我国城镇非正规就业的发展历程进行了分析。城镇非正规就业的发展与非公有制经济发展政策、劳动力流动政策、国有企业改革和劳动立法政策等政策演变息息相关，并且在不同发展时期，非正规就业发展受不同政策的影响力度也有所不同。总的来看，随着非公有制经济发展政策和劳动力流动政策的完全放开，以及国有企业改革的基本完成，这三项政策已经不是限制非正规就业发展的主要因素，但是这三项政策的进一步推进意味着全面推进经济市场化和城乡公共服务均等化，这既是进一步改革的难点，也是影响非正规就业进一步发展的重要因素。而随着农村剩余劳动的消失和人口结构的转变，劳资双方关系发生重大改变，劳动立法政策将成为未来影响非正规就业发展的重要政策。

从非正规就业发展历程来看，非正规就业在经历改革开放前的基本停滞期和1978～1996年的缓慢发展期之后，在1997之后开始迅速发展，并且随着经济的高速发展和人口结构的迅速转变，在短短十几年的时间经历了三次快速的转变。在未来一段时期，非正规就业的快速发展和急剧转变将成为劳动力市场最重要的变化特征，而在这一过程中，如何制定有利的政策为非正规就业发展营造良好的劳动力市场环境，促进非正规就业向正规就业平稳转换，将成为劳动力市场研究的重要课题。

11 我国非正规就业成因的理论和实证分析

在经济发展的过程中，劳动力由农村流入城市，再由城市非正规部门流向正规部门，劳动力在生产效率不同的部门之间的转移和流动，是促进经济增长和结构变迁的重要因素，不同部门就业比重的变化是刻画经济发展不同阶段的重要标志。改革开放以后，在经济发展与经济转型的双重背景下，我国城镇劳动力市场也经历了从“正规化”到“非正规化”的发展历程（胡鞍钢和赵黎，2006）。20 世纪 90 年代以来，伴随着经济的高速发展和城镇化的快速推进，我国城镇非正规就业进入了快速扩张的时期。然而进入 21 世纪，随着经济发展水平的提高和人口结构的转变，我国城镇非正规就业增速开始放缓，甚至出现负增长。城镇非正规就业的急剧变化呈现出“先上升、后下降”的倒 U 形变化特征。城镇非正规就业产生的原因如何？与哪些因素有关？这一倒 U 形变化特征在统计上是否显著？是否预示城镇非正规就业发展的必然趋势？本章基于二元经济理论的分析传统，构建包含农村部门、城镇正规部门和城镇非正规部门的三部门模型，分析城镇非正规就业的产生原因、变化趋势和影响因素，试图对以上问题作出解答。

11.1 非就业成因的理论解释

基于对非正规就业形成原因的不同解释，形成了二元主义和新自由主义两种不同的分析传统。二元主义分析是对刘易斯二元经济理论的深化。Lewis（1954）认为农村部门存在大量边际产出为零或为负的剩余劳动，城市部门通过支付更高的工资，吸引农村剩余劳动向城市转移，但转移到城市的劳动力有可能无法完全被现代资本主义部门吸收，为了糊口只能在一些生产效率较低的部门就业，这是二元经济理论解释非正规就业产生的根本原因。Harris 和 Todaro（1970）将刘易斯的理论模型化，解释了劳动力城乡转移和城市失业并存的现象。Fields（1975）将非正规部门引入 Harris-Todaro 模型中，表明被城市正规部门排除在外的农村劳动力不得不在非正规部门就业，而不是处于失业状态。由此，二元经济被扩展为包括农村部门、正规部门和非正规部门的三部门模型，成为研究非正规就业问题的重要范式。在这一范式下，资本积累、技术进步和城市偏向的政策等因素对劳动力城乡转移及非正规就业的影响得到更深入的分析（Loayza，1994，1997；Yamada，1996；Gupta，1993，1997）。

在刘易斯二元经济理论中，由工人维持生存所决定的制度工资导致劳动力市场不能出清，进而形成正规部门和非正规部门的分割（Lewis，1954），但是他并未详细阐述制度工资形成的微观机制。正是沿着对劳动力市场性质的分析，形成了从政府管制角度研究非正规就业的新自由主义分析传统。这一分析传统基于完全竞争的劳动力市场假说，认为非正规就业是在政府过度管制的条件下，企业和劳动者为规避管制成本所做的理性选择，并由此从劳动者、企业或政府收益最大化的角度建立模型，分析政府税率、公共服务质量和法律实施等因素对非正规就业的影响（De Soto，1989；Amaral and Quuintin，2006；Azuma and Grossman，2008）。

二元经济理论与新自由主义理论两种分析传统既有互补性，又有重要区别。新自由主义理论对政府管制的分析，为二元经济理论中制度工资的假定提供了更坚实的微观基础。二元经济理论更多地从发展的角度解释非正规就业的产生和演变，强调劳动者被动地选择非正规就业，根本原因是效率更高的正规部门无法创造足够多的就业机会（黄乾，2003；黄宗智，2009），但新自由主义理论则认为选择非正规就业或非正规部门，是劳动者或企业规避政府管制的主动选择（Henley et al.，2009）。基于对成因的不同认识，二元经济理论从企业规模、雇佣形式、技术水平、劳动时间和收入水平等方面分析非正规就业的特征，估算其数量（胡鞍钢和赵黎，2006），而新自由主义理论则侧重社保体系和劳动合同等因素（张彦，2009）。

显然，在经济发展的过程中，两种传统所强调的非正规就业产生的原因都是存在的。作为一个发展中国家，中国经济具有典型的二元特征，城乡劳动力转移和城镇正规就业与非正规就业的并存，在过去乃至未来相当长时期都将是经济发展中的重要问题，因此，本节以二元经济理论为主要的分析视角，研究发展过程中非正规就业的变化。

11.2 模型假设和均衡分析

Loayza（1994）建立的三部门模型为研究非正规部门阶段性变化提供了一个基本的理论框架。本节将借鉴 Loayza 的模型，将非正规就业与我国城乡二元性制度安排和国有企业改革联系起来，对我国非正规就业的阶段性变化进行理论探索。为了简化起见，考察一个封闭经济体，不考虑对外贸易和人口增长。

11.2.1 基本假设

（1）整个经济由三个部门组成，农村部门（R）、城市正规部门（F）和城市非正规部门（I），城市正规部门和非正规部门共同组成城市部门（U），不考虑城市失业。农村部门投入土地（T）和劳动（L），生产农产品；城市部门投入资本（K）和劳动（L），生产工业品。两部门产品价格外生给定，并假设价格之比固定为 1。在初始状态下，经济体由$\bar{T}$、$\bar{K}$和$\bar{L}$单位同质的土地、资本和劳动组成。

$$T = \bar{T} \tag{11.1}$$

$$K_F + K_I = \bar{K} \tag{11.2}$$

$$L_F + L_I = L_U \tag{11.3}$$

$$L_R + L_U = \bar{L} \tag{11.4}$$

（2）农村部门生产函数采用规模报酬不变的柯布-道格拉斯生产函数形式：

$$Y_R = BT^{1-\beta} L_R^{\beta} \tag{11.5}$$

式中，Y_R 为农村部门产出；B 为农业技术水平；T 为土地投入；L_R 为劳动力投入；β 为要素之间替代弹性，$0 < \beta < 1$。

根据刘易斯（1954）对农村部门的假设，农村部门劳动力工资等于农业劳均产出：

$$W_R = BT^{1-\beta} L_R^{\beta-1} \tag{11.6}$$

（3）城市正规部门生产函数形式如下：

$$Y_F = AK_F^{1-\alpha} L_F^{\alpha} \tag{11.7}$$

式中，Y_F 为城市正规部门产出；A 为工业技术水平；K_F 为资本投入；L_F 为劳动力投入；α 为要素之间替代弹性，$0 < \alpha < 1$。

城市正规部门资本价格（R_F）由资本的边际产出决定，工资（W_F）由政府制定的最低工资决定，并假设最低工资高于市场出清的工资水平（Harris and Todaro，1970），这是二元经济模型的基本假设。正规部门最低工资高于市场出清的工资使正规部门不能完全吸收农村转移劳动力，部分农村转移劳动力不得不进入工资水平较低的非正规部门，从而产生非正规就业。在我国，政府通过户籍等制度安排对国有企事业单位等城镇单位就业者维持较高的工资和福利水平，因此本假设成立。

$$R_F = R = (1-\alpha)AK_F^{-\alpha}L_F^{\alpha-1} \tag{11.8}$$

$$W_F = \bar{W} = \alpha AK_F^{1-\alpha}L_F^{\alpha-1} \tag{11.9}$$

（4）城市非正规部门生产函数形式如下：

$$Y_1 = AK_I^{1-\alpha}L_I^{\alpha} \tag{11.10}$$

式中，Y_I 为城市非正规部门产出；A 为工业技术水平；K_I 为资本投入；L_I 为劳动力投入；α 为要素之间替代弹性，$0<\alpha<1$。

非正规部门工资（W_I）由市场竞争均衡决定。非正规部门企业一般规模较小、法律保障不完善，企业借贷中需要付出额外的调查成本和交易成本，因此假定非正规部门资本价格（R_I）高于正规部门资本价格（R_F），即 $\xi>1$。

$$R_I = \xi R = (1-\alpha)AK_I^{-\alpha}L_I^{\alpha-1} \tag{11.11}$$

$$W_I = \alpha AK_I^{1-\alpha}L_I^{\alpha-1} \tag{11.12}$$

（5）城乡劳动力转移均衡条件。根据 Harris 和 Todaro（1970）的城乡劳动力转移模型，农村劳动力转移的均衡条件为转移后预期工资收入（W_E）与农村部门收入水平（W_R）相同。Harris-Todaro 模型中假设城乡劳动力流动是无摩擦的，即不考虑劳动力转移成本。但是在现实中，由于城乡生活方式不同，农村劳动力向城市转移往往需要承担额外的生活成本。此外，由于我国特殊的城乡分割的制度安排，农村劳动力转移到城市还要付出额外的制度成本，尤其是在改革开放初期，我国实行严格的城乡分割制度，制度成本巨大，城乡劳动力转移几乎为零。因此，本节在城乡劳动力转移条件中加入转移成本 C，包括生活成本（C_L）和制度成本（C_I）。农村劳动力转移到城市部门的预期工资水平（W_E）由在正规部门或非正规部门找到工作的概率与其相对应的工资之积决定，而劳动力在正规部门或非正规部门找到工作的概率分别由两大部门劳动力占城市就业比重来表示。由此得到本模型的第二个关键假设，即三部门工资差距可以由正规部门和非正规部门劳动力占城市就业比重来调节。

$$W_E = W_R + C \tag{11.13}$$

$$W_E = \frac{L_F}{L_U} W_F + \frac{L_I}{L_U} W_I \tag{11.14}$$

11.2.2　静态均衡分析

在城市劳动数量既定的情况下，由正规部门和非正规部门利润最大化一阶条件［见式（11.8）、式（11.9）、式（11.11）和式（11.12）］，可计算得出两部门资本和劳动力的数量：

$$L_F = -\frac{1}{\gamma - 1} L_U + \frac{\gamma}{\gamma - 1}\left(\frac{\bar{W}}{A\alpha}\right)^{-\frac{1}{1-\alpha}} \bar{K} \tag{11.15}$$

$$L_I = \frac{\gamma}{\gamma - 1} L_U - \frac{\gamma}{\gamma - 1}\left(\frac{\bar{W}}{A\alpha}\right)^{-\frac{1}{1-\alpha}} \bar{K} \tag{11.16}$$

$$K_F = -\frac{1}{\gamma - 1}\left(\frac{\bar{W}}{A\alpha}\right)^{-\frac{1}{1-\alpha}} L_U + \frac{\gamma}{\gamma - 1} \bar{K} \tag{11.17}$$

$$K_I = \frac{1}{\gamma - 1}\left(\frac{\bar{W}}{A\alpha}\right)^{-\frac{1}{1-\alpha}} L_U - \frac{1}{\gamma - 1} \bar{K} \tag{11.18}$$

式中，γ为正规部门和非正规部门劳均资本之比。由式(11.8)、式(11.9)、式（11.11）、式（11.12）计算可得：

$$\gamma = \frac{K_F / L_F}{K_I / L_I} = \xi^{\frac{1}{\alpha}} > 1 \tag{11.19}$$

式（11.19）表明，正规部门的资本密度高于非正规部门，这与正规部门一般为资本密集型的大企业，而非正规部门一般为劳动密集型的小企业的基本特征相符。分别令式（11.15）和式（11.16）等于零，可以得到制度工资的上限和下限：当制度工资高于上限（$\bar{W}''$）时，所有城市劳动力均在非正规部门就业；当制度工资低于下限（$\bar{W}'$）时，所有城市劳动力均在正规部门就业。很明显，制度工资的下限正是使城市劳动市场出清的市场工资水平。本节假定制度工资处于两者之间，从而城市部门中既存在正规部门就业，也存在非正规部门就业。

$$\bar{W}'' = \gamma^{1-\alpha}\alpha A\left(\frac{\bar{K}}{L_U}\right)^{1-\alpha} \tag{11.20}$$

$$\bar{W}' = \alpha A\left(\frac{\bar{K}}{L_U}\right)^{1-\alpha} \tag{11.21}$$

将式（11.4）、（11.6）、（11.15）～（11.18）代入式（11.13）和式（11.14），可得如下隐函数：

$$\begin{aligned} B\left(\frac{T}{\bar{L}-L_U}\right)^{1-\beta} + C &= W_E \\ &= \frac{\gamma^{\alpha}-1}{\gamma-1}\bar{W} + \frac{\gamma-\gamma^{\alpha}}{\gamma-1}(A\alpha)^{\frac{1}{1-\alpha}}\bar{W}^{\frac{-\alpha}{1-\alpha}}\frac{\bar{K}}{L_U} \end{aligned} \tag{11.22}$$

式（11.22）中，左侧表示W_E是L_U的单增函数，右侧表示W_E是L_U的单减函数，由此可以解出唯一的均衡解W_E^*和L_U^*。本节采用图 11-1 的四象限图对静态均衡结果进行分析。第一象限中，横轴表示城市部门劳动力数量，纵轴表示农村转移力的预期工资水平。RW表示农村部门收入水平曲线。$RW+C$表示农村部门收入与转移成本之和曲线。RW和$RW+C$曲线向右上方倾斜，表明W_E是L_U的单增函数。UW表示在城市正规部门或非正规部门就业的预期工资收入曲线。UW曲线向右下方倾斜，表明W_E是L_U的单减函数。$RW+C$和UW曲线相交于M^*点，由此决定均衡条件下的农村转移劳动力的预期收入为W_E^*，城市部门劳动力规模为L_U^*。假设劳动力总量为$\bar{L}$，可得农村部门劳动力规模为（$\bar{L}-L_U^*$）。第四象限纵轴表示城市非正规部门的劳动力数量，IL 曲线表示 L_I 和 L_U 的关系，用 UU 曲线表示 L_U^* 决定的城市部门劳动力规模。由式（11.16）可知，L_I 是 L_U 的增函数，且斜率为 $\frac{\gamma}{\gamma-1}>1$，截距为 $-\frac{\gamma}{\gamma-1}(\frac{\bar{W}}{A\alpha})^{-\frac{1}{1-\alpha}}\bar{K}<0$。$IL$ 和 UU 曲线相交于 N^*，可以得到均衡条件下的非正规就业规模为 L_I^*。然后根据式（11.3）及第三象限和第四象限的 45° 线，可得第四象限中由 L_U^* 决定的城市部门劳动力规模曲线 UL。均衡条件下的非正规部门就业规模 L_I^* 与 UL 交于 R^*，由此可得均衡条件下的正规部门就业规模 L_F^*。

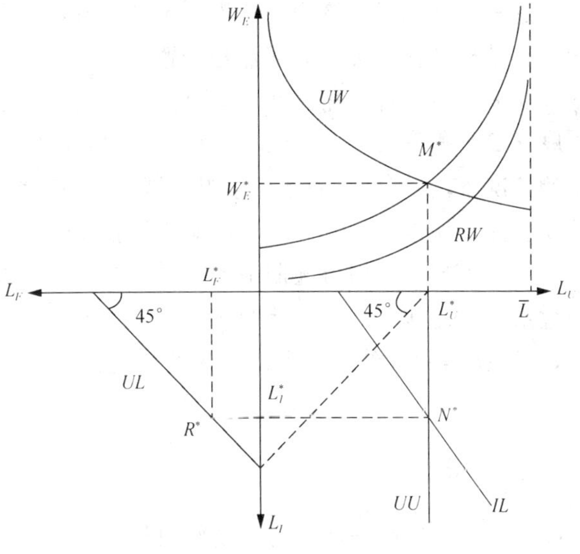

图 11-1 竞争性静态均衡结果

11.2.3 比较静态分析

利用式（11.15）～式（11.18）、式（11.22）和图 11-1，可以分析技术进步、资本积累和政府管制等因素对均衡状态的影响。

（1）技术进步表现为工业技术水平 A（城市部门）和农业技术水平 B（农村部门）的增加。根据式（11.22），这在图 11-1 中表现为城市部门预期工资曲线 UW 和农村部门工资曲线 $RW+C$ 的向上移动。技术进步对城乡均衡就业数量的影响，取决于两个部门技术进步的速度。技术进步速度相对较快的部门，就业比例将会上升。由式（11.15）和式（11.16）可知，在农业部门技术水平和城市部门就业数量既定的条件下，城市部门技术进步会使正规就业数量增加，使非正规就业数量减少。如果在三部门同时均衡的条件下，正规就业数量将会增加，而非正规就业数量的变化无法确定。

（2）资本积累表现为 $\bar{K}$ 值的增加，作用与城市部门技术进步类似。一方面使城市预期工资曲线 UW 向上移动，促进农村劳动力向城市移动；另一方面使 IL 曲线向右移动，促使劳动力由非正规部门转移到正规部门。这与早期二元经济理论认为城市部门资本积累是经济由二元结构向一元结构转化的关键的观点相一致。

（3）政府管制会对制度工资水平（$\bar{W}$）、非正规部门获得资本的相对困难程度（ξ）和劳动力转移成本（C）等变量产生影响。在其他条件不变的情况下，制度工资的增加会提高城市部门预期工资水平，促使农村劳动者流向城市，同时提高城市非正规就业的比例。非正规部门获得资本的成本越高，城市预期工资水平将会下降，减少流入城市的劳动力数量，从而非正规部门就业的数量也会下降。劳动力转移成本的提高，使 $RW+C$ 曲线向上移动，减少农村流向城市的劳动力数量。

11.2.4 动态均衡分析

本节继续分析动态均衡条件下的正规部门和非正规部门的均衡增长路径。在不考虑技术进步的条件下，城市正规部门和非正规部门产出水平的增长取决于各部门劳动力增速和资本积累速度。根据新古典增长模型的稳态条件，人均资本增速为零时经济达到均衡：

$$\frac{d\left(\frac{K}{L}\right)}{dt}=\frac{\dot{K}}{L}-\frac{\dot{L}}{L^2}K=0 \tag{11.23}$$

等价于 $\frac{\dot{K}}{K}=\frac{\dot{L}}{L}$，即当资本增速与劳动力增速相等时，经济达到稳态增长。由此得到正规部门和非正规部门的均衡增长条件：

$$\frac{\dot{K}_F}{K_F}=\frac{\dot{L}_F}{L_F} \tag{11.24}$$

$$\frac{\dot{K}_I}{K_I}=\frac{\dot{L}_I}{L_I} \tag{11.25}$$

1. 正规和非正规部门劳动力增速与城市部门资本和劳动力增速的关系

由式（11.2）和式（11.3）可知，城市部门劳动力和资本积累速度分别为 $\dot{L}_U=\dot{L}_F+\dot{L}_I$ 和 $\dot{K}_U=\dot{K}_F+\dot{K}_I$，结合式（11.24）和式（11.25）可得：

$$\frac{\dot{L}_U}{L_U}=\frac{\dot{L}_F}{L_U}+\frac{\dot{L}_I}{L_U}=\frac{\dot{L}_F}{L_F}\frac{L_F}{L_U}+\frac{\dot{L}_I}{L_I}\frac{L_I}{L_U} \tag{11.26}$$

$$\frac{\dot{K}}{K}=\frac{\dot{K}_F}{K}+\frac{\dot{K}_I}{K}=\frac{\dot{L}_F}{L_F}\frac{K_F}{K}+\frac{\dot{L}_I}{L_I}\frac{K_I}{K} \tag{11.27}$$

将式（11.15）～式（11.18）代入式（11.26）和式（11.27），得到城市部门劳动力和资本增速与两部门各自劳动力增速的关系如下：

$$\frac{\dot{L}_U}{L_U}=\frac{\gamma W_E-\gamma^{\alpha}\bar{W}}{\bar{W}(\gamma-\gamma^{\alpha})}\frac{\dot{L}_F}{L_F}+\frac{\gamma(\bar{W}-W_E)}{\bar{W}(\gamma-\gamma^{\alpha})}\frac{\dot{L}_I}{L_I} \tag{11.28}$$

$$\frac{\dot{K}}{K}=\frac{\gamma W_E-\gamma^{\alpha}\bar{W}}{(\gamma-1)W_E-(\gamma^{\alpha}-1)\bar{W}}\frac{\dot{L}_F}{L_F}+\frac{\bar{W}-W_E}{(\gamma-1)W_E-(\gamma^{\alpha}-1)\bar{W}}\frac{\dot{L}_I}{L_I} \tag{11.29}$$

两式中，$\frac{\dot{L}_I}{L_I}$ 对 $\frac{\dot{L}_F}{L_F}$ 斜率分别为 $-\frac{\gamma(\bar{W}-W_E)}{\gamma W_E-\gamma^{\alpha}\bar{W}}$ 和 $-\frac{\bar{W}-W_E}{\gamma W_E-\gamma^{\alpha}\bar{W}}$，且有 $\frac{\bar{W}-W_E}{\gamma W_E-\gamma^{\alpha}\bar{W}}>0$，因此，

$$-\frac{\gamma(\bar{W}-W_E)}{\gamma W_E-\gamma^{\alpha}\bar{W}}<-\frac{\bar{W}-W_E}{\gamma W_E-\gamma^{\alpha}\bar{W}} \tag{11.30}$$

即前者比后者更陡峭。

由式（11.28）和式（11.29）可知，当 $\frac{\dot{L}_I}{L_I}=\frac{\dot{L}_F}{L_F}$ 时，

$$\frac{\dot{L}_I}{L_I}=\frac{\dot{L}_F}{L_F}=\frac{\dot{K}}{K}=\frac{\dot{L}_U}{L_U} \tag{11.31}$$

即无论 $\frac{\dot{L}_I}{L_I}$、$\frac{\dot{L}_F}{L_F}$ 具体为何值，只要二者相等，式（11.28）和式（11.29）的两条线交点都恰好位于 45° 线处。

如图 11-2 所示，式（11.28）和式（11.29）分别由 LL 曲线和 KK 曲线表示，LL 曲线斜率大于 KK 曲线，两条曲线交点为 N°，恰好位于 45° 线处，此时 $\frac{\dot{L}_U}{L_U}=\frac{\dot{K}}{K}=\frac{\dot{L}_I}{L_I}=\frac{\dot{L}_F}{L_F}$，两部门劳动力增速相同，等于城市部门劳动力增速和资本积累速度。如果 LL 曲线向右移动至 $L'L'$，此时 $\frac{\dot{L}_U}{L_U}>\frac{\dot{K}}{K}$，$L'L'$ 与 KK 相交于 N'，位于 45° 线的下方，即 $\frac{\dot{L}_F}{L_F}<\frac{\dot{L}_I}{L_I}$。如果 KK 曲线向右移动至 $K'K'$，$\frac{\dot{L}_U}{L_U}<\frac{\dot{K}}{K}$，$L'L'$ 与 KK 相交于 N''，位于 45° 线的上方，即 $\frac{\dot{L}_F}{L_F}>\frac{\dot{L}_I}{L_I}$。由此可以得到如下结论。

（1）当 $\frac{\dot{L}_U}{L_U}=\frac{\dot{K}}{K}$ 时，$\frac{\dot{L}_I}{L_I}=\frac{\dot{L}_F}{L_F}$，即当城乡劳动力转移速度等于城市部门资本积累速度时，非正规部门就业增速等于正规部门就业增速，此时非正规部门就业占城市部门就业比重不变。

（2）当 $\frac{\dot{L}_U}{L_U} > \frac{\dot{K}}{K}$ 时，$\frac{\dot{L}_I}{L_I} > \frac{\dot{L}_F}{L_F}$，即当城乡劳动力转移速度高于城市部门资本积累速度时，非正规部门就业增速高于正规部门就业增速，此时非正规部门就业占城市部门就业比重增加。

（3）当 $\frac{\dot{L}_U}{L_U} < \frac{\dot{K}}{K}$ 时，$\frac{\dot{L}_I}{L_I} < \frac{\dot{L}_F}{L_F}$，即当城乡劳动力转移速度低于城市部门资本积累速度时，非正规部门就业增速低于正规部门就业增速，此时非正规部门就业占城市部门就业比重减小。

（4）当 $\frac{\dot{L}_U}{L_U}$ 与 $\frac{\dot{K}}{K}$ 之差较大时，$L'L'$（或 $K'K'$）与 KK（或 LL）曲线的交点 N'（或 N''）可能在第四（或第二）象限，此时 $\frac{\dot{L}_F}{L_F}$（或 $\frac{\dot{L}_I}{L_I}$）可能为负，正规（或非正规）部门的规模可能会缩小。

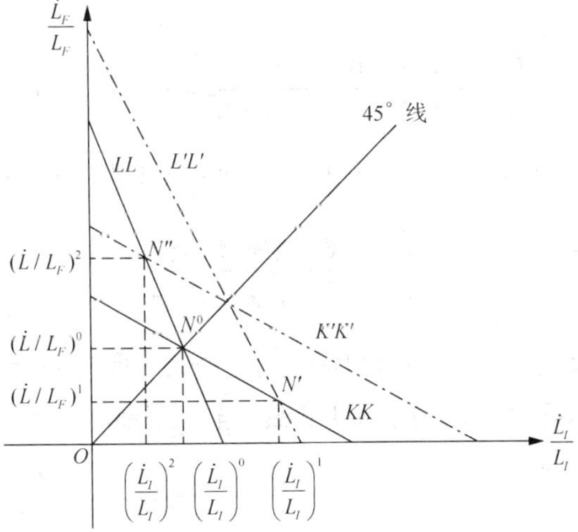

图 11-2　两部门劳动力增速与城市资本和劳动力增速的关系

2. 不同均衡增长路径下正规部门和非正规部门就业的关系

由于投资等于储蓄减折旧，假设正规部门和非正规部门储蓄率相同[①]，$S_F = S_I = S$，在不考虑资本折旧的情况下，得到：

$$\dot{K} = S(Y_F + Y_I) \tag{11.32}$$

将式（11.15）～式（11.18）代入式（11.32）求解可得城市部门资本积累速度为

$$\frac{\dot{K}}{K} = \frac{SA^{\frac{1}{1-\alpha}}\alpha^{\frac{\alpha}{1-\alpha}}\bar{W}^{\frac{-\alpha}{1-\alpha}}(\gamma-\gamma^{\alpha})W_E}{(\gamma-1)W_E-(\gamma^{\alpha}-1)\bar{W}} \tag{11.33}$$

即城市部门资本积累速度是$\bar{W}, W_E, \gamma$的函数。

将式（11.22）变形，并将$\dfrac{\frac{\gamma-\gamma^{\alpha}}{\gamma-1}(A\alpha)^{\frac{1}{1-\alpha}}\bar{W}^{\frac{-\alpha}{1-\alpha}}}{W_E-\frac{\gamma^{\alpha}-1}{\gamma-1}\bar{W}}$表示为$\gamma, \bar{W}, W_E$的函数，可得：

$$\frac{L_U}{K} = \frac{(A\alpha)^{\frac{1}{1-\alpha}}\bar{W}^{\frac{-\alpha}{1-\alpha}}(\gamma-\gamma^{\alpha})}{(\gamma-1)W_E-(\gamma^{\alpha}-1)\bar{W}} = g(\gamma, \bar{W}, W_E) \tag{11.34}$$

对式（11.34）取对数，然后对时间 t 求导数，可得：

$$\frac{\dot{L}_U}{L_U} = \frac{\dot{K}}{K} + \frac{\dot{g}(\gamma, \bar{W}, W_E)}{g(\gamma, \bar{W}, W_E)} \tag{11.35}$$

由此可知，城市部门劳动力和资本增速的大小取决于$\dot{g}$的正负。结合图 11-2，可得到不同均衡条件下正规和非正规部门就业增速关系如下。

---

① 根据边际消费倾向递减规律，非正规部门收入水平较低，边际消费倾向较高，因此储蓄率可能低于正规部门。为了简化起见，本书直接假设两部门储蓄率相等，这并不影响本书的结论。

（1）当 $\frac{\dot{g}}{g}=0$ 时，$\frac{\dot{L}_U}{L_U}=\frac{\dot{K}}{K}=\frac{\dot{L}_I}{L_I}=\frac{\dot{L}_F}{L_F}=\frac{SA^{\frac{1}{1-\alpha}}\alpha^{\frac{\alpha}{1-\alpha}}\bar{W}^{\frac{-\alpha}{1-\alpha}}(\gamma-\gamma^{\alpha})W_E}{(\gamma-1)W_E-(\gamma^{\alpha}-1)\bar{W}}$，

非正规部门就业增速等于正规部门就业增速，非正规部门就业占城市部门就业比重不变。

（2）当 $\frac{\dot{g}}{g}>0$ 时，$\frac{\dot{L}_U}{L_U}>\frac{\dot{K}}{K}=\frac{SA^{\frac{1}{1-\alpha}}\alpha^{\frac{\alpha}{1-\alpha}}\bar{W}^{\frac{-\alpha}{1-\alpha}}(\gamma-\gamma^{\alpha})W_E}{(\gamma-1)W_E-(\gamma^{\alpha}-1)\bar{W}}$ 且 $\frac{\dot{L}_I}{L_I}>\frac{\dot{L}_F}{L_F}$，

非正规部门就业增速高于正规部门就业增速，非正规部门就业占城市部门就业比重增加。

（3）当 $\frac{\dot{g}}{g}<0$ 时，$\frac{\dot{L}_U}{L_U}<\frac{\dot{K}}{K}=\frac{SA^{\frac{1}{1-\alpha}}\alpha^{\frac{\alpha}{1-\alpha}}\bar{W}^{\frac{-\alpha}{1-\alpha}}(\gamma-\gamma^{\alpha})W_E}{(\gamma-1)W_E-(\gamma^{\alpha}-1)\bar{W}}$ 且 $\frac{\dot{L}_I}{L_I}<\frac{\dot{L}_F}{L_F}$，

非正规部门就业增速低于正规部门劳动力增速，非正规部门就业占城市部门就业比重减小。

（4）当 $\frac{\dot{g}}{g}$ 的绝对值较大时，$\frac{\dot{L}_U}{L_U}$ 与 $\frac{\dot{K}}{K}$ 之差较大，此时 $\frac{\dot{L}_F}{L_F}$（或 $\frac{\dot{L}_I}{L_I}$）可能为负，正规（或非正规）部门的规模可能会缩小。

11.3 假说及国有企业改革效应分析

11.3.1 倒 U 形假说

本节将结合我国城乡二元制度、劳动力流动和人口结构转变特征，从 $\dot{W}_E$ 变化的角度提出我国非正规就业的倒 U 形假说。由式（11.34）可知，当 $\gamma,\bar{W}$ 保持不变时，将 $g(\gamma^0,\bar{W}^0,W_E)$ 对时间 t 求导数可知，$g(\gamma^0,\bar{W}^0,W_E)$ 与 $\dot{W}_E$ 呈反比，当 $\dot{W}_E$ 为负时，$\dot{g}$ 为正。

将式（11.4）和式（11.6）代入式（11.13）可得：

$$W_{E,t} = W_{R,t} + C_t = B\left(\frac{\bar{T}}{\bar{L} - L_{U,t}}\right)^{1-\beta} + C_t \quad (11.36)$$

将（11.36）对时间 t 求导：

$$\dot{W}_E = \frac{(1-\beta)B}{\bar{L} - L_U}\left(\frac{T}{\bar{L} - L_U}\right)^{1-\beta} \dot{L}_U + \dot{C} \quad (11.37)$$

（1）经济发展的初始阶段：改革开放初期，农村部门存在大量的剩余劳动，城镇正规部门工资高于农村部门工资，城乡工资差距吸引农村劳动力向城镇转移，但是我国实行严格的城乡分割制度，限制农村劳动力向城镇流动，这表现为制度成本（C_I）很高，城乡劳动力转移需要克服巨大的制度成本，而弥补这一制度成本的极高的非正规部门工资在现实中并不存在，因此此时城乡劳动力转移几乎为零，城市非正规就业数量也几乎为零。

（2）非正规就业比重上升的阶段：20 世纪 80 年代之后，随着改革开放的不断深化，我国开始逐步放松城乡人口流动政策，制度成本 C_I 开始下降，此时 $\dot{C}$ 为负。随着农村劳动力向城市转移，$\dot{L}_U$ 为正，但是根据刘易斯（Lewis，1954）的观点，由于农村部门存在大量边际产出为零的剩余劳动，此时农村劳动力转移带来农村人均收入的增加幅度很小，几乎为零，由此可以假设 $\frac{(1-\beta)B}{\bar{L} - L_U}(\frac{T}{\bar{L} - L_U})^{1-\beta}\dot{L}_U$ 上升的幅度远远小于 $\dot{C}$ 下降的幅度。此时 $\dot{W}_E$ 为负，$\dot{g}$ 为正，城镇劳动力增速高于资本增速，即非正规部门就业增速高于正规部门就业增速，非正规部门就业占城市部门就业的比重开始上升，非正规就业规模开始扩大。

（3）非正规就业和正规就业增速相同阶段：随着城乡分割制度的逐步放松，制度成本不再是阻碍城乡劳动力流动的主要因素，假定制度成本 C_I 保持不变，$\dot{C}$ 为零，而剩余劳动的存在使 $\frac{(1-\beta)B}{\bar{L} - L_U}$

$\left(\frac{T}{\overline{L}-L_U}\right)^{1-\beta}\dot{L}_U$ 几乎为零，此时 $\dot{W}_E$ 为零，$\dot{g}$ 为零，城市部门劳动力和资本增速相同，正规部门就业和非正规部门就业增速相同，两部门就业占城市部门就业比重保持不变。

（4）非正规就业小于正规就业增速阶段：随着城乡劳动力转移数量的增加，农村部门剩余劳动力逐渐消失，农村劳动数量的减少使农村部门工资开始上升，此时 $\frac{(1-\beta)B}{\overline{L}-L_U}(\frac{T}{\overline{L}-L_U})^{1-\beta}\dot{L}_U$ 为正，$\dot{W}_E$ 为正，$\dot{g}$ 为负，城市部门劳动力增速小于资本增速，正规部门就业增速大于非正规部门就业增速，因此，非正规部门就业占城市就业比重开始下降。

（5）非正规就业绝对值的减少阶段：随着农村部门剩余劳动的枯竭，农村部门工资收入的增速可能超过城市部门资本积累的速度，此时城市部门劳动力转移的速度可能为零或为负，城市正规部门就业和非正规部门就业的绝对数量可能为正或为负，即在非正规部门就业占城市就业比重下降的过程中，将会出现非正规就业绝对数量的减少。

基于以上分析，提出我国非正规就业的倒 U 形假说：在经济发展过程中，随着城乡分割制度的逐步放松，城乡劳动力流动制度成本逐渐下降，大量农村劳动力开始向城市转移，使城镇劳动力增速高于资本增速，非正规就业占城镇就业比重开始增加。随着城乡分割制度的进一步放松，制度成本不是阻碍城乡劳动力流动的主要因素，而随着农村剩余劳动的减少，农村部门工资的上升使农村劳动力转移速度下降，城市资本积累速度超过劳动力增速，非正规就业占城镇就业比重开始下降，在这个过程中，非正规就业规模也可能出现下降。

11.3.2　国企改革效应分析

我国非正规就业阶段性变化的特殊性在于，在非正规就业规模上升的过程中，出现了正规就业规模的下降。上述分析表明，在非正规就业阶段性变化过程中，并不一定出现正规就业规模的下降，只有当

$\frac{\dot{L}_U}{L_U}$远大于$\frac{\dot{K}}{K}$时，$L'L'$曲线与KK曲线的交点N'出现在第四象限时，$\frac{\dot{L}_F}{L_F}$为负，正规（或非正规）部门的规模才会下降。

从$\dot{W}_E$变化的角度来看，当制度成本下降速度较快时，$\frac{\dot{g}}{g}$下降的幅度加大，农村劳动力向城市转移的速度可能远远超过城市部门资本积累的速度，此时大量农村劳动力集聚在非正规部门，可能出现正规部门资本向非正规部门流动，使正规部门的就业规模缩小。

我国正规就业规模的下降与国有企业改革密切相关。我国从1997开始全面实施国有企业改革政策，计划在4年内裁减1/4以上的国有企业职工以提高国有企业生产效率（夏庆杰等，2012）。1998年国有单位就业人员减少1986万人，降幅为18%；1999～2002年，国有单位就业人员每年减少都在450万人以上；直到2003年之后，国有单位就业人员减少幅度才慢慢降低，就业人员开始平稳。因此，我们认为与农村劳动力转移速度的快速上升造成正规部门就业的大幅度下降相比，国有企业改革的制度性原因更为合理。

基于上述分析，本节认为正规就业大规模下降的最重要原因在于国有企业改革期间正规部门人均资本的上升。根据Brandt等（2010）对国有企业人均资本的计算，1997年前后，国有企业人均资本出现猛增，此后国有企业人均资本水平增速都远远高于非国有企业资本增速。国有企业改革造成正规部门就业规模下降，并出现以国有企业为主的正规部门的劳均资本的上升，同时国有企业下岗职工通过再就业的方式进入非正规部门，造成非正规就业人均资本的下降，这两种变化在模型中表现为γ的上升。由式（11.12）可知，非正规部门人均资本的下降意味着非正规部门工资水平的降低，因此国有企业改革会造成正规部门和非正规部门工资差距的拉大①。

此外，国有企业改革还会在短期内降低城乡劳动力转移速度和城镇资本积累速度。根据式（11.33）和式（11.34），当$\bar{W}$、W_E不变时，将$\frac{\dot{K}}{K}$和g分别对γ求导可知，$\frac{\dot{K}}{K}$和g与γ呈反比，当γ上升时，$\frac{\dot{K}}{K}$和g下降且$\frac{\dot{g}}{g}$为负②。因此，γ的上升一方面会造成城市部门资本积累速度的下降，另一方面，城市劳动力增加的速度低于城市部门资本积累的速度，即非正规部门增速高低正规部门的增速，因此降低了农村部门劳动力流动速度和非正规就业增长的速度。

国有企业改革对正规部门和非正规部门就业增速的影响可以用图 11-3 来说明。在没有进行国有企业改革的条件下，由于城乡转移成本C的下降；$\frac{\dot{g}}{g}$为正，城市部门劳动力增速高于资本积累速度，此时LL曲线与KK曲线相交于N^0点，非正规部门的就业增速高于正规部门的就业增速。但是，国有企业改革使农村劳动力转移速度和城市部门资本积累速度都下降，LL和KK都向左移动，并且$\frac{\dot{g}}{g}$为负，因此$L'L'$向左移动的幅度大于$K'K'$。由式（11.26）和式（11.27）可知，LL与KK的斜率分别为$-\frac{L_I}{L_F}$和$-\frac{K_I}{K_F}$，国有企业改革导致正规部门劳动力向非正规部门转移，而资本没有发生变化，因此LL曲线的斜率变小，

---

① 夏庆杰等（2012）利用 2000 年 5300 个家庭调查数据对国有企业对城镇劳动力市场的影响的研究发现，国有企业改革之后下岗职工与农民工在劳动力市场上的竞争更加激烈，由于竞争性劳动力市场工资较低，下岗再就业职工工资收入损失为 31%。

② 根据式（11.15），正规部门人均资本的上升会提高劳动的边际产出，从而提高正规部门的工资水平，但是我国国有企业改革并没有带来国有企业劳动者工资的上升。根据 Knight 和 Song（1999）对 1995 年中国城镇企业抽样调查数据研究发现，由于城乡分离的制度安排，城镇居民的工资高于边际劳动产出，即企业存在着剩余劳动力。因此，没有考虑$\bar{W}$的变化。实际上，$\frac{\dot{g}}{g}$与$\bar{W}$的关系取决于$(\gamma^{\alpha}-1)\bar{W}-\alpha(\gamma-1)W_E$的正负，本节在此不再讨论。

而 KK 曲线的斜率不变。最终 LL 曲线和 KK 曲线移动到 $L'L'$ 和 $K'K'$，并相交于 N^1 点，此时非正规部门就业增速 $\left(\frac{\dot{L}_I}{L_I}\right)^1$ 依然高于正规部门就业增速 $\left(\frac{\dot{L}_F}{L_F}\right)^1$，但是低于原来的增速 $\left(\frac{\dot{L}_I}{L_I}\right)^0$，而正规部门就业增速 $\left(\frac{\dot{L}_F}{L_F}\right)^1$ 则高于原来的增速 $\left(\frac{\dot{L}_F}{L_F}\right)^0$。由此可见，国有企业改革对正规部门和非正规部门的政策效应是延缓了农村劳动力的转移和非正规部门就业的增长，同时，保证了正规部门就业的增长，从拐点上看，非正规部门的倒 U 形拐点出现右移。

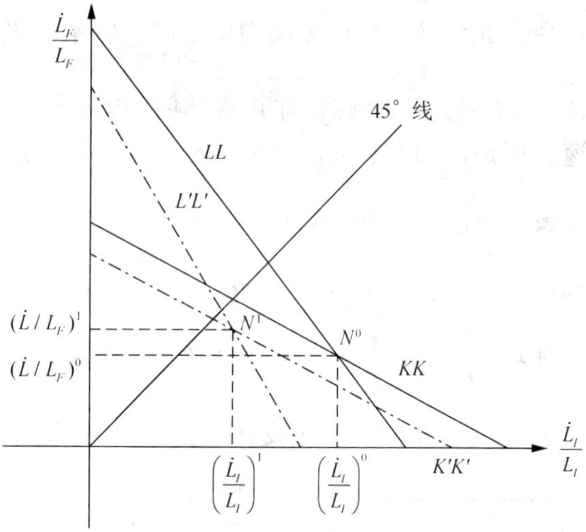

图 11-3　国有企业改革对均衡状态的影响

11.4　实证模型设定

11.4.1　模型设定和变量选取

基于以上分析，本节构建以下计量模型，对城镇非正规就业与经济发展水平的倒U形关系进行实证检验：

$$\mathrm{IE}_{it} = \alpha + \beta_1 \ln Pergdp_{it} + \beta_2 \ln Pergdp_{it}^{\ 2} + \sum_{j=1}^{n} \gamma_j x_{jit} + \varepsilon_{it} \quad (11.38)$$

式中，下标i和t分别为地区和时间；IE_{it}为非正规就业；$\ln Pergdp_{it}$为经济发展水平。

为考察非正规就业与经济发展是否存在倒U形关系，加入经济发展水平的平方项。x_{jit}为控制变量；ε_{it}为随机扰动项。变量的具体设定如下。

1．非正规就业（IE）

本节被解释变量为非正规就业规模，从非正规就业相对规模和绝对规模两个层面来考察。其中，非正规就业相对规模（IE_Ratio）用非正规就业数量占城镇就业的比重来表示，非正规就业绝对规模（IE_Size）用非正规就业数量绝对值的对数来表示。

根据本书私营企业就业统计争论，本节采用两种口径对非正规就业进行考察。第一种是将私营企业就业、个体就业和“未统计就业”三部分全部纳入非正规就业；第二种是只将个体就业和“未统计就业”作为非正规就业。这两种口径可分别视为我国非正规就业规模的上限（up limit）和下限（lower limit）。

2．经济发展水平（ln*Pergdp*）

本节解释变量为经济发展水平及其平方项，采用实际人均GDP的对数表示。实际GDP以2004年为基期使用GDP平减指数计算得到。

3．控制变量

通过理论模型分析，本节加入以下控制变量：

（1）城乡收入差距（Income）。由式（11.16）和式（11.32）可得，$\frac{L_I}{L_U}=\frac{\gamma}{\gamma-1}-\frac{\gamma[(\gamma-1)W_E-(\gamma^\alpha-1)\bar{W}]}{(\gamma-1)(\gamma^\alpha-1)\bar{W}}$，表示在其他条件不变的情况下，非正规就业占城镇就业比重（$\frac{L_I}{L_U}$）和非正规就业规模（L_I）与城镇正规部门工资（$\bar{W}$）呈正比，与农村部门工资W_E呈反比，由此可知，非正规就业的绝对规模和相对规模与城乡收入差距呈正比。因此，加入城乡收入差距作为控制变量，其预期符号为正。城乡收入差距用消除城乡价格差异的城镇居民人均可支配收入与农村居民人均纯收入之比来表示。

（2）外商直接投资（Invest）。从理论模型来看，由式（11.16）可知，非正规就业占城镇就业比重$\left(\frac{L_I}{L_U}\right)$和非正规就业规模（$L_I$）与总资本水平（$\bar{K}$）呈反比，而外商直接投资相当于直接提高总资本水平（$\bar{K}$），因此外商直接投资应当与非正规就业规模呈反比。但是在现实中，外商直接投资对非正规就业的影响更为复杂。这是因为外商直接投资不仅仅为东道国提供了大量的资本，而且增强了东道国企业的竞争程度。它是非正规就业出现的重要原因。根据结构联系理论的观点，在现有国际贸易体系下，发达国家通过外商直接投资等形式把生产和服务的某些环节外包给发展中国家，而外包型企业为了降低生产制造和服务业成本，更可能采用非正规的生产和雇佣方式，从而促进了发展中国家非正规就业的发展（Portes，1983）。因此，外商直接投资对非正规就业的影响并不明确。本节采用外商直接投资占 GDP 的比重，对外商直接投资对我国城镇非正规就业的影响进行考察。

（3）政府干预（Expend）。根据新自由主义理论观点，政府过度管制导致的正规化成本提高，是劳动者选择非正规的就业方式的根本原因（De Soto，1989）。因此政府干预程度越高，意味着选择非正规就业的劳动者越多，非正规就业的规模越大。但是我国政府一直实行鼓励私营个体企业发展的政策，私营个体企业的发展是市场化改革的直接产物，而政府干预程度越高，意味着市场化程度越低，因此政府干预对我国城镇非正规就业的影响可能与新自由主义理论的观点相反。本节采用政府财政支出与 GDP 的比重考察政府干预对非正规就业的影响。

（4）地区虚拟变量（Area）。选取中部和西部地区虚拟变量，对东中西地区差异进行控制。

（5）时间虚拟变量（Year）。选取 2005 年和 2010 年虚拟变量，对时间趋势进行控制。

11.4.2　数据来源和描述性统计

本节采用综合法对非正规就业规模进行估算：将国有单位、集体单位、联营单位、股份合作单位、有限责任公司、股份有限公司、港澳台商投资单位、外商投资单位等城镇单位就业划分为正规部门，将私营企业、个体工商户和“未统计就业”划分为非正规部门。但是在我国现行统计制度中，只在全国层面数据中公布了包括“未统计就业”在内的全部城镇就业数据，而在分省市就业统计中只公布了城镇单位就业和私营个体就业数据，把“未统计就业”直接全部归入了乡村就业人员中（岳希明，2005）。根据历年全国城镇就业人员数据，1990 年以来，“未统计就业”占非正规就业的比重一直保持在 50%左右，因此如果使用忽略“未统计就业”的统计年鉴分省市数据会造成对非正规就业规模的严重低估。

为了克服统计年鉴中分省市城镇就业数据的缺陷，本节使用 2000 年、2010 年人口普查和 2005 年 1%人口抽样调查中各省市调查资料中的城镇就业数据。每十年一次的人口普查和“逢五”年份的 1%人口抽样调查中的“长表数据”中“就业卷”的“城市”和“镇”统计公布了地级以上城市包含“未统计就业”在内的全部城镇就业数据[①]。

① 岳希明（2005）指出，人口普查的劳动统计和人口和社会保障部，以及工商行政管理局负责的劳动统计在对就业的定义上略有不同，前者采用实际状态标准，而后者采用经常状态标准，因此前者的统计范围通常要更广。本节对基于 2000 年、2010 年人口普查和 2005 年 1%人口抽样调查汇总的城镇就业数据与对应年份的全国城镇就业数据对比发现，二者差值在 1%～7%，表明本节使用的数据整体质量较高。

数据来源为《中国经济与社会发展统计数据库》。除了城镇总就业数据以外，本节使用的其他城镇就业数据和其他变量数据来自国研网和历年《中国区域统计年鉴》（各变量数据来源详见表11-1）。

表 11-1　变量说明和数据来源

变量	变量符号	变量处理	数据来源
非正规就业相对规模（口径一）	IE_Ratio1	城镇就业人员减去城镇单位从业人员再除以城镇就业人员	《中国经济与社会发展统计数据库》、国研网
非正规就业相对规模（口径二）	IE_Ratio2	城镇就业人员减去城镇单位从业人员和私营企业就业人员再除以城镇就业人员	《中国经济与社会发展统计数据库》、国研网
非正规就业绝对规模（口径一）	IE_Size1	城镇就业人员减去城镇单位从业人员再取对数	《中国经济与社会发展统计数据库》、国研网
非正规就业绝对规模（口径二）	IE_Size2	城镇就业减去城镇单位从业人员和私营企业就业再取对数	《中国经济与社会发展统计数据库》、国研网
人均 GDP	lnPergdp	以 2004 年为基期的实际 GDP 的对数，以 GDP 平减指数计算	国研网、中国区域统计年鉴
城乡收入差距	Income	以 2004 年为基期的城镇居民人均可支配收入与农村居民人均纯收入之比表示，以各省城乡 CPI 作为平减指数计算	国研网、中国区域统计年鉴
外商直接投资	Invest	外商直接投资占 GDP 比重	国研网、中国区域统计年鉴
政府干预	Expend	政府财政支出占 GDP 比重	国研网、中国区域统计年鉴
中部虚拟变量	Area_Middle	中部地区为 1，其他地区为 0	
西部虚拟变量	Area_West	西部地区为 1，其他地区为 0	
2005 年虚拟变量	Year_2005	2005 年为 1，其他年份为 0	
2010 年虚拟变量	Year_2010	2010 年为 1，其他年份为 0	

变量描述性统计见表 11-2。由于本节采用的各省市人口普查和人口抽样调查资料存在部分省份的缺失[①]，因此非正规就业的样本数明显低于其他变量。同时，由于 2004 年人均 GDP 指数缺失最多，为了减少样本损失，人均 GDP 和城乡收入差距都是以 2004 年为基期的。

① 由于部分省份没有公布人口普查和 1%人口抽样调查数据，因此本节数据存在缺失，具体如下：2000 年河南省、甘肃、新疆，2005 年山西、内蒙古、吉林、安徽、福建、山东、湖北、湖南、云南、甘肃，以及 2010 年云南省数据缺失。对原始数据处理如下：人口普查中长表数据是抽取全部样本的 10%的调查数据，因此需要先对原始数据乘以 10，然后按照各省抽样比对数据进行调整。

本节最终得到非平衡面板数据。

表 11-2　变量的描述性统计

变量	变量单位	样本数	均值	标准差	最小值	最大值
IE_Ratio1	%	659	49.811	17.582	2.521	83.824
IE_Ratio2	%	624	39.369	17.150	0.400	78.491
IE_Size1	万人	660	48.293	52.901	1.625	435.611
IE_Size2	万人	618	36.768	36.849	1.092	279.499
Pergdp	万元/人	800	1.730	1.476	0.112	10.203
Pergdp2	万元/人	800	5.171	10.542	0.013	104.097
Gap	/	810	2.670	0.708	0.340	8.160
Invest	%	815	2.214	3.097	0.010	45.400
Gov	%	819	12.088	7.167	2.350	74.350
Area_Middle	/	845	0.357	0.480	0	1
Area_West	/	845	0.347	0.476	0	1
Year_2005	/	845	0.33	0.47	0	1
Year_2010	/	845	0.33	0.47	0	1

11.5　实证结果与分析

本节采用 Eviews 6.0 对面板模型进行处理。首先，对面板模型进行 Hausman 检验，在 10%的显著性水平下确定是采用固定效应还是随机效应。其次，对面板模型进行回归，为了对模型中可能存在的截面异方差和序列相关性进行修正，采用 White 截面加权对标准差和协方差进行修正。最后，为了剔除不显著的变量和避免多重共线性问题，本节采用逐步回归法对模型进行处理。

11.5.1　非正规就业相对规模

1. 非正规就业相对规模（第一口径）的回归结果

本节首先对第一口径下的非正规就业相对规模进行回归。首先，对模型进行 Huasman 检验，检验结果表明应当采用固定效应，因此，本节将以固定效应的回归结果进行分析，同时汇报了随机效应的回归结果作为对比。其次，本节汇报了未添加控制变量和添加全部控制变量的逐步回归法回归结果。回归结果见表 11-3。

表 11-3 IE_Ratio1 回归结果

变量	FE		RE	
	（1）	（2）	（3）	（4）
拐点	11 345.75	9428.36	5640.68	4788.03
lnPergdp	62.275***	55.534***	52.768***	59.634***
	（0.000）	（0.000）	（0.000）	（0.000）
lnPergdp2	-3.335***	-3.034***	-3.054***	-3.519***
	（0.000）	（0.000）	（0.000）	（0.000）
Income		1.848***		0.328
		（0.000）		（0.526）
Invest		1.007**		0.946***
		（0.047）		（0.000）
Expend		-0.001		-0.359***
		（0.994）		（0.002）
Area_Middle			-15.954***	-14.888***
			（0.000）	（0.000）
Area_West			-11.658***	-9.041**
			（0.002）	（0.029）
Year_2005	10.227***	10.194***	12.909***	14.855***
	（0.000）	（0.000）	（0.000）	（0.000）
Year_2010	14.677***	16.177***	19.042***	24.996***
	（0.000）	（0.000）	（0.000）	（0.000）
Constant	-246.99***	-217.76***	-176.46***	-202.19***
	（0.000）	（0.000）	（0.000）	（0.000）
截面数	278	263	278	263
样本数	629	577	628	576
R^2	0.748	0.771	0.271	0.303

注：FE 表示固定效应模型，RE 表示随机效应模型；括号内为 P 值；*、**和***分别代表在 10%、5%和 1%的统计水平上显著。

从模型（1）～（4）中人均 GDP 及其平方项的回归结果来看，人均 GDP 的系数全部为正，人均 GDP 的平方系数全部为负，且全部在 1%的统计性水平下显著，表明第一口径下非正规就业相对规模与经济发展水平的倒 U 形关系成立。从固定效应回归结果大致可以判断出拐点位置在人均 GDP 9000～12 000 元，以 2004 年全国人均 GDP 12 336 元为基点，表明 2004 年我国已经跨越了城镇非正规就业相对规模的最高点，即正规就业的增速已经超过了非正规就业的增速，2004 年之后非正规就业的相对规模开始下降。当农村部门剩余劳动逐渐消失时，农村部门工资开始上升，此时非正规就业增速将低于正规就业的增速，非正规就业占城镇就业的比重开始下降。结合我国经济运行的现实，2004 年正是我国首次出现“民工荒”、农民工工资开始上升的年份（蔡昉，2007b），因此将非正规就业占比的倒 U 形拐点与“刘易斯转折”结合起来，本节的实证结论为我国 2004 年已经出现“刘易斯转折”提供了证据。

控制变量中，城乡收入差距对非正规就业相对规模的回归系数都为正，由此可以初步判断非正规就业相对规模与城乡收入差距的正向关系成立，与预期相符。一方面，城乡收入差距越大的地区，意味着城市地区的工资水平相对越高，越能吸引更多的农村劳动力转移到城市；另一方面，正规部门的工资水平越高，意味着正规部门的边际产出越高，其所吸纳的正规就业规模越小，即正规部门对城市地区就业的吸纳能力越差，因此城镇就业的非正规化程度越高。

外商直接投资对非正规就业相对规模的回归系数为正且显著。模型（2）显示，外商直接投资占 GDP 的比重每增加 1 个百分点，非正规就业相对规模提高 1.007 个百分点，表明外商直接投资通过提升总资本水平，所带来的正规化水平的提升效应，小于外商直接投资对非正规就业的带动效应。由此支持了结构联系理论的观点，即发达国家外商直接投资通过将生产和销售环节外包给发展中国家非正规企业，降低生产制造和服务成本，并由此通过就业和产出效应提高了发展中国家城镇就业的非正规化程度。

政府干预对非正规就业相对规模的回归系数为负，但是在固定效应下不显著，表明政府干预并不是我国正规部门出现的根本原因，似乎否定了新自由主义的观点[①]。本节认为，这可能与我国非正规就业的性质和政府政策取向有关。我国非正规就业主要由规模较小的小微型私营企业和个体企业就业构成。20 世纪 90 年代以来，我国逐步确定了市场经济体制的改革方向，尤其是20世纪90年代末到21世纪初，随着国有企业改革的完成，经济的市场化程度进一步提高，劳动力市场的灵活性也不断增强，以私营个体企业为主的非正规就业开始迅速发展。我国政府一直施行鼓励私营个体企业发展的政策，从注册资本、登记成本、税收、补贴等多个方面对私营个体企业给予优惠。因此，市场化程度的提高有利于非正规就业的发展，而政府干预越高的地区，经济的市场化程度越低，私营个体等非正规就业发展越缓慢，非正规就业相对规模越低。

中西部虚拟变量回归系数为负，表明经济市场化程度高的东部地区的城镇劳动力市场的非正规化程度更高。2005 年、2010 年虚拟变量的回归系数为正，表明 2000 年以后，劳动力市场的非正规化程度整体上呈现逐年走高的趋势。

2．非正规就业相对规模（第二口径）的回归结果

与第一口径下的非正规就业相对规模模型处理过程相同，表 11-4 汇报了第二口径下非正规就业相对规模的回归结果。对比从表 11-3 和表 11-4 的回归结果可以发现，第二口径下非正规就业相对规模的回归结果与第一口径下基本一致。人均 GDP 的系数为正，人均 GDP 的平方的系数为负，且都显著，表明第二口径下非正规就业相对规模与经济发展水平的倒 U 形关系成立。从拐点位置来看，模型（1）和模型（2）的回归结果显示，第二口径下非正规就业相对规模开始下降的拐点在人均 GDP 12 000～18 000 元，略高于第一口径下非正规就业相对规模的拐点，以 2004 年人均 GDP 为基点，第二口径下非正规就业

① 虽然本节的结论没有支持新自由主义的观点，但是也并不能完全否定政府管制对非正规就业发展的作用。一方面，随着城乡二元经济结构的瓦解和政府对劳动力保护制度的加强，税收和社保支出等提高了正规化成本，使一些中小企业不得不留在非正规部门，此时政府的制度性安排可能成为就业非正规化的重要原因；另一方面，由于缺乏地级市税收、社保、行政支出和腐败方面的数据，本节只是选取了政府财政支出占 GDP 的比重代表政府的作用，不能全面衡量政府制度安排对非正规就业的影响。

相对规模的拐点在2004～2007年。控制变量中，模型（2）中的城乡收入差距为正且显著，与预期相符。外商直接投资为正且显著，表明外商直接投资带动了个体就业和“未统计就业”的发展，使城镇就业的非正规化水平提高。政府干预的符号为负，进一步印证了结论，政府干预不是个体就业和“未统计就业”出现的原因，而是阻碍了非正规就业的发展。其他虚拟控制变量的回归结果与第一口径下非正规就业占比的结果基本相同。

表11-4 IE_Ratio2回归结果

变量	FE		RE	
	（1）	（2）	（3）	（4）
拐点	12 084.63	17 462.77	6266.50	5962.68
lnPergdp	103.638***	112.129***	84.258***	95.513***
	（0.000）	（0.000）	（0.000）	（0.000）
lnPergdp2	-5.513***	-5.740***	-4.819***	-5.493***
	（0.000）	（0.000）	（0.000）	（0.000）
Income		4.362***		0.601
		（0.000）		（0.330）
Invest		0.652		0.586***
		（0.181）		（0.000）
Expend		-0.073		-0.387***
		（0.466）		（0.009）
Area_Middle			-10.815***	-10.207***
			（0.000）	（0.002）
Area_West			-7.443***	-5.424***
			（0.000）	（0.000）
Year_2005	5.547***	2.863**	8.953***	11.077***
	（0.002）	（0.045）	（0.000）	（0.000）
Year_2010	3.751	-0.927	10.300***	15.865***
	（0.158）	（0.692）	（0.000）	（0.000）
Constant	-446.94***	-516.24***	-324.22***	-371.58***
	（0.000）	（0.000）	（0.000）	（0.000）
截面数	277	262	276	261
样本数	597	547	596	546
R^2	0.691	0.714	0.141	0.157

注：FE表示固定效应模型，RE表示随机效应模型；括号内为P值；*、**和***分别代表在10%、5%和1%的统计水平上显著。

11.5.2 非正规就业绝对规模

1．非正规就业绝对规模（第一口径）的回归结果

相关理论分析表明，经济发展初期，随着城乡二元管制制度的瓦解，农村劳动力转移的制度成本下降，城乡劳动力转移的速度超过城市部门资本积累的速度，非正规就业增速超过正规就业增速，非正规就业规模快速膨胀；随着城乡劳动力流动限制政策的逐步消除，城乡转移的制度成本不再是影响农村劳动力转移的主要因素，此时农村劳动力转移速度相对平稳，非正规就业规模开始平稳增长；而随着经济发展水平的进一步提高，农村剩余劳动逐渐消失，农村部门工资开始上涨，城镇劳动力增加的速度低于资本积累的速度，此时非正规就业的增速低于正规就业的增速，非正规就业占城镇就业的比重开始下降。在这个过程中，非正规就业的增速可能出现负值，甚至城市劳动力增速也可能为负，即农村劳动力出现“回流”，非正规就业的规模出现下降。同时，由于国有企业改革，正规部门劳动力进入非正规部门“再就业”，进一步提高了非正规就业的规模。从表 11-5 中模型（1）和模型（3）的回归结果来看，第一口径下非正规就业规模与经济发展水平的倒 U 形关系也成立。

表 11-5 IE_Size1 回归结果

变量	FE		RE	
	（1）	（2）	（3）	（4）
拐点	5867.27	3711.28	37 445.82	23 584.85
lnPergdp	1.482***	1.436***	1.430**	1.621***
	（0.000）	（0.000）	（0.012）	（0.005）
lnPergdp2	−0.085***	−0.087***	−0.068***	−0.080***
	（0.000）	（0.000）	（0.003）	（0.008）
Income		0.045*		0.038
		（0.062）		（0.280）
Invest		0.029***		0.030*
		（0.002）		（0.063）
Expend		−0.006***		−0.016***
		（0.007）		（0.007）

续表

变量	FE		RE	
	(1)	(2)	(3)	(4)
Area_Middle			-0.773***	-0.725***
			(0.000)	(0.000)
Area_West			-0.946***	-0.741***
			(0.002)	(0.000)
Year_2005	0.573***	0.628***	0.435***	0.510***
	(0.000)	(0.000)	(0.000)	(0.000)
Year_2010	0.843***	1.003***	0.496***	0.691***
	(0.000)	(0.000)	(0.008)	(0.009)
Constant	-3.341**	-2.848***	-3.795	-4.577
	(0.045)	(0.000)	(0.246)	(0.111)
截面数	278	263	278	263
样本数	630	578	629	577
R^2	0.900	0.903	0.382	0.400

注：FE 表示固定效应模型，RE 表示随机效应模型；括号内为 P 值；*、**和***分别代表在10%、5%和 1%的统计水平上显著。

控制变量中，城乡收入差距在当期解释变量中为正且显著，基本可以判断城乡收入差距与非正规就业规模呈正比，与预期相符。外商直接投资的回归系数都为正且显著，模型（3）显示，外商直接投资占GDP 的比重每增加 1 个百分点，非正规就业规模增加 0.029%，表明外商直接投资对非正规就业规模的弹性系数为正，外商直接投资带动了非正规就业规模的扩张。事实上，外商直接投资对我国的就业效应影响一直是经济学者关注的重要命题，既有实证研究表明，外商直接投资对总的就业具有挤出效应，但是对于制造业就业，尤其是劳动密集型制造业的就业具有显著的促进效应（毛日昇，2009；丁翠翠和郭庆然，2014）。由于非正规就业本身具有劳动密集型的生产特征，本节的研究结论进一步支持了该结论。政府干预对非正规就业规模的回归系数为负且显著，政府支出占 GDP 的比重增加 1 个百分点，非正规就业规模将降低 0.006%～0.016%，表明政府干预对非正规就业的弹性系数为负，政府干预阻碍了非正规就业规模的提高。

2．非正规就业绝对规模（第二口径）的回归结果

从表 11-6 可以看出，第二口径下非正规就业规模回归结果中，人

均GDP回归系数为正，人均GDP的平方回归系数为负，表明第二口径下非正规就业规模与经济发展水平的倒U形关系成立。从模型（1）和模型（3）的拐点来看，第二口径下非正规就业规模的拐点位置在人均GDP 17 000～24 000元，高于第二口径非正规就业占比的拐点值，与理论分析相一致。以2004年人均GDP为基期，第二口径下非正规就业规模可能在2007～2011年开始出现下降，表明在此期间非正规就业增速开始为负，农村劳动力转移增速开始明显下降。根据统计局发布的历年《全国农民工监测调查报告》数据，我国农民工增速在2006年达到峰值7.7%，2007年和2008年分别下降至7.1%和6.7%，2009年受金融危机影响降至1.9%，此后数年逐年下降，至2013年农民工增速仅为2.4%。这些数据结合本节结论表明，近年来我国农村可供转移的劳动力数量急速下降，城镇资本增速高于农村劳动力转移的增速，非正规就业增速出现负值，规模开始下降。

表11-6　IE_Size2回归结果

变量	FE		RE	
	（1）	（2）	（3）	（4）
拐点	17 678.65	23 988.51	19 095.57	17 867.55
lnPergdp	3.017***	3.678***	2.908***	3.539***
	（0.000）	（0.000）	（0.000）	（0.000）
lnPergdp2	−0.154***	−0.182***	−0.148***	−0.181***
	（0.000）	（0.000）	（0.000）	（0.000）
Income		0.283***		0.147***
		（0.000）		（0.002）
Invest		0.024		0.027*
		（0.114）		（0.069）
Expend		−0.011***		−0.022***
		（0.000）		（0.000）
Area_Middle			−0.672***	−0.609***
			（0.000）	（0.000）
Area_West			−0.803***	−0.601***
			（0.000）	（0.000）
Year_2005	0.353***	0.270***	0.331***	0.394***
	（0.000）	（0.000）	（0.004）	（0.001）

续表

变量	FE		RE	
	（1）	（2）	（3）	（4）
Year_2010	0.327***	0.217***	0.270	0.434*
	（0.000）	（0.001）	（0.184）	（0.096）
Constant	-11.669***	-15.929***	-10.834***	-14.108***
	（0.000）	（0.000）	（0.000）	（0.000）
截面数	276	260	275	259
样本数	592	543	591	542
R^2	0.854	0.858	0.199	0.226

注：FE 表示固定效应模型，RE 表示随机效应模型；括号内为 P 值；*、**和***分别代表在 10%、5%和 1%的统计水平上显著。

控制变量中，城乡收入差距的系数为正且显著，系数值明显高于第一口径下非正规就业规模的回归系数，表明与私营企业就业相比，个体就业和“未统计就业”规模受城乡收入差距的影响更大，在一定程度上反映了个体就业和“灵活就业”的收入水平可能更低。其他变量的回归结果与第一口径下的结果基本一致。

11.6　本 章 小 结

本章从二元经济理论出发，建立了包含农村部门、城镇正规部门和城镇非正规部门的三部门数理模型，对我国城镇非正规就业的产生机理和影响因素进行了分析。从本章的研究结论来看，城镇非正规就业的产生和发展是农村劳动力转移速度和资本积累速度共同作用的结果，结合我国经济发展和城乡二元结构的转变过程，城镇非正规就业可能呈现出“先上升、后下降”的倒 U 形特征。从国有企业改革对城镇非正规就业的影响来看，国有企业改革释放了大量的城镇劳动力，通过竞争效应延缓了农村劳动力转移和非正规就业增速，使得非正规就业下降的倒 U 形拐点右移。

实证研究部分利用 2000 年、2005 年和 2010 年人口普查和 1%人口抽样调查统计的地级市数据对城镇非正规就业与经济发展水平的倒

U形关系进行了实证检验，结果表明我国非正规就业的倒U形假说成立。从回归结果判定，非正规就业占比的拐点出现在2004～2007年，就业规模的拐点出现在2007～2011年。

本章的研究可以得出以下启示：第一，我国城镇非正规就业开始下降，城乡二元结构和城镇内部的二元结构被削弱，经济发展逐渐跨越到新的阶段；第二，经济发展因素对非正规就业的影响逐渐减弱，而税收、社保等正规化成本可能成为以后影响非正规就业的主要因素；第三，理论分析表明，非正规就业占比下降是由于农村劳动力转移速度低于城镇资本积累速度，我国非正规就业占比下降的时间，与劳动力市场出现“民工荒”和农民工工资上升的时间基本一致。因此，本章的研究为我国已经通过“刘易斯转折”提供了证据。

12 非正规就业与经济周期关系的实证研究

20 世纪 70 年代以来，随着工业化、城市化和经济全球化的快速推进，发展中国家非正规就业的规模不断膨胀。到 2012 年，非正规就业占发展中国家非农就业的比例达 30～80%（ILO，2014）。这一现象引发了各国学者和政策制定者的广泛关注，学术界就发展中国家非正规就业的产生原因及其在经济中的作用进行了大量的理论与实证研究，并形成二元经济理论、新自由主义理论和结构联系理论三大理论学派。改革开放以来，在经济发展和转型的双重背景下，我国城镇劳动力市场也经历了从正规化到非正规化的发展历程（蔡昉和王美艳，2004）。尤其是 20 世纪 90 年代中后期以后，面临农村转移劳动力就业和国有企业下岗职工再就业的巨大压力，政府在政策取向上也将各种形式的非正规就业或“灵活就业”作为解决城镇就业问题的主要渠道（胡鞍钢和杨韵新，2001）。然而随着人口结构的转变和经济发展水平的提高，各界对于促进非正规就业“正规化”的倾向越来越强，其中一个重要的表征是 2008 年以来对新劳动合同法以及劳动者各项社会保障执行力度的加大。

非正规就业与经济周期的关系是二元经济理论、新自由主义理论和结构联系理论的重要的理论争论点，也是检验三大理论适用性和非正规就业性质的重要方法。本章将利用 287 个地级及以上城市的非平衡面板数据对我国城镇非正规就业与经济周期的关系进行实证检验，为厘清不同理论观点争论和理论适用性提供经验证据。

12.1 非正规就业与经济周期关系的理论分析

现有研究中对非正规就业与经济周期的关系主要有三种观点：第一种是二元经济理论观点，认为非正规就业是在城市正规部门对劳动力吸纳能力不足的情况下，农村转移劳动力为了维持生计的非自愿选择，因此非正规就业与城市正规部门对劳动力的吸纳能力呈反比。在经济衰退时期，正规部门对劳动力的吸纳能力下降，因此会有更多劳动力从事非正规就业，非正规就业规模表现出扩张趋势，在经济繁荣时期则恰好相反，因此非正规就业表现出逆经济周期性特征。第二种是新自由主义理论的观点，认为非正规就业是劳动者在特定资源和制度约束下，基于自身收益最大化的自愿选择（De Soto，1989；Maloney，1998，2004），非正规就业与正规就业的人力资本特征相同，都是具有积累性和成长性的就业者，因而二者在经济周期中的表现也一致，即在经济繁荣时期扩张，而在经济衰退时期收缩（Kay，2011）。第三种是结构联系理论的观点，其最突出的理论贡献之一就是强调非正规就业自身的异质性，即认为非正规就业中既存在为了维持生计的生存选择者，又存在具有企业家精神和可积累性的自愿选择者（Portes and Schauffler，1993），而前者表现出逆周期性特征，后者表现出顺周期性特征（Kay，2011）。

国外学者从以上三种理论观点出发，对非正规就业与经济周期的关系进行了大量实证研究，也得到三种不同的结论。

第一种结论是非正规就业与经济周期负相关，支持了二元经济理论的观点。Boeri 和 Garibaldi（2005）从二元经济理论出发，将失业看作经济周期的替代变量，利用 1982～2002 年巴西 6 个城市数据建立面板模型，对非正规就业与失业率的关系进行实证研究，结果表明非正规就业与失业率呈正比，从而间接证明了非正规就业的逆周期性特征，支持了二元经济理论的观点。Loayza 和 Rigolini（2011）以自我雇佣就业占非农就业的比重代表非正规就业，以人均 GDP 对数的差分项代表经济周期，利用 1984～2008 年 54 个国家的跨国面板数据建立误差修正模型，对非正规就业与经济周期的关系进行了实证检验。结果发现，非正规就业规模与经济周期具有显著的负相关关系，而在发达国家和发展中国家的分样本研究中，发展中国家的非正规就业与经济周期的负相关关系更稳健。

第二种结论是非正规就业与经济周期正相关，支持了新自由主义理论的观点。Fiess 等（2010）建立包括正规部门和非正规部门（指自我雇佣和雇工少于 5 人的企业）两部门的动态随机一般均衡模型，对外部需求和供给冲击对两部门就业的影响进行定量分析，并利用 1983～2004 年巴西、阿根廷、哥伦比亚和墨西哥四国的季度时间序列数据进行实证检验，结果表明，非正规就业的周期性变动特征受冲击来源和工资刚性的影响，而正的供给和需求冲击会带来非正规就业规模的扩张，从而间接证明了非正规就业与经济周期正相关。

第三种结论是从非正规就业自身的异质性出发，对非正规就业与经济周期的关系进行实证检验，并在结论上支持了结构联系理论的观点。Mandelman 和 Montes-Rojas（2007）利用阿根廷微观调查数据，对经济周期中劳动者在非正规就业（以自我雇佣表示）与正规就业之间的就业转换进行实证研究，结果发现，在经济衰退时，转换为自我雇佣就业的劳动者明显增多，经济衰退和公开失业持续时间越长，劳动者选择非正规就业的概率越高；同时，在经济繁荣时期，受教育程度较低的劳动者更可能选择非正规就业。他们还将非正规就业分为自营工作者（Own-account Workers）和有雇工的自我雇佣者（Welf-employed Individuals with Employees），结果发现，前者具有明显的逆周期特征，而后者具有明显的顺周期特征，表明无雇工的自我雇佣者和有雇工的自我雇佣者在经济周期中的表现有明显的差异，从而支持了结构联系理论的观点。Flórez（2002）从结构联系理论出发，利用 1984～2000 年哥伦比亚微观调查数据建立面板模型，对非正规就业与经济周期的关系进行实证检验。Flórez 将非正规就业分为企业主、工资收入者、自我雇佣者、无酬家庭从业者和家庭雇工五类，将前两类视为可积累部门，将后三类视为生存部门。结果发现，前两类与经济周期呈正比，具有顺周期特征，而后三类与经济周期呈反比，具有逆周期特征，由此支持了结构联系理论关于非正规就业异质性的观点。Kay（2011）利用南非 2002 年和 2007 年截面数据，将非正规就业分别按种族、地理位置、工作者地位和所属行业等的差异划分为生存部门和可积累部门，对非正规就业规模对正规就业规模的影响进行实证研究，结果发现，生存部门就业规模与正规就业规模的负相关，而可积累部门与正规就业规模的正相关，从而间接地为结构联系理论对非正规就业异质性，以及非正规就业与经济周期的关系描述提供了证据。

通过以上文献梳理，可以得到如下启示：首先，从研究方法上，目前文献对于正规就业与经济周期关系的实证检验方法主要有三种。第一种是利用宏观面板数据对非正规就业与经济增速、失业率等代表经济周期的变量进行检验；第二种是利用微观数据对经济周期中劳动者在正规就业、非正规就业和失业之间的流动性进行检验；第三种是建立动态一般均衡模型，对非正规就业在不同类型周期性冲击下的反应进行模拟分析。其次，从结论上看，虽然国外实证研究对三大理论观点都各有支持，但是现有研究基本上接受了非正规就业具有异质性的观点，并且从非正规就业异质性角度的研究似乎更能揭示非正规就业概念本身的复杂性。国内研究方面，由于宏微观统计数据的缺乏，目前国内还没有专门从该角度对非正规就业问题进行研究的文献。本节试图利用各省份 2000 年、2010 年人口普查和 2005 年 1%人口抽样调查资料中的城镇就业统计数据，克服历年统计年鉴的数据缺陷，建立基于 287 个地级及以上城市的非平衡面板模型，对我国城镇非正规就业与经济周期的关系进行实证检验；同时从异质性的角度对非正规就业进行分类，对城镇非正规就业的特征进行更深入的考察。

12.2 模型变量和数据

本节实证模型设定如下：

$$\text{IE}_{it} = \alpha + \beta \text{Cycle}_{it} + \sum_{j=1}^{n} \gamma_j x_{jit} + \varepsilon_{it} \qquad (12.1)$$

式中，下标 i 和 t 分别为地区和时间；IE_{it} 为被解释变量，用非正规就业相对规模来表示；Cycle_{it} 为解释变量，用经济周期来表示；x_{jit} 为控制变量；ε_{it} 为随机扰动项。

变量选取具体如下。

1．非正规就业相对规模（IE）

本节以非正规就业占城镇就业的比重表示非正规就业的相对规模，对非正规就业与经济周期的关系进行检验。非正规就业的统计范围为私营企业就业、个体企业就业和“未统计就业”。其中私营企业从业人员在 8 人以上，可以看作有雇工的小微企业，具有一定的成长性和可积累性；而个体就业和“未统计就业”从业人员在 8 人以下，更接近自我雇佣部门，具有生存选择特征[①]。为了考察非正规就业的异质性，本节将分别以私营企业就业（IE_Small）和个体就业、“未统计就业”（IE_Self）作为被解释变量分别进行回归，前者作为可积累部门，以私营企业就业占城镇就业比重表示；后者作为生存部门，以个体企业就业和“未统计就业”占城镇就业比重来表示。

2．经济周期（Cycle）

本节采用产出缺口来表示经济周期。如果经济周期系数符号为正，表明非正规就业的运行支持新自由主义观点，反之，则支持二元经济理论观点。产出缺口是指实际产出与潜在产出之间的差额。一般采用滤波技术将实际产出中的趋势成分（潜在产出）分离出来，得到的周期成分即为产出缺口。具体的滤波方法包括 HP 滤波、BP 滤波和 CF 滤波等。其中，HP 滤波具有不损失序列首尾信息的优势，鉴于本节样本时间较短，采用 HP 滤波法对经济周期进行测算。具体借鉴干春晖等（2011）的方法，通过最小化式（12.2）的方法分离出实际产出中的长期趋势成分。

① 根据国家工商行政管理总局数据，我国个体工商户的户均就业者人数为 2 人左右，基本等同于自我雇佣。而“未统计就业”是没有登记注册的自我雇佣者、季节工和临时工等的集合。因此本节将个体企业就业和“未统计就业”看作自我雇佣非正规就业。

$$\sum_{t=1}^{T}(\ln Y_t-\ln Y_t^*)^2+\lambda\sum_{t=2}^{T-1}\left((\ln Y_{t+1}^*-\ln Y_t^*)-(\ln Y_t^*-\ln Y_{t-1}^*)\right)^2 \quad (12.2)$$

式中，$\ln Y_t$ 为实际 GDP 取自然对数；$\ln Y_t^*$ 为潜在产出；$(\ln Y_t-\ln Y_t^*)$ 为产出缺口，记作 Cycle；λ 为趋势成分波动的惩罚因子。

目前，学者在采用 HP 滤波技术处理年度数据时，对于 λ 的取值存在较大的争议，本节选取最为常用的 $\lambda=100$ 进行回归分析，并利用 $\lambda=6.25$ 的滤波结果进行稳健性检验。

3．控制变量

在控制变量的选取上，根据二元经济理论、新自由主义理论和结构联系理论的基本观点，分别选取与之相对应的控制变量，从而对我国城镇非正规就业的性质和不同理论的适用性进行考察。

（1）城乡收入差距（Income）。根据二元经济理论，非正规就业是城乡二元经济结构下，农村转移劳动力无法获得正规就业机会时的生存选择。城乡收入差距越大，意味着城市部门的相对工资越高，对农村劳动力的吸引能力越强，而较高的制度工资又会降低城市正规部门的就业创造能力，因此非正规就业相对规模与城乡收入差距呈正比。本节以消除城乡价格差异的城镇居民人均可支配收入与农村居民人均纯收入之比来表示城乡收入差距。

（2）经济发展水平（lnPergdp）。二元经济理论认为，非正规就业的产生原因在于经济发展水平较低条件下，高效率的正规部门不能创造出足够的工作机会吸纳全部农村转移劳动力。随着经济发展水平的提高，正规部门的扩张会将非正规就业吸收到正规部门就业，使非正规就业规模不断下降，最终形成一体化的劳动力市场。因此非正规就业与经济发展水平呈反比。本节以人均 GDP 代表经济发展水平对该观点进行考察，并且考虑到人均 GDP 与非正规就业规模的非线性关系，加入人均 GDP 的平方项。

（3）政府干预（Expend）。新自由主义理论认为，非正规就业产生的原因在于政府的过度管制，政府对经济的干预能力越强，劳动者选择非正规就业的概率越高。本节采用政府财政支出占 GDP 比重对政府干预进行衡量。

（4）企业税率（Tax）。根据新自由主义理论，较高的税收负担是正规化成本的重要方面，尤其是在拉丁美洲国家，与高税收相联系的政府腐败是非正规就业产生的重要原因。限于数据的可得性，本节选择政府财政收入占 GDP 的比重表示企业税率。

（5）外商直接投资（Invest）。结构联系理论认为，在国际现有贸易体系下，发展中国家企业通过非正规就业形式降低生产制造和服务成本，为发达国家资本提供利润，是非正规就业产生的根本原因。因此对外贸易越发达，非正规就业发展水平相对越高。本节采用外商直接投资占 GDP 的比重考察外商直接投资对非正规就业规模的影响。

（6）时间虚拟变量（Year）。为了控制时间趋势的影响，本节加入 2005 年、2010 年时间虚拟变量对实证结果进行控制。

如 5.2.2 节所述，本节利用各省市 2000 年、2010 年人口普查和 2005 年 1%人口抽样调查资料中的城镇就业统计数据进行回归分析。资料来源为《中国经济与社会发展统计数据库》。除城镇就业数据以外，其他数据来自国研网和历年《中国区域统计年鉴》。

变量描述见表 12-1。由于本节采用的各省市人口普查和人口抽样调查资料存在部分省份的缺失①，因此非正规就业的样本数明显低于其他变量。同时，由于 2004 年人均 GDP 指数缺失最多，为了减少数据损失，人均 GDP 和城乡收入差距都是以 2004 年为基期的。最终得到非平衡面板数据。

表 12-1　变量的描述性统计

变量	变量符号	样本数	均值	标准差	最小值	最大值
非正规就业相对规模	IE	659	49.811	17.582	2.521	83.824
私营企业就业相对规模	IE_Small	663	12.277	9.872	0.027	69.782
个体未统计就业相对规模	IE_Self	624	39.369	17.150	0.400	78.491
经济周期	Cycle	839	0.001	0.037	-0.301	0.378

① 由于部分省份没有公布人口普查和 1%人口抽样调查数据，因此数据存在缺失，具体如下：2000 年河南、甘肃、新疆，2005 年山西、内蒙古、吉林、安徽、福建、山东、湖北、湖南、云南、甘肃，以及 2010 年云南数据缺失。对原始数据处理如下：人口普查中长表数据是抽取全部样本的 10%的调查数据，因此需要先对原始数据乘以 10，然后按照各省抽样比对数据进行调整。

续表

变量	变量符号	样本数	均值	标准差	最小值	最大值
城乡收入差距	Income	810	2.670	0.708	0.340	8.160
人均 GDP	Pergdp	800	1.730	1.476	0.112	10.203
人均 GDP 对数	Pergdp2	800	5.171	10.542	0.013	104.097
政府干预	Expend	819	12.088	7.167	2.350	74.350
政府税率	Tax	820	5.467	2.186	0.360	17.430
外商直接投资	Invest	815	2.214	3.097	0.010	45.400
2005 年虚拟变量	Year_2005	845	0.333	0.471	0	1
2010 年虚拟变量	Year_2010	845	0.333	0.471	0	1

12.3 实证结果与分析

本节采用 Eviews 6.0 对面板模型进行处理。首先对面板模型进行 Hausman 检验，在 10%的显著性水平下确定是采用固定效应还是随机效应。然后对面板模型进行回归，为了对模型中可能存在的截面异方差和序列相关性进行修正，采用 White 截面加权对标准差和协方差进行修正。最后，为了减轻变量之间的内生性，采用所有解释变量的滞后一期对被解释变量进行回归，并与当期解释变量的回归结果进行对比分析。

12.3.1 基准回归结果

Hausman 检验结果表明，非正规就业规模的回归结果应采用固定效应，因此，本节采用固定效应对模型进行回归分析（表 12-2）。从经济周期的回归结果来看，除模型（1）以外，模型（2）～（4）中经济周期的回归系数全部显著为负，表明我国城镇非正规就业与经济周期呈反比，从而支持了二元经济理论的观点，即城镇非正规就业是劳动者为了避免失业的生存选择，发挥经济周期“缓冲器”的作用。当经济繁荣时，正规部门的就业创造能力增强，吸收更多的劳动者进入正规部门就业，从而使非正规就业的相对规模下降；当经济衰退时，正规部门的就业创造能力下降，劳动力为了维持生存，不得不选择进入非正规部门就业，从而使非正规就业相对规模上升。在城乡二元经济体制下，随着城乡劳动力转移政策的放松，大量农村剩余劳动转移到城市就业，但是由于正规部门的发展壮大需要时间，创造的就业岗位相对有限，也由于地方政府利用户籍制度等措施对城市居民的就业机会加以保护，大部分农民工不得不进入非正规部门就业，这符合二元经济理论对非正规就业产生机理的描述。同时 1997 年以来的国有企业改革，使大量原来城镇国有企业职工下岗，也不得不以“再就业”的形式，进入非正规部门就业，这也使非正规就业具有落后的、边缘性的生存就业特征。

表 12-2　非正规就业与经济周期的固定效应回归结果

变量	当期解释变量		滞后一期解释变量	
	（1）	（2）	（3）	（4）
Cycle	−8.676	−15.074***	−81.154***	−87.698***
	（0.292）	（0.006）	（0.002）	（0.000）
Income		1.666***		1.137
		（0.001）		（0.170）
lnPergdp		71.633***		40.208***
		（0.000）		（0.001）
lnPergdp2		−3.900***		−2.368***
		（0.000）		（0.001）
Expend		−0.080		−0.133
		（0.472）		（0.689）
Tax		1.066		−0.694***
		（0.108）		（0.000）
Invest		1.029*		0.931***
		（0.051）		（0.000）
Year_2005	11.126***	10.209***	7.232***	9.205***
	（0.000）	（0.000）	（0.000）	（0.000）
Year_2010	13.796***	15.743***	12.107***	19.441***
	（0.000）	（0.000）	（0.000）	（0.000）
Constant	41.665***	−296.511***	43.798***	−126.620**
	（0.000）	（0.000）	（0.000）	（0.017）
截面数	280	263	276	264
样本数	649	577	616	588
R^2	0.732	0.775	0.752	0.773

注：FE 表示固定效应模型，RE 表示随机效应模型；括号内为 P 值；*、**和***分别代表在 10%、5%和 1%的统计水平上显著。

控制变量中，模型（2）中城乡收入差距与非正规就业相对规模的回归系数为正且显著，表明非正规就业相对规模与城乡收入差距呈正比，城乡收入差距越大的地区非正规就业的规模越高，与二元经济理论观点相符。人均 GDP 系数为正、人均 GDP 的平方项系数为负，且都显著，进一步表明我国非正规就业与经济发展水平之间的倒 U 形关系成立。

政府干预对非正规就业相对规模的回归系数为负，但是不显著。政府税率的回归系数为负且滞后一期项显著，表明政府税率与非正规就业相对规模呈反比。根据新自由主义理论的观点，高税收、腐败和行政效率低下等政府制度安排造成正规化成本太高，是劳动者选择非正规就业的根本原因，因此政府税率应当与非正规就业规模呈正比。但是，从回归结果来看，并不支持新自由主义理论的观点。本节认为，这可能是由于我国各级政府一直施行鼓励私营个体企业发展的政策，通过简化登记注册手续、降低注册资本金要求、税收优惠及各类补贴等各类政策促进非正规就业的发展。因此，政府制度安排可能不是非正规就业产生的主要原因，并且由于非正规部门是更具竞争性的市场化部门，政府干预能力越强，市场化程度越低，越不利于非正规就业的发展，政府干预可能会阻碍非正规就业的发展。外商直接投资对非正规就业相对规模的回归系数为正且显著，表明外商直接投资与非正规就业相对规模呈正比，支持了结构联系理论的观点。改革开放以来，我国丰富而廉价的自然资源和劳动力资源吸引大量跨国公司来华投资，加工贸易成为我国参与国际贸易分工的主要形式，而为了降低成本，国内企业大多采用外包或转包的形式将生产或销售的某些环节外包给小微型非正规企业，从而带动了我国非正规就业的发展。

12.3.2 异质性检验

本节将对私营企业就业和个体就业、未统计就业分别看作小微企业就业和自我雇佣型就业，对非正规就业的异质性进行考察。Hausman 检验结果表明，非正规就业相对规模的回归结果应采用固定效应，因此，本节采用固定效应对模型进行回归分析（表 12-3）。

表 12–3 私营企业、个体就业、“未统计就业”与经济周期的回归结果

变量	IE_Small		IE_Self	
	当期解释变量	滞后一期解释变量	当期解释变量	滞后一期解释变量
	（1）	（2）	（3）	（4）
Cycle	13.446***	18.324***	-44.702***	-116.967***
	（0.000）	（0.000）	（0.002）	（0.000）
Income	-1.703***	-0.576	4.403***	4.413***
	（0.006）	（0.344）	（0.000）	（0.000）
lnPergdp	-27.200***	-31.556***	108.834***	63.609**
	（0.000）	（0.000）	（0.000）	（0.011）
$lnPergdp^2$	1.366***	1.972***	-5.465***	-4.009***
	（0.000）	（0.000）	（0.000）	（0.001）
Expend	-0.182***	-0.158	0.022	-0.189
	（0.000）	（0.254）	（0.902）	（0.762）
Tax	0.725***	0.586	-0.836	-2.354***
	（0.004）	（0.206）	（0.129）	（0.000）
Invest	0.081	0.085**	0.690	0.669***
	（0.460）	（0.037）	（0.108）	（0.001）
Year_2005	7.971***	4.720***	1.783	6.771***
	（0.000）	（0.006）	（0.144）	（0.000）
Year_2010	14.086***	6.735**	-1.091	17.879***
	（0.000）	（0.023）	（0.555）	（0.000）
Constant	141.356***	129.545***	-506.107***	-208.155*
	（0.000）	（0.003）	（0.000）	（0.086）
截面数	264	265	262	262
样本数	580	592	547	557
R^2	0.766	0.746	0.719	0.746

注：FE 表示固定效应模型，RE 表示随机效应模型；括号内为 P 值；*、**和***分别代表在 10%、5%和 1%的统计水平上显著。

从回归结果来看，经济周期对私营企业就业规模的回归系数为正，对个体就业、“未统计就业”规模的回归系数为负且基本显著，表明我国城镇私营就业和个体、“未统计就业”具有显著的特征差异。私营企业就业在经济繁荣时期扩张，在经济衰退时期收缩，更符合新自由主义理论认为的具有成长性和可积累性的自愿进入者特征；而个体就业、“未统计就业”在经济繁荣时收缩、在经济衰退时扩张，更符合二元经济理论观点认为的为了维持生计的生存选择者特征。这一结论也支持了结构联系理论观点，即非正规就业具有异质性，既存在以承接正规部门企业外包的生产商或经销商身份进入非正规部门就业的自愿进入者，也存在从事传统的运输、零售、小家庭作坊等为正规部门中低收入者提供廉价的产品和服务的生存选择者。因此，在对非正规就业的研究中要注重对其异质性的考察，以便揭示非正规就业特征的复杂性，同时政府在政策取向上也应当对二者区别对待。

控制变量中，城乡收入差距对私营就业规模的回归系数为负，对个体、“未统计就业”相对规模的回归系数为正，表明城乡收入差距越大的地区，私营企业就业相对规模越低，而个体就业、“未统计就业”相对规模越高。这进一步表明二者存在特征差异，前者更符合新自由理论观点，而后者更符合二元经济理论观点。人均 GDP 对私营企业就业相对规模回归系数为负，人均 GDP 的平方项对私营企业就业相对规模回归系数为正，表明私营企业就业规模呈现出“先下降、后上升”的变动特征。自 20 世纪 90 年代后半期国有企业改革以来，我国私营企业进入加速发展期。1997～2012 年，我国私营企业就业规模从 750 万人上升到 7557 万人，年均增速高达 115.8%，占城镇就业比重从 4.5% 上升至 21.6%，已经成为城镇吸纳就业的主要来源，尤其是 2003 年以来，私营企业就业一直处于加速上升阶段，因此我国私营企业就业占城镇就业比重仍然处于上升阶段，并没有下降的趋势。人均 GDP 及其平方项对个体、“未统计就业”相对规模的回归系数符号与全部非正规就业相对规模的回归系数相同，表明随着经济发展水平的提高，个体、“未统计就业”规模呈现出“先上升、后下降”的变动特征，个体、“未统计就业”的二元特征更为明显。

政府干预对私营企业就业规模的回归系数为负，且当期项显著，表明政府对经济干预能力越强的地区，私营企业就业规模越低，进一步表明与新自由主义理论观点不同，我国城镇非正规就业的发展是由市场化改革推动的，政府干预越强，经济的市场化程度越低，越不利于私营经济的发展。政府干预对个体、“未统计就业”的回归系数为负但不显著，表明政府干预不是城镇个体、“未统计就业”产生的原因。

企业税率对私营企业就业的回归系数为正，且当期项显著，对个体、“未统计就业”的回归系数为负，且滞后一期项显著，表明较高的税收负担是劳动者选择私营企业就业的重要原因，但不利于个体、“未统计就业”的发展，这可能是由于私营企业税收作为政府税收的重要来源，税收越高，意味着私营企业发展水平越高；而个体、“未统计就业”的规模越高，则意味着低税收及政府统计之外的就业者比重越高，因此税收水平越低。外商直接投资全部为正，且在滞后一期项显著，表明外商直接投资促进了私营企业就业和个体、“未统计就业”的发展，进一步验证了结构联系理论关于对外贸易是非正规就业产生和发展的原因的观点。

12.3.3 稳健性检验

为了检验回归结果的稳健性，本节采用 λ=6.25 的 HP 滤波处理结果表示经济周期，进行稳健性检验。Hausman 检验结果表明，回归模型应采用固定效应，因此本节采用固定效应模型进行回归。回归结果见表 12-4。

表 12-4 非正规就业与经济周期的稳健性检验

变量	IE		IE_Small		IE_Self	
	当期解释变量	滞后一期解释变量	当期解释变量	滞后一期解释变量	当期解释变量	滞后一期解释变量
	（1）	（2）	（3）	（4）	（5）	（6）
Cycle	-60.189**	-88.762***	6.129	9.308*	-59.997**	-95.414***
	（0.020）	（0.000）	（0.180）	（0.065）	（0.033）	（0.000）
Income	72.771***	0.657	-25.573***	-0.329	105.614***	3.672***
	（0.000）	（0.488）	（0.000）	（0.488）	（0.000）	（0.000）
lnPergdp	-4.099***	40.924***	1.306***	-25.671***	-5.511***	66.259***
	（0.000）	（0.000）	（0.000）	（0.000）	（0.000）	（0.002）
lnPergdp2	1.553***	-2.166***	-1.739***	1.589***	4.444***	-3.799***
	（0.000）	（0.000）	（0.003）	（0.000）	（0.000）	（0.000）
Expend	-0.094	-0.003	-0.168***	-0.354***	-0.026	0.006
	（0.411）	（0.966）	（0.000）	（0.000）	（0.880）	（0.973）
Tax	1.001	-0.866***	0.711***	0.608**	-0.829	-2.556***
	（0.124）	（0.000）	（0.005）	（0.042）	（0.147）	（0.000）

续表

变量	IE		IE_Small		IE_Self	
	当期解释变量	滞后一期解释变量	当期解释变量	滞后一期解释变量	当期解释变量	滞后一期解释变量
	(1)	(2)	(3)	(4)	(5)	(6)
Invest	1.031*	0.883***	0.093	0.097***	0.671	0.609***
	(0.055)	(0.000)	(0.398)	(0.001)	(0.152)	(0.001)
Year_2005	12.228***	10.053***	7.623***	5.022***	4.675**	7.761**
	(0.000)	(0.000)	(0.000)	(0.000)	(0.042)	(0.013)
Year_2010	19.248***	14.089***	13.809***	9.367***	3.374	10.020
	(0.000)	(0.004)	(0.000)	(0.001)	(0.406)	(0.136)
Constant	-290.396***	-149.291***	131.638***	108.900***	-473.591***	-248.824**
	(0.000)	(0.000)	(0.000)	(0.000)	(0.000)	(0.025)
截面数	263	264	264	265	262	262
样本数	577	589	580	593	547	558
R^2	0.776	0.768	0.765	0.750	0.717	0.731

注：FE 表示固定效应模型，RE 表示随机效应模型；括号内为 t 值；*、**和***分别代表在10%、5%和 1%的统计水平上显著。

结果表明，除私营企业相对规模当期解释变量的回归系数不显著以外，经济周期对非正规就业相对规模、私营企业就业相对规模、个体未统计就业相对规模的回归系数符号与上文相同，且在 10%的显著性水平下显著，表明本节对非正规就业与经济周期的回归结果具有稳健性。控制变量的回归结果与上文的结果基本相同，此处不再一一说明。

12.4 本章小结

本章利用 287 个地级及以上城市的非平衡面板数据，对城镇非正规就业与经济周期关系的实证研究。研究发现，城镇非正规就业与经济周期总体上呈现负相关关系，表明非正规就业是劳动者为了避免失业的生存选择，发挥经济周期“缓冲器”的作用，从而支持了二元经济理论的观点。进一步地，分样本回归结果表明，城镇私营企业就业与经济周期正相关，而个体、“未统计就业”与经济周期负相关，表明我国城镇非正规就业具有异质性，支持了结构联系理论的观点，其中私营企业就业更具有新自由主义理论特征，是具有成长性的可积累部门，而个体、“未统计就业”则更具有二元经济理论特征，是落后的、边缘性的生存部门。控制变量的回归结果进一步表明私营企业就业和个体、“未统计就业”具有不同的运行特征。

从政策取向上来看，城镇非正规就业存在显著的异质性，其中私营企业就业在经济运行特征上更接近正规就业的特征，但是大部分并未在正规的社会保障体制之内，因此政府可以采取增强社会保障制度的灵活性、适度降低私营企业的社保缴费率等政策促进其正规化。而个体、“未统计就业”更多地发挥经济周期“缓冲器”的作用，应当采取减少政府行政干预、加强人力资本培训等措施，增强个体就业和“未统计就业”的生存空间。此外，加快收入分配体制改革，缩小城乡收入差距，是降低非正规就业规模的重要渠道，这要求政府在政策取向上应当考虑现行经济发展阶段下，非正规就业对于低收入劳动者收入来源的重要作用，不能过快地推行“正规化”政策。

13 发展不足还是管制太多：二元经济理论和新自由主义理论适用性的实证检验

20 世纪 50 年代以来，各国非正规就业迅速兴起，由此带来劳动力市场灵活性的上升和安全性的下降，不仅引发不同学派的理论争论，而且形成截然相反的政策取向。一方面，二元主义者从其生产组织水平低下、劳动报酬较低、就业状态不稳定等特征出发，认为非正规就业是经济发展初期正规就业机会不足条件下劳动者采取的低级就业形式，主张政府推动非正规就业正规化发展（Harris and Todaro，1970；Fields，1975；刘易斯，1989）；另一方面，新自由主义者则从其灵活性、自主性特征出发，认为非正规就业是在政府过度管制下劳动者基于自身成本收益的“理性选择”，主张减少政府对劳动力市场的干预，甚至完全解除政府管制（Maloney，1998，2004；De Soto，1989，2000）。近年来，各国追求高质量就业和包容性劳动力市场的意愿增强，基本目标之一便是提升非正规就业者就业质量（ILO，2013），而考察不同理论观点适用性，明确非正规就业政策取向和治理策略，是实现这一目标的重要前提。

本章从二元经济理论和新自由主义理论两大学派观点出发，从经济发展和政府管制两个层面构建变量，利用跨国和中国城市面板数据对非正规就业规模的决定因素进行实证检验，并利用夏普利值分解方法以两类变量对非正规就业形成的边际贡献度进行定量测度，考察不同理论对非正规就业现象的解释力，进而给出政策建议。

13.1 二元经济理论和新自由主义理论的争论

20 世纪 50 年代以来，出于第二次世界大战后世界各国经济恢复和发展的需要，发展经济学进入鼎盛发展时期，作为新古典主义对立面的结构主义成为经济发展理论的主流思潮。结构主义认为，发展中国家受经济发展水平低下、市场机制不完善、制度或缺等因素制约，经济变量往往表现出无弹性或刚性的结构特征，新古典主义核心的市场—价格机制不能充分发挥作用，经济发展需要政府计划完成工业化和现代化过程。Lewis（1954）提出的基于劳动力市场刚性结构的二元经济结构理论是最具影响力的结构主义基础理论之一。与当时的其他经济发展理论一样，该理论也将资本积累作为推动经济发展的关键。非正规就业由于其“贫困就业”特征，自提出之初便被纳入二元经济理论的研究框架（Harris and Todaro，1970；Fields，1975）。该理论认为，在城乡二元结构条件下，农村剩余劳动受到城市地区高工资、高福利，以及教育、医疗等公共资源的吸引，会以超过城市部门所能吸纳的劳动力数量进入城市（刘易斯，1989）。而由于城市正规部门不能提供足够的就业机会，这部分剩余劳动不得不进入城市非正规部门就业，因此非正规就业是农村剩余劳动在城市部门的“蓄水池”，表现出与农村部门相同的边缘性、剩余性和生存性特征，并与城市正规部门形成新的二元结构（Geertz，1963；Moser，1978）。随着经济的不断发展，资本积累和工业化水平的提高，正规部门的就业机会增加，将逐渐吸纳非正规就业者进入正规部门就业，直至经济二元结构转型完成，非正规就业现象消失。

二元经济理论为非正规就业现象提供了与其经济特征相一致的理论解释。但是随后的发展趋势表明，发展中国家非正规就业非但没有消失反而大幅度增加，并且在发达国家也存在非正规就业现象。经验证据也表明，非正规部门也存在进入门槛，并发现正规就业向非正规就业反向流动的证据（Maloney，1998）。进入 20 世纪 80 年代以后，新自由主义思潮再度兴起并成为经济发展的主流思潮，对非正规就业的理论认知也形成了基于新自由主义思潮的新自由主义理论假说。其中秘鲁经济学家赫尔南多·德·索托为该理论的提出做出基础性贡献。德·索托及其团队对非洲和南美洲国家的大量调查研究发现，发展中国家非正规就业大量存在的原因并不是缺少资本，而是缺少对普通民众财产的正规产权和法律保护，大量的劳动力和资本不得不隐藏于非正规部门之中（De Soto，2000）。此外，发展中国家普遍存在的政府对垄断的保护、对经济的过度干预、官僚主义和腐败等问题，提高了正规部门的进入和留存成本，使劳动者自愿选择进入非正规部门就业。因此，德·索托（De Soto，1989）提出发展中国家政府要建立起公正的产权和司法制度，以代替政府对经济的过分控制和干预。

实证研究方面，对不同学派的理论争论可以归结为经济发展和政府管制因素对非正规就业规模或者劳动者就业选择影响的实证检验。其中对经济发展因素的实证研究基本支持了“非正规就业是经济发展水平不足下的‘贫困就业’”的观点。Chong 和 Gradstein（2007）基于 1990～2000 年跨国面板数据的实证研究发现，非正规就业规模与收入不平等程度呈正比，劳动者越贫穷，就职于低于正规就业生产率水平和正规自营就业者收入水平的概率越高。Diaz-Serrano（2010）基于微观数据的实证研究发现，移民、少数民族和弱势群体劳动者面临正规部门进入障碍，从事非正规部门就业的概率更高。Williams 等（2013）对 2006～2010 年 16 个拉丁美洲国家的跨国面板数据研究发现，非正规就业规模与人均收入水平呈反比，与人口贫困率呈正比。

政府管制因素对非正规就业的影响是实证研究的热点。早期的研究认为避税、逃避劳动监管等成本因素是劳动者选择非正规就业的主要原因。Perry 等（2007）对墨西哥的研究发现，劳动力市场规制和劳动税收通过增加劳动力成本、降低实际工资和工作灵活性等渠道提高了劳动者选择非正规就业的概率。Bosch 和 Esteban-Pretel（2009）对巴西数据的数值模型研究发现，政府降低企业雇佣成本、解雇成本和税收成本的政策，将降低非正规就业规模并减少失业。但是随着研究的不断深入，更多的经验证据表明，政府监管下的成本因素并不是劳动者选择非正规就业的主要原因，政府监管质量、立法执行质量和劳动力市场灵活性，对劳动者就业选择影响更为重要。Johnson 等（1998）分别对 OECD 国家、拉丁美洲国家和转型国家的研究发现，非正规经济规模居高不下的原因不在于税收，而在于腐败，即政府监管中的自由裁量权越高，创造腐败的可能性越高，企业进入正规部门就业的机会越小。Hazans（2011）利用 2004～2009 年 30 个欧洲国家数据，对劳动立法和政府管制与非正规就业规模的关系进行实证研究，发现税收和劳动立法的成本效应弱于劳动立法的执行效应，即政府立法执行质量是影响非正规就业规模的主要因素。Loayza 和 Rigolini（2011）利用 1984～2008 年 54 个国家的跨国面板数据的研究发现，从长期看，一个国家的法治程度越高、市场环境越宽松、政府公共服务水平越高，非正规就业比重越低。Gelb 等（2009）的研究发现，在南非，好的法律执行环境及政府公共服务能够提高正规就业水平。

二元经济理论学派和新自由主义理论学派分别从分割性劳动力市场和自由竞争劳动力市场假设出发，对非正规就业的形成、性质、作用和发展等问题形成了不同的理论观点。这两种理论观点看似截然相反，其本质上并非完全冲突。第一，非正规就业作为一种典型的从特征出发定义的经济现象，本身具有多样性和复杂性特征，不同理论学派从不同的特征出发，自然得到不同的认知结论。第二，非正规就业具有异质性，人力资本和物质资本水平不同的劳动者在就业选择时所面临的约束不同，选择非正规就业的原因也有所不同。第三，非正规就业在不同国家或经济发展阶段的表现可能有所不同，经济发展因素和政府管制因素的影响程度也会有所差异。例如，拉丁美洲地区的政府管制因素可能更重要，而非洲国家经济发展因素更重要。总之，一种经济现象的产生本身可能有多种原因，不同学派出于不同角度对同一种经济现象进行解释，各种理论之间是互相补充而不是相互替代的关系。

本节从二元经济理论和新自由主义理论的理论争论出发，选取经济发展和政府管制变量对非正规就业规模的影响进行实证检验。在数据选取上，本节一方面分别利用跨国面板数据和中国地级市面板数据对模型进行检验，为该研究提供更多的经验证据；另一方面，利用夏普利值分解的方法对两大理论对非正规就业形成的相对重要性进行精确估计，并说明了两大理论在经济不同发展阶段的相对重要性的差异。

13.2 各国非正规就业统计和规模

13.2.1 ILO 对各国非正规就业统计和规模

非正规就业定义和统计是非正规就业问题研究面临的首要难题。目前学术界对非正规就业定义和统计尚未形成统一的观点。ILO 作为该概念的提出者和主要推动者，尝试利用统一的统计框架对各国非正规就业情况进行统计。该统计框架对非正规就业的统计范围包括：①不拥有法人实体或独立账户的自营劳动者；②雇佣人数低于国家规定标准、未登记注册的就业单位从业人员；③在正规部门工作但是未签订明确的劳动合同或实际上不受国家劳动法规、收入所得税或社会保障立法保护的劳动者；④有偿的家庭帮工。目前 ILO 数据库中公布了 40 多个国家非正规就业数据，删除缺失严重的国家，得到 25 个国家 2005～2015 年的 128 个样本。

本节以非正规就业占非农就业的比例作为非正规就业规模的代理变量，对各国非正规就业规模及变化情况进行说明。首先，按照 2015 年世界银行对各个国家和地区按人均收入水平划分标准，将 25 个国家划分为低收入、中低收入、中高收入和高收入国家四类，计算非正规就业规模的均值（图 13-1）。结果显示，非正规就业规模随着人均收入水平的提高呈下降趋势，低收入国家非正规就业比重均值为 81.4%，然后依次下降为 56.7%、43.4%和 21.7%。其次，通过计算不同年份各国非正规就业均值发现，各国非正规就业规模总体呈现出下降趋势，2005～2015 年，各国非正规就业规模均值从 63.4%下降到 42.4%（图 13-2）。

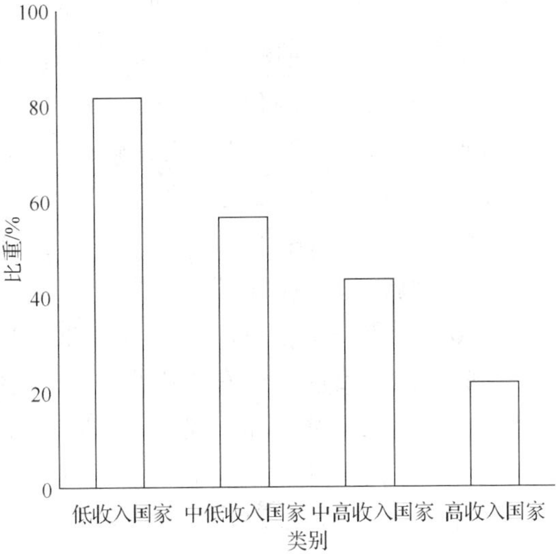

图 13-1　分收入水平各国非正规就业规模

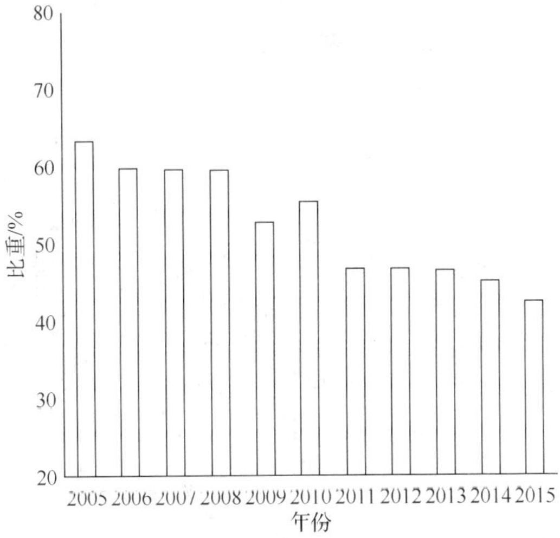

图 13-2　分年份各国非正规就业规模

13.2.2　中国非正规就业的统计和规模

由于统计框架的繁复，ILO 尚未将中国纳入非正规就业统计范围之内。对于中国非正规就业的统计，本节遵循胡鞍钢和杨韵新（2001）

的划分方法，将包括国有单位、集体单位、联营单位、股份合作单位、有限责任公司、股份有限公司、港澳台商投资单位和外商投资单位就业城镇单位就业划分为正规就业，将私营企业就业、个体工商户和“未统计就业”划分为非正规就业。其中“未统计就业”是城镇就业与城镇单位就业、私营企业就业和个体工商户之间的差额。

本节利用国家统计局数据对中国非正规就业情况进行说明。首先，如图 13-3 所示，非正规就业占城镇就业比例从 1990 年以来一直保持上升趋势，直至 2010 年升至最高点 63.19%，并从 2011 年开始进入下降区间。正规就业规模则在 1997 年国有企业改革之后出现下降，并从 2004 年开始进入上升区间。其次，从非正规就业的构成来看(图 13-4)，1995 年之后，在国有企业改革和农村劳动力向城镇转移背景下，“未统计就业”规模快速增长，占非正规就业 50%以上。2003 年之后，随着私营个体企业的发展和就业统计质量的提高，“未统计就业”占比开始下降，到 2012 年，占非正规就业比例下降到 40.7%，而私营企业就业和个体就业占比分别增至 34%和 25.4%。

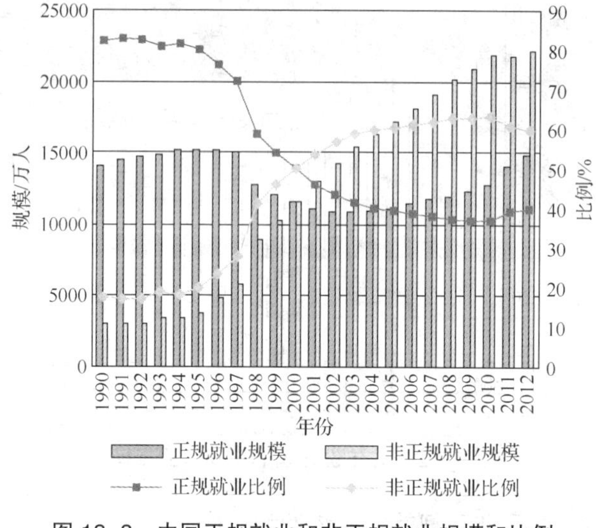

图 13-3　中国正规就业和非正规就业规模和比例

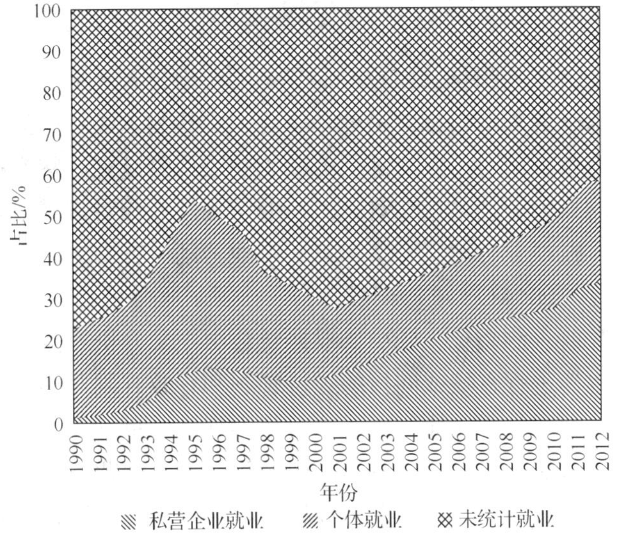

图 13-4　中国非正规就业构成

13.3　模型和数据说明

本节从经济发展和政府管制两个层面构建指标，对非正规就业的产生原因进行实证检验，建立回归模型如下：

$$\mathrm{IE}_{it}=\alpha+\sum\nolimits_{m=1}^{n}\beta_m\mathrm{ED}_{mit}+\sum\nolimits_{u=1}^{v}\gamma_u\mathrm{GR}_{uit}+\varepsilon_{it}\qquad(13.1)$$

式中，IE 为非正规就业相对规模；ED 为经济发展指标；n 为经济发展指标的数量；GR 为政府管制指标；v 为政府管制指标的数量；α为常数；ε_{it} 为残差。

为了便于叙述，将跨国面板数据和中国面板数据分别记作 PANEL_1 和 PANEL_2。

变量设置如下：

（1）非正规就业相对规模（IE）。被解释变量以非正规就业占总就业的相对规模表示。其中 PANEL_1 的 IE 采用非正规就业占非农就业的比重表示。PANEL_2 的 IE 采用城镇非正规就业占城镇就业的比重表示。

（2）经济发展指标（ED）。本节采用人均收入水平变量作为反映经济发展水平的基本指标。另外，二元主义认为，经济体的二元化程度越高，城市部门对于农村部门劳动力的吸引力越强，从农村转移到城市地区的剩余劳动数量相对越多，非正规就业相对规模越高。本节选取第二、三产业劳动生产率和第一产业劳动生产率之比，对经济的二元化程度（DUAL）进行刻画。

（3）政府管制指标（GR）。根据新自由主义理论观点，政府不仅要对经济主体进行直接或间接的经济管制和行政管制，还要为经济运行提供基本的产权和法律规则，同时作为规则的执行者，廉洁公正地执行各项法律法规以保障经济的高效有序运行。因此本节从政府管制范围和管制质量两个方面出发，设置变量对政府管制进行考察。其中衡量政府管制范围的指标包括政府规模（GOV）、政府税率（TAX）和社会保障覆盖率（CSI）三个指标。政府规模反映政府对于正规经济的创造能力及对于正规就业的需求能力。一方面，政府部门运行本身会创造对正规就业的需求；另一方面，政府作为经济参与主体之一，政府规模越大，通过政府购买及对企业进行直接或间接控制等行为，创造正规经济的能力越强。税收是政府最重要的经济管制手段之一。新自由主义理论认为，正规部门过重的税收负担是企业和劳动者选择非正规部门的主要原因之一。因此，选取政府税率对企业税收负担进行衡量，为就业者提供基本的社会保护和劳工保障是现代资本主义的基本特征，也构成正规部门重要的进入成本。而社会保障覆盖程度通常取决于政府对社保法规的执行力度，因此选取社会保障覆盖率对企业社保负担进行衡量。政府管制质量选取产权和法治规则（PRR）和政府廉洁度（ACR）两个指标，前者反映政府对有效的产权和法治规则的制定能力，后者反映政府对法治规则的有效执行能力。PANEL_1 和 PANEL_2 具体的变量定义参见表 13-1。

表 13-1 变量定义和数据来源

变量	变量名称	变量符号	变量定义	数据来源
PANEL_1	非正规就业相对规模	IE	非正规就业/非农就业	ILO 数据库
	经济发展程度	LNGNI	以 2010 年为基期的实际人均 GNI 的对数	WDI 数据库
	经济二元化程度	DUAL	第二、三产业劳动生产率/第一产业劳动生产率	WDI 数据库
	政府规模	GOV	政府最终消费/GDP	WDI 数据库
	政府税率	TAX	企业利润税/商业利润	WDI 数据库
	社保覆盖率	CSI	拥有社会保险计划的人口数/人口数	WDI 数据库
	产权和法治规则	PRR	产权与法治评级（1=低至 6=高）	CPIA 报告
	政府廉洁度	ACR	公共部门问责制与腐败评级（1=低至 6=高）	CPIA 报告
PANEL_2	非正规就业规模	IE	城镇非正规就业/城镇总就业	中国经济与社会发展统计数据库
	经济发展程度	LNGDP	以 2010 年为基期的实际人均 GDP 的对数	国研网
	经济二元化程度	DUAL	第二、三产业劳动生产率/第一产业劳动生产率	国研网
	政府规模	GOV	政府财政支出/GDP	国研网
	政府税率	TAX	政府财政收入/GDP	国研网
	社保覆盖率	CSI	政府社会保障支出/人口数	全国地市县财政统计资料
	产权和法治评级	PRR	知识产权保护指数	樊纲市场化指数
	政府廉洁度	ACR	公职人员犯罪立案数/公务人员数	《中国检察年鉴》

PANEL_1 所使用数据除了 IE 数据来自 ILO 数据库，其他数据全部来自世界银行的世界发展指标（World Development Indicators，WDI）数据库。其中 PRR 和 ACR 数据来自世界银行的国家政策与制度评估报告中的产权与法治评级、公共部门问责制与腐败评级两个指标。

中国现行统计制度中的分省份就业统计，只公布了城镇单位就业和私营个体就业数据，把“未统计就业”直接全部归入了乡村就业人员中（蔡昉和王美艳，2004；岳希明，2005）。如图 13-4 所示，“未统计就业”占非正规就业的一半以上，因此如果使用分省份数据会造成对非正规就业规模的严重低估。为此，本节使用的IE数据来自2000年和2010年的人口普查和2005年的1%人口抽样调查。该调查“长表数据”中“就业卷”的“城市”和“镇”数据中公布了包含“未统计就业”全部城镇就业数据。数据来源为《中国经济与社会发展统计数据库》。删除数据缺失严重的样本，得到254个地级市2000年、2005年、2010年642个样本。其他地级市层面数据来自国研网和全国地市县财政统计资料。由于缺乏地级市层面的PRR和ACR数据，采用地级市所在省级层面数据来替代。数据来源分别为樊纲市场化指数和《中国检察年鉴》。

13.4 实证结果与分析

13.4.1 跨国样本回归结果

在对模型进行估计之前，首先需要考虑非正规就业与经济发展水平之间可能存在的双向因果关系。根据二元主义观点，非正规就业作为不具备可积累性和增长性的就业方式，其存在本身是经济发展水平低下的重要原因；非正规就业具有地下经济特征，往往在正规的国民收入统计之外，而这种统计上的遗漏会造成对经济发展水平的低估（Gerxhani，2004；Feige，1979）。对此本节采用杜宾-吴-豪斯曼检验（DWH Test）对模型进行内生性检验，结果拒绝不存在内生性的原假设。因此选取人均GNI的滞后一期项和滞后二期项作为人均GNI的工具变量，采用两阶段最小二乘法（Two Stage Least Square，2SLS）对模型进行估计。其次，考虑到面板数据的个体固定效应还是随机效应选择问题，对模型进行Hausman检验，结果在1%的显著性水平下拒绝了随机效应原假设。因此采用基于个体固定效应的2SLS方法对模型进行估计。

表13-2同时给出了未处理内生性和2SLS方法下的个体固定效应模型回归结果。2SLS估计结果通过了工具变量的不可识别检验、弱工

具变量检验和 Sargan 检验，表明该方法有效地控制了模型的内生性问题。从回归结果看，LNGNI 的回归系数为负，且全部显著，并在控制了模型的内生性之后，回归系数绝对值上升，表明原模型回归结果会低估人均 GNI 对非正规就业规模的负向作用，2SLS 方法校正了原模型估计不一致的问题。该回归结果支持了二元主义观点。随着经济发展水平的提高，正规部门创造正规就业能力增强，能够吸收更多的农村转移劳动力到正规部门就业，使非正规就业规模下降。DUAL 的回归结果显著为正，表明城乡二元结构是非正规就业形成的原因之一。经济的二元差距越大，城市部门对农村剩余劳动的吸引力越强，农村转移劳动力越多，非正规就业规模越高。政府管制指标中，DOV 的回归系数显著为负，表明政府规模越大，正规经济创造能力越强，对正规就业的需求越高，非正规就业规模则相对越低，与预期相一致。TAX 和 CSI 回归系数为正，支持了新自由主义理论的观点，税收和社保等正规化成本因素是影响劳动者非正规就业选择的重要原因。政府税率越高，社保执行力度越大，正规部门的税收负担和社会保障负担越重，会使更多的企业和劳动者为了规避正规就业成本，进入非正规部门就业。PRR 和 ACR 的回归系数为负，表明产权治理规则和法治环境越完善、政府越廉洁的国家，企业和劳动者越倾向进入正规部门，非正规就业规模越低。

除了对全样本进行回归以外，为了考察不同经济发展阶段不同因素对非正规就业产生原因的影响差异，本节将 25 个国家划分为中低及低收入国家和中高及高收入国家两个子样本分别进行回归。回归结果显示，两个子样本变量回归系数方向与全样本基本一致，但是显著性略有差别。对比来看，中低及低收入子样本中人均 GNI 的回归系数绝对值较高，且 DUAL 变量显著，表明经济发展水平越低的国家，经济发展因素对非正规就业规模的影响越大，非正规部门更多地呈现出生存性、边缘性的“贫困就业”特征。政府管制变量中，两个子样本中 GOV 都显著为负，表明无论经济发展水平高低，政府规模对正规经济的创造能力都能显著降低非正规就业。对于中低和低收入子样本，在控制内生性之后，TAX 和 CSI 都不显著，表明对于低收入水平国家和地区的劳动者而言，缺乏足够的物质和人力资本是其停留在非正规部门的主要原因，而正规部门进入成本可能不是其要考虑的主要因素。在中高及高收入子样本，TAX 显著，而 CSI 不显著，表明对于高经济发展水平国家来说，税收成本是企业和劳动者在正规和非正规就业选择时考虑的重要因素，同时可能由于这些国家的社会保障和劳动保护水平一般较高，因而社保变量不显著。PRR 和 ACR 在中低及低收入子样本中更显著，可能是由于对于低收入水平国家来说，缺乏清晰的产权规则和立法，以及政府腐败造成的经济运行的低效率，是非正规就业居高不下的重要原因。

表 13-2　PANEL_1 回归结果

变量	全样本		中低及低收入子样本		中高及高收入子样本	
	FE （1）	FE+2SLS （2）	FE （3）	FE+2SLS （4）	FE （5）	FE+2SLS （6）
LNGNI	-50.419*** （8.142）	-55.044*** （10.825）	-59.757*** （19.794）	-74.531*** （21.196）	-47.240*** （6.308）	-51.471*** （15.570）
DUAL	1.431** （0.551）	1.454*** （0.542）	1.393** （0.543）	1.333** （0.581）	1.463 （3.310）	1.682 （1.804）
GOV	-1.665*** （0.403）	-1.718*** （0.535）	-1.681** （0.625）	-1.828*** （0.681）	-2.004** （0.669）	-2.032** （0.936）
TAX	0.194* （0.098）	0.210*** （0.079）	0.146 （0.092）	0.187 （0.128）	0.244** （0.100）	0.259** （0.112）
CSI	0.052* （0.025）	0.053 （0.042）	0.042* （0.020）	0.051 （0.076）	0.057 （0.035）	0.056 （0.052）
ACR	-2.088** （0.943）	-2.428* （1.255）	-2.089 （1.300）	-2.857* （1.687）	-2.089 （1.758）	-2.353 （1.992）
PRR	-1.682*** （0.432）	-1.753 （1.358）	-2.052*** （0.566）	-2.318 （1.506）	-1.486 （4.379）	-2.182 （7.132）
常数项	501.822*** （74.526）	542.712*** （99.606）	557.019*** （164.741）	677.639*** （187.961）	496.526*** （57.753）	535.711*** （156.082）
不可识别检验		43.992		34.959		10.246
弱工具变量检验		37.827		49.972		19.93
Sargan 检验		0.539		1.515		0.204
观测值	128	128	64	64	64	64
截面数	25	25	14	14	11	11
R^2	0.337	0.336	0.424	0.409	0.266	0.265

注：括号内为稳健标准差；*、**和***分别代表在 10%、5%和 1%的统计水平上显著。

13.4.2 中国样本回归分析

如图 13-3 所示，中国城镇非正规就业在 1990～2012 年呈现出“先上升、后下降”的倒 U 形，为此本节在 PANEL_2 的回归模型中加入了人均 GDP 的平方项。与 PANEL_1 相同，为了克服人均 GDP 的内生性问题，选取滞后一期和滞后二期人均 GDP 和人均 GDP 的平方项作为当期人均 GDP 和人均 GDP 平方的工具变量，采用基于个体固定效应的 2SLS 方法对模型进行估计。与 PANEL_1 相对应，为了考察不同发展阶段两类因素的影响差异，按照 2010 年世界银行收入分组标准，将 254 个地级市划分为中低及低收入地区和中高及高收入地区两个子样本分别进行回归。

表 13-3 给出了全样本和子样本回归结果。全样本模型中，LNGDP 的回归系数显著为正，$LNGDP^2$ 的回归系数显著为负，表明随着经济发展水平的提高，城镇非正规就业规模呈现出“先上升、后下降”的倒 U 形变化过程，这主要是由于我国非正规就业形成中面临的经济发展和经济转型的双重背景。中华人民共和国成立之后，我国长期实行计划经济，国有经济和集体经济构成国民经济的主体，政府通过户籍等制度安排将城乡劳动力市场分隔开来，形成典型的城乡二元经济体制。改革开放之后，随着户籍制度的逐渐开放，农业户籍人口开始向城市流动，但是这一时期非正规就业发展比较缓慢，正规就业依然是城镇就业的主体。直到 20 世纪 90 年代中后期大规模国有企业改革的开启，大量国有企业工作人员下岗并以“再就业”形式进入非正规劳动力市场。与此同时，城乡人口流动政策进一步放宽，农村劳动力出现空前“进城潮”。国有企业下岗人员与农村转移劳动力共同构成了非正规就业的供给，城镇非正规就业规模开始迅猛增加，并且超过正规就业，成为城镇就业的主体。进入 21 世纪，随着资本的积累和技术水平的提升，股份制企业、外资企业等正规经济得到迅速发展。同时由于农村剩余劳动和“人口红利”的迅速消失，城镇正规就业的扩张速度超过非正规就业的扩张速度，非正规就业规模开始下降。我国城镇非正规就业是在由计划经济下正规就业为主体，向市场经济转型过程

中发展起来的，并且随着国有企业改革和股份制等成熟市场经济组织形式的发展而开始下降，呈现出倒U形。DUAL变量显著为正，表明城乡二元结构是城镇非正规就业形成的重要原因。政府管制变量中，GOV回归系数显著为负，表明与PANEL_1相同，政府规模对正规就业的创造能力能够降低非正规就业水平。TAX和CSI为正且显著，表明随着政府税率和政府对社保执行强度的提高，劳动者进入正规部门就业的成本提高，使更多的劳动者选择非正规的就业形式。PRR回归系数为负，意味着政府知识产权保护程度越高的地区，产权意识和产权规则越清晰，产权意识薄弱甚至在正规产权规则之外的非正规就业的生存空间越小。ACR回归系数为正，与预期相符，表明一个地区越腐败，正规部门进入成本越高，非正规就业比重越高。

表13-3　PANEL_2回归结果

变量	全部地区		中低及低收入子样本		中高及高收入子样本	
	FE （1）	FE+2SLS （2）	FE （3）	FE+2SLS （4）	FE （5）	FE+2SLS （6）
LNGDP	92.923***	94.983***	114.289**	115.046**	57.490*	67.669**
	（18.814）	（21.637）	（46.818）	（49.197）	（29.334）	（32.485）
$LNGDP^2$	−5.028***	−5.219***	−6.389**	−6.443**	−3.156**	−3.811**
	（1.012）	（1.141）	（2.622）	（2.709）	（1.515）	（1.674）
DUAL	1.192***	1.303***	1.314***	1.506**	0.975*	1.128**
	（0.370）	（0.417）	（0.452）	（0.640）	（0.587）	（0.554）
GOV	−0.327**	−0.387**	−0.424***	−0.497**	0.352	0.422
	（0.149）	（0.186）	（0.151）	（0.206）	（0.574）	（0.506）
TAX	0.883	0.984*	2.974***	3.183***	−0.165	−0.033
	（0.613）	（0.517）	（1.036）	（0.978）	（0.795）	（0.696）
CSI	0.538**	0.607**	1.057	1.339*	0.664**	0.777***
	（0.248）	（0.269）	（0.695）	（0.705）	（0.268）	（0.287）
PRR	−0.212***	−0.207**	−0.075	−0.054	−0.206**	0.218**
	（0.080）	（0.086）	（0.202）	（0.247）	（0.095）	（0.092）
ACR	0.655***	0.718***	1.098***	1.161***	0.496***	0.584***
	（0.112）	（0.116）	（0.172）	（0.215）	（0.138）	（0.138）
常数项	−471.826***	−482.482***	−559.593***	−578.217**	−289.624**	−339.416**
	（87.024）	（108.275）	（204.702）	（227.660）	（142.248）	（169.749）
不可识别检验		260.341		119.469		142.967
弱工具变量检验		329.338		206.299		151.562

续表

变量	全部地区		中低及低收入子样本		中高及高收入子样本	
	FE （1）	FE+2SLS （2）	FE （3）	FE+2SLS （4）	FE （5）	FE+2SLS （6）
Sargan 检验		2.757		0.541		5.819
观测值	616	616	290	290	326	326
R^2	0.355	0.324	0.474	0.434	0.278	0.278
截面数	254	254	121	121	133	133

注：括号内为稳健标准差；*、**和***分别代表在 10%、5%和 1%的统计水平上显著。

两个子样本中，人均 GDP 和人均 GDP 的平方回归系数显著，且符号方向与全样本模型相同，表明我国城镇非正规就业在不同经济发展阶段地区都表现出“先上升、后下降”的变化趋势。DUAL 都显著为正，表明在经济不同发展阶段，二元经济结构是非正规就业形成的重要原因。政府管制指标中，GOV 和 TAX 在中低及低收入子样本中更显著，表明经济发展阶段越低的地区，政府对正规经济的控制能力和政府高税率，对非正规就业的负向影响越明显。CSI 在两个子样本中都显著，表明在经济不同发展阶段，政府对社会保障的执行力度都是劳动者选择非正规就业的重要原因。事实上，随着我国社会保障制度的完善和政府执行力度的加大，社会保险和劳工保护已经成为企业不容忽视的重要成本，也是劳动者规避正规就业成本选择非正规就业的重要原因。PRR 在中高及高收入子样本中更显著，可能是由于知识产权保护和产权规则在经济发展水平较高的地区，对于劳动力市场影响更大，而在经济发展水平较低的地区，该变量不是主要的约束因素。ACR 在两个子样本中都显著，表明无论经济发展水平高低，政府腐败都是非正规就业形成的重要原因。

13.5 夏普利值分解

回归分析法能够得到各变量对被解释变量影响的系数大小和方向，但是不能说明解释变量对被解释变量变化的贡献程度。本节研究目的在于考察两种理论对非正规就业形成解释力的大小，因此有必要精确评估各个变量对非正规就业相对规模变化的影响程度。本文采用Israeli（2007）和Huettner和Sunder（2012）提出的基于R^2的夏普利值分解的方法，分解出解释变量贡献率的大小。该方法不仅能够在变量之间存在相关性或多重共线性等问题时，依然得到稳健的分解结果，而且能够对变量进行分组，识别各组的边际总贡献。其基本思路：当测度变量X的贡献度时，首先计算包含该变量模型的R^2，然后剔除该变量计算R^2的变化，R^2变化率越高，表明X变量的边际贡献或贡献率越大。由于解释变量之间可能存在多种组合，该方法计算出各种可能组合情况下R^2变化的均值，以此作为该变量的边际贡献或贡献率。

分解结果见表13-4。PANEL_1中经济发展指标对非正规就业相对规模的总贡献率是63.48%，政府管制指标的总贡献率是16.26%，表明经济发展因素对非正规就业形成的影响程度高于政府管制因素。分收入子样本的分解结果与全样本相一致，表明对于不同发展阶段的国家而言，经济发展因素对非正规就业形成的影响都更为重要。对比来看，经济发展因素对于中低及低收入国家更重要，尤其是二元化指标对于中低及低收入国家来说更重要，表明对于经济处于初级阶段的国家来说，提高资本积累和人力资本水平，消除经济中二元性结构，为贫困劳动者提供足够的就业机会，是降低非正规就业的有效途径。政府管制因素对于中高及高收入水平国家更重要，表明对于经济发展水平较高的国家来说，提高政府对经济的管制水平，降低税收和社保等正规部门进入成本，为市场提供合理的产权和法治规则，并保障各项规则法规的有效执行，有利于非正规就业规模的降低。政府规模指标对两个子样本的贡献率都较高，表明政府对正规经济的创造能力在降低非正规就业规模中发挥重要作用，但是政府规模的正向作用并不意味着就业质量的绝对改善，政府对经济的控制力对非正规就业的影响还需要进行深入研究。

表 13-4 基于夏普利值分解的各因素贡献率（单位：%）

变量		全部样本	中低及低收入子样本	中高及高收入子样本
PANEL_1	经济发展	63.48	61.45	47.09
	LNGNI	52.05	38.16	45.54
	DUAL	11.43	23.29	1.55
	政府管制	16.26	16.95	38.59
	GOV	9.81	8.68	14.22
	TAX	3.07	1.24	9.19
	CSI	0.52	4.13	7.3
	ACR	2.09	0.56	3.17
	PRR	0.77	2.34	4.71
	其他因素	20.26	21.6	14.32
	TOTAL	100	100	100
PANEL_2	经济发展	64.86	64.09	48.5
	LNGDP	23.89	25.16	15.48
	$LNGDP^2$	21.66	23.77	14.5
	DUAL	19.31	15.16	18.52
	政府管制	28.21	25.79	43.51
	GOV	7.89	5.27	13.89
	TAX	4.04	6.23	4.32
	CSI	5.92	7.27	4.56
	PRR	5.25	1.48	11.85
	ACR	5.11	5.54	8.89
	其他因素	6.93	10.12	7.99
	TOTAL	100	100	100

注：夏普利值分解是基于 FE+2SLS 手动计算的；其他因素是基于固定效应的个体特征的影响结果。

PANEL_2 的分解结果与跨国样本基本相同。对于中国而言，经济发展因素对于非正规就业的形成影响高于政府管制因素，但是相对而言，在经济发展水平较低时，经济发展因素更为重要，而随着经济发展水平的提高，政府管制因素的重要性提高。中国非正规就业形成于经济发展和经济转型的双重背景，经济发展初期的资本不足等经济发展因素是非正规就业形成的主要原因。与跨国数据相比，经济二元性对我国非正规就业的解释力较高，突出反映了户籍等城乡二元制度安排所造成的劳动力市场扭曲，对非正规就业形成的重要影响。政府管制因素方面，随着经济发展水平的提高，政府劳动立法和社会保障等日益确立，税收和社会保障等成本因素对于劳动力非正规就业选择的影响越来越大。同时正规企业对于知识产权保护和政府廉洁高效等政府管制质量因素要求越来越高，提供有效的产权保护规则和政府公正廉洁执法，对于促进正规经济的发展和扩张越来越重要。

13.6 本章小结

本章利用跨国和中国城市双面板数据，对非正规就业产生原因进行实证检验，进而考察二元主义和新自由主义的理论适用性。结果发现：①经济发展不足是非正规就业产生的主要原因，随着经济发展水平的提高，政府管制因素的贡献度相对提升；②政府管制因素中，税收和社保等成本因素对非正规就业形成有显著影响，并且随着经济发展水平的提高，正规的产权规则和较高的立法执行质量等对于降低非正规就业规模作用越来越大；③与跨国面板不同，我国城镇非正规就业与经济发展水平呈现出“先上升、后下降”的倒U形关系，并且在城乡二元分割制度安排下，经济二元性对非正规就业形成的影响更为显著。

本章研究结果表明，非正规就业更多地表现出经济发展水平不足下的“生存特征”，而非政府管制过多下的“自愿选择”。而经济发展水平的提高和二元经济结构转变是一个漫长的过程，这意味着对于发展中国家来说，非正规就业是一个长期存在的经济现象。因此本章给出政策建议如下：①政府应对非正规就业现象保持足够的耐心，肯定非正规就业在创造收入与就业方面的积极作用，消除对于非正规就业的政策歧视。②认识到政府管制因素对于非正规就业产生的重要影响。采取措施降低税收、社保等正规化成本，同时提升政府管制质量，建立正规的产权和法治规则，提高政府行政效率和公正廉洁执法能力。

目前，我国已经进入非正规就业相对规模下降的阶段，随着我国进入中等收入国家行列，提升政府管制水平对于进一步降低非正规就业越来越重要。因此建议：①降低正规就业进入成本。继续实行减税政策，降低企业税收负担，并对企业社会保障负担进行评估，给予企业对于社保缴纳标准更大的自主权。②提升政府管制水平。切实加强和完善知识产权等产权规则和法治水平，提高政府运行效率和公正执法水平。③加快户籍改革进程。尽快使农村进城人员享有与城市居民同等的经济社会权利，并降低农民工就业或创业门槛，如对于农民工创业给予政策支持等。

14 非正规就业与正规就业收入差距的实证研究[①]

非正规就业作为城镇劳动力市场的重要组成部分，其生存和生活状态的改善也一直是各方关注的焦点。但是由于对非正规就业产生原因认知的差异，研究者对非正规就业的生存状态及政策取向认知产生较大的争论，并由此形成截然相反的理论观点。一方面，二元主义者认为非正规就业是劳动者在分割性劳动力市场下为了维持生计的生存选择，与正规就业比，存在"无法解释"的收入差距，且具有劳动时间长、工作条件和稳定性差、缺乏必要的劳工保护和社会保障等"弱势"特征，政府应当采取措施减少非正规就业；另一方面，新自由主义者认为非正规就业是劳动者在竞争性劳动力市场下的自主选择，与正规就业相比，不存在显著的收入差距，且更具竞争性、灵活性和自主性，政府应鼓励非正规就业的发展。

就业机会平等、同工同酬，让每个劳动者实现"体面就业"，是劳动力市场化改革的基本方向。随着我国劳动力市场供求关系发生转变，劳动力要素回报开始提升，政府对劳动者生存状态的关注度也不断提高。尤其是 2008 年以来，新《劳动法》等一系列劳动法规的出台，以及近些年来对于各项劳动者权益保障政策执行力度的加大，似乎都预示着劳动力市场正向着有利于劳动者的方向发展。但是这些转变是否

① 本章主要内容已在《人口与经济》2017 年第 2 期发表，文章题目为《非正规就业者的境况得到改善了么？——来自 1997—2011 年 CHNS 数据的证据》。

使非正规就业者的生活境遇或收入水平得到改善，尚未得到实证上的验证，同时理论认知上的争论也造成对于非正规就业和非正规就业境遇关注界限的模糊。本章将利用 1997～2011 年 CHNS（China Health and Nutrition Survey，中国家庭营养与健康调查）数据库，采用倾向得分匹配（Propensity Score Matching，PSM）技术控制样本的选择性偏差，从正规就业和非正规就业收入差距变动的角度，对劳动力市场化改革以来非正规就业的境遇状况变化进行研究，并对政府政策取向提出建议。

14.1　非正规就业与正规就业收入差距的理论分析

国外对正规就业和非正规就业收入差距的理论和实证研究都比较丰富。从理论研究来看，基本已经形成以下三种观点：第一种是二元经济理论的观点，认为劳动力市场是分割的，劳动者由于无法进入正规劳动力市场而不得不选择非正规就业方式，因此非正规就业由非自愿的生存劳动者组成，收入水平远远低于正规就业者，二者之间的收入差距不能完全由人力资本等市场因素解释，而是存在非正规就业歧视；第二种是新自由主义理论的观点，认为劳动力市场是完全竞争的，劳动者根据自身禀赋和制度约束，在正规和非正规就业之间自愿选择，因此非正规就业是由具有企业家精神的劳动者组成的，二者之间的工资差异完全可以由可观测的人力资本等市场因素解释，不存在额外的正规就业收入溢价；第三种是结构联系理论的观点，认为非正规就业本身存在异质性，既存在非自愿的生存劳动者，也存在具有企业家精神的自愿进入者。前者与正规就业相比，存在正规就业收入溢价，后者不存在正规就业溢价，因此对非正规就业与正规就业收入差距的考察需要考虑非正规就业的异质性。

早期研究者围绕二元经济理论和新自由主义理论的争论进行了大量的实证研究。Dickens 和 Lang（1985）对拉丁美洲国家的研究发现，正规和非正规就业者的收入决定机制不同，正规就业收入明显高于非正规就业收入，为二元经济理论提供了证据。随后，Heckman 和 Hotz（1986）、Pradhan 和 Van Soest（1995）的研究也证实了这一观点。但是，还有一些研究则支持了新自由主义的观点。Marcouiller 等（1997）对萨尔瓦多、秘鲁和墨西哥的研究发现，萨尔瓦多和秘鲁存在正规就业工资溢价，而墨西哥则相反，存在非正规就业的工资溢价。Maloney（1998）对跨国样本的实证研究也发现，非正规自我雇佣就业者需要更多的工作经验，并且获得更高的收入。

进入 21 世纪，随着研究数据的丰富和计量技术的发展，国外对正规就业和非正规就业收入差距的研究更为细致和深入。例如，Gong 和 Van Soest（2002）对墨西哥的研究发现，男性劳动者的正规就业收入溢价存在，而女性劳动者的正规就业收入溢价不存在，同时，正规就业收入溢价随着受教育程度的提高而提高。Bargain 和 Kwenda（2011）基于倾向得分匹配和倍差法的分位数回归方法，对巴西、南非和墨西哥的研究发现，工资分布中低端的正规就业工资溢价较高，而工资分布高端的正规就业工资溢价基本消失，并且南非工资分布中低端的正规就业工资溢价相对最高，而巴西和墨西哥工资分布中低端的正规就业工资溢价相对较低。Badaoui 等（2008）在对南非劳动力市场的研究中，考虑了税收对劳动者收入的影响。该研究发现，在不考虑税收因素的影响下，正规就业者存在 12%的工资溢价，但是剔除税收因素影响后，正规就业者的工资溢价消失。

最新的研究从非正规就业自身异质性的角度出发，支持了结构联系理论的观点。Dimova 等（2010）在对西非地区的研究中，将非正规就业分为自我雇佣和工资收入者两类，结果发现二者在人力资本回报率和工资决定等方面都有较大的差异，证明了非正规就业自身存在异质性。Radchenko（2014）采用基于倾向得分匹配方法的非参数估计对埃及劳动力市场的研究发现，正规就业和非正规就业者具有不同的工资决定方程，拥有大学学历和大学学历以下的非正规就业者的收入决定也存在较大的差异，由此支持了非正规就业异质性的观点。Günther 和 Launov（2012）基于非正规就业异质性假设的反事实分析，在对科特迪瓦的研究中发现，44.8%的非正规就业是非自愿的低收入者，而 55.2%的非正规就业是自愿选择的高收入者，由此证明了非正规就业的异质性。

国外对正规就业和非正规就业收入差距的实证研究大多先从二元经济理论、新自由主义理论和结构联系理论出发，然后基于分割性劳动力市场、竞争性劳动力市场或异质性劳动力市场假说，建立计量模型，最后得到相应的结论。模型假设出发点的差异也是影响结论差异的重要因素。但是从最新的研究来看，基于结构联系理论的对非正规就业自身异质性的观点基本得到各方研究者的认同，并且成为国外非正规就业问题研究的基本出发点，只是对非正规就业内部构成和不同类型非正规就业的比例存在较大的争论。

国内对非正规就业和正规就业收入差距的研究以实证研究为主，并已经得出一些有益的结论。常进雄和王丹枫（2010）利用1997～2006年CHNS数据研究发现，正规就业和非正规就业的工资差异中，81.01%是由人力资本等可观测因素导致的，18.99%是由非市场因素导致的，证明了劳动力市场分割性的存在；同时1997年以来正规就业和非正规就业的人力资本回报率差距逐渐扩大，人力资本配置明显向有利于正规就业的方向倾斜。屈小博（2011）利用1997～2006年CHNS数据研究发现，1997年、2000年、2004年、2006年由非市场因素导致的正规就业和非正规就业的工资差异比重分别为27.84%、19.26%、17.05%和15.06%，表明两类就业者由就业类别差异导致的“收入差异”呈缩减的趋势，劳动力市场分割和无效率程度在减弱。魏下海和余玲铮（2012）利用2009年CHNS数据，采用分位数回归方法进行实证研究，结果发现，24.7%正规就业和非正规就业之间的工资差异是由两者特征差异导致的，而75.3%差异是由非市场因素导致的，因此认为我国存在严重的劳动市场分割和就业歧视。分位数分解还表明，在工资分布中低端的工资差异是由歧视等非市场因素导致的，而工资分布高端的工资差异主要来自教育和经验等个人禀赋差异。薛进军和高文书（2012）利用2005年1%人口抽样调查数据的研究发现，非正规就业和正规就业的收入差距，有73.51%可以由人力资本特征解释，26.49%由非市场因素导致，支持了分割性劳动力市场的观点。该研究同时发现，非正规就业内部的收入不平等程度高于正规就业。屈小博（2012）利用2010年中国城市劳动力抽样调查数据，将非正规就业分为非正规受雇者和自我经营者两类，对非正规就业异质性进行了研究，结果发现，人力资本特征效应和分割效应分别解释了正规就业和非正规受雇者工资差异的 79.3%和 20.7%，而正规就业者和自我经营者的工资差异完全可以由人力资本差异来解释，证明了我国城镇非正规就业存在异质性。

从以上综述可以得出以下几个结论：第一，国内正规就业和非正规就业收入的实证研究结果基本上都支持二元经济理论的分割性劳动力市场观点；第二，由于选择的数据和研究方法的不同，不同的研究对劳动力市场分割程度的结论不同，以为劳动力市场分割最严重的是魏下海和余玲铮（2012）的研究，他们认为 75.3%的工资差异是由非市场因素导致的，其他研究的结论在 15%～30%；第三，即使使用相同的数据，由于对非正规就业的定义的不同也可能得出完全相反的结论，如常进雄和王丹枫（2010）、屈小博（2011）的研究；第四，屈小博（2012），初步证明我国城镇非正规就业自身的异质性，非正规受雇者的性质更接近非自愿的生存劳动者，而自我经营者更接近具有企业家精神的自愿进入者。

虽然我国现有实证研究得出了一些有益的结论，但是在对非正规就业的定义和研究方法上都与国外研究有较大的差距，尤其是对非正规就业异质性的关注和实证研究都较少，不利于全面深入地了解和把握劳动力市场的性质。本章将利用 1997～2011 年 CHNS 数据库，采用倾向得分匹配技术控制样本的选择性偏差，对我国城镇劳动力市场非正规就业与正规就业收入差距，以及非正规就业异质性进行考察。

14.2 数据、变量与方法

14.2.1 非正规就业的统计界定

本节利用 CHNS 数据库对我国城镇正规就业和非正规就业的收入差距进行实证研究。CHNS 数据库的统计范围包括辽宁、黑龙江、江苏、山东、河南、河北、湖南、广西、贵州等 9 个省区，2011 年增加了北京、上海、重庆三个直辖市，分别在 1989 年、1991 年、1993 年、1997 年、2000 年、2004 年、2006 年、2009 年和 2011 年完成了 9 次调查，是我国目前连续调查持续时间最长的数据库之一。该数据库中提供了详尽的劳动力个体特征及就业和收入信息，是城镇非正规就业问题研究中应用最多的数据库。由于 1989 年、1991 年和 1993 年与后期数据在一些重要变量上的划分标准不同，因而本节只选取 1997 年及以后的样本进行研究，研究对象为 16～65 岁的城镇居民。为了对我国城镇正规就业和非正规就业收入差距变化趋势进行考察，本节分别对 1997 年和 2000 年、2004 年和 2006 年、2009 年和 2011 年数据进行合并，构成 T1（1997 年和 2000 年）、T2（2004 年和 2006 年）和 T3（2009 年和 2011 年）三个时期。这三个时期分别对应我国国有企业改革时期、国有企业改革完成后期和劳动立法加强时期，在这一时期我国人口结构和劳动力供求关系都发生了巨大的变化，因此分时期考察有助于我们得出更多有益的结论。

如何利用 CHNS 数据库区分正规和非正规就业是实证研究面临的首要问题。以往的研究中主要是根据 CHNS 调查中的“你在此工作中的职位是何种类型”“你工作单位是何种类型”来确定就业类型，一般将有雇工的个体经营者、无雇工的个体经营者、临时工、领取工资的家庭工人划分为非正规就业者，最具争议的是对为他人或单位工作的长期工和合同工的划分，因为这涉及对正规部门和非正规部门，以及对正规部门非正规就业的划分。最为简单的划分方法是袁霓（2010）的研究，她将所有的长期工和合同工都划分为正规就业，因此得到的非正规就业占比最低。胡凤霞和姚先国（2013）将全部长期工划分为正规就业，而将拥有公共医疗保险的合同工划分为非正规就业。最为复杂的是常进雄和王丹枫（2010）及魏下海和余玲铮（2012）的划分，他们从就业的稳定性特征出发，将在政府机关、国有企事业单位或集体企业工作的合同工划分为非正规就业，而将私营“三资”企业中的长期工划分为正规就业。屈小博（2011）的研究则考虑了正规—非正规部门的特征差异，将规模在 20 人以下的个体、私营企业中长期工和合同工划分为非正规就业，将其他单位中的长期工和合同工划分为非正规就业。本节的划分方法与屈小博（2011）的研究类似，考虑正规部门和非正规部门的差异及对正规部门非正规就业的划分，并与第 17 届 ICLS 大会给出的统计框架相对应。

具体处理方法如下：首先删除无报酬的家庭帮工及其他单位职位类型不确定的样本；然后按照第 15 次 ICLS 大会决议对非正规部门企业的划分标准，将独立的个体劳动者和规模在 20 人以下的私营企业分别作为个体经营者和小微型企业，划分为非正规部门，将政府机关、国有企事业单位、集体企业和“三资”企业划分为正规部门；最后在对正规部门非正规就业的划分标准上，考虑是否签订劳动合同标准，将在正规部门就业但是没有签订劳动合同的临时工划分为正规部门的非正规就业。表 14-1 给出了与第 17 届 ICLS 大会提出的非正规就业统计框架相对应的正规—非正规就业者分布情况。

表 14-1　非正规就业统计框架相对应的正规-非正规就业者分布情况（单位：人，%）

时期	生产单位类型	就业中的工作地位						
		自负盈亏的个体劳动者	雇主	有贡献的家庭工人	雇员		合计	
		非正规	非正规	非正规	非正规	正规	非正规	正规
T1	正规部门企业			24 （4.70）	182 （35.62）	3248 [100.00]	206 （40.31）	3248 [100.00]
	非正规部门企业	194 （37.96）	95 （18.59）	2 （0.39）	14 （2.74）		305 （59.69）	
T2	正规部门企业			8 （1.65）	170 （35.05）	1524 [100.00]	178 （36.70）	1524 [100.00]
	非正规部门企业	96 （19.79）	70 （14.43）	1 （0.21）	140 （28.87）		307 （63.30）	
T3	正规部门企业			30 （2.38）	368 （29.16）	3009 [100.00]	398 （31.54）	3009 [100.00]
	非正规部门企业	233 （18.46）	232 （18.38）	1 （0.08）	398 （31.54）		864 （68.46）	
合计	正规部门企业			62 （2.75）	720 （31.89）	7781 [100.00]	782 （34.63）	7781 [100.00]
	非正规部门企业	523 （23.16）	397 （17.58）	4 （0.18）	552 （24.45）		1476 （65.37）	

注：（　）内表示占非正规比重，[　]内表示占正规就业比重。其中，自负盈亏的个体劳动者对应 CHNS 数据库中“无雇工的个体经营者”，雇主对应“有雇工的个体经营者”，有贡献的家庭工人对应”领取工资的家庭工人”，雇员对应“为他人或单位工作的长期工、合同工和临时工”。

从表 14-1 可以初步得出以下结论：①从 T1 到 T3 时期，自负盈亏的个体劳动者占非正规就业比重下降，从 37.96%下降到 18.46%。②有雇工的非正规雇主和有贡献的家庭工人占非正规就业的比重相对比较稳定；③正规部门企业中非正规就业占全部非正规就业的比重略有下降，从 T1 时期的 35.62%到 T3 时期的 29.16%；④T2 时期以来，非正规部门企业中的非正规就业构成非正规就业的主体。

14.2.2　模型设定和变量选取

为了研究非正规就业对收入的影响，本节首先建立如下收入方程：

$$\ln W_{it} = \alpha + \beta \mathrm{IE}_{it} + \sum_{j=1}^{J} \gamma_j X_{ij} + \varepsilon_{it} \qquad (14.1)$$

式中，$\ln W_{it}$ 为个体 i 在 t 时期平均月收入的对数；α 为常数项；IE_{it} 为个体 i 在 t 时期的就业决策；IE=1 为非正规就业；IE=0 为正规就业；β 为是否非正规就业的边际收入效应；J 为控制变量的个数；X_j 为第 j 个影响劳动者收入的控制变量；γ_i 为相对应的控制变量的系数；ε_{it} 为误差项。

变量具体设定如下：

（1）被解释变量：CHNS 数据库中提供的收入数据包括工资、实物性收入、奖金和补贴等指标。考虑到除工资以外，各类奖金和各种补贴也是劳动者从事工作的直接性收入，且大多是以现金形式发放的，因此本节采用包括工资、奖金和各种补贴在内工资性收入（Wage）作为收入指标，并进行以下处理：首先将年工资性收入除以 12 得到月平均收入，然后以 2011 年为基期进行平减，最后取对数。

（2）解释变量：本节以非正规就业虚拟变量（IE）为解释变量。为了检验非正规就业的异质性，本节还将非正规就业分为雇主和工资收入者两种类型，然后分别与正规就业者的收入进行回归。最后将雇主分为有雇工的雇主和无雇工的雇主，分别与非正规工资收入者和正规就业者进行回归，考察不同类型非正规雇主性质是否存在差异。

（3）控制变量：本节选取受教育年限（Edu）、年龄（Age）、年龄平方（Age^2）、性别（Gender）、婚姻状况（Marital）、户籍（huji）、单

位类型（Unit_Form）和单位规模（Unit_Scale），以及职业（Occupation）、地区（Area）和年份（Year）虚拟变量对劳动者收入进行控制，具体变量设置和处理见表 14-2。其中，职业按照 CHNS 数据库的“你的主要职业是什么”进行设置，该职业中包含 12 种明确的职业类型和其他未明确标注类型[①]，因此设置 12 个虚拟变量。地区按照辽宁、黑龙江、江苏、山东、河南、湖北、湖南、广西、贵州、北京、上海和重庆 12 个省份设置 11 个虚拟变量；年份分别对应 T1、T2、T3 三个时期设置三个虚拟变量。

表 14-2　具体变量设置和处理

变量类型	变量名称	变量符号	变量定义
被解释变量	月工资性收入	Wage	包括工资、奖金和各种补贴三个部分，以 2011 年为基期进行平减
解释变量	非正规就业	IE	非正规就业＝1，正规就业＝0
控制变量	受教育年限	Edu	按最高教育程度折算，小学毕业为 6 年，初中毕业为 9 年，高中毕业和中等技术学校、职业学校为 12 年，大专或大学毕业为 16 年，硕士及以上为 19 年
	年龄	Age	以年为单位
	年龄平方	Age^2	年龄的平方除以 100
	性别	Gender	男性＝1，女性＝0
	婚姻状况	Marital	已婚＝1，未婚＝0
	户籍	Huji	城镇＝1，农村＝0
	单位类型	Unit_Form	政府机关、国有事业单位和研究所、国有企业为 1，其他为 0
	单位规模	Unit_Scale	单位职工数大于 100 为 1，其他为 0
	职业	Occupation	按职业类型设置虚拟变量
	地区	Area	按不同地区设置虚拟变量
	年份	Year	按不同年份设置虚拟变量

① 职业类型设置如下：1 高级专业技术工作者（医生、教授、律师、建筑师、工程师等）；2 一般专业技术工作者（助产士、护士、教师、编辑、摄影师等）；3 管理者/行政官员/经理（厂长、政府官员、处长、司局长、行政干部及村干部等）；4 办公室一般工作人员（秘书、办事员）；5 农民、渔民、猎人；6 技术工人或熟练工人（工段长、班组长、工艺工人等）；7 非技术工人或熟练工人（普通工人、伐木工等）；8 军官与警官；9 士兵与警察；10 司机；11 服务行业人员（管家、厨师、服务员、看门人、立法院、售货员、洗衣工、保育员等）；12 运动员、演员、演奏员；13 其他；-9 不知道。其中，13 和-9 为未明确标注类型。

14.2.3 倾向得分匹配方法

本节研究的目的是检验非正规就业决策对劳动者收入的影响。但是根据以往的研究经验，上述收入决定方程中个体就业决策变量很可能存在选择性偏差，即劳动者选择成为正规就业者或非正规就业者的概率并不是完全随机的，而可能受个体特征、家庭背景、社会关系等因素的影响。在这种情况下，收入决定方程中的就业决策变量成为一个内生变量，直接的 OLS（Ordinary Least Squares，普通最小二乘法）估计将失去效力。为了解决这一问题，本节选择 Rosenbaum 和 Rubin（1983）提出的倾向得分匹配方法来纠正样本选择性偏差。

要探究非正规就业决策对劳动者收入的影响，最理想的方式是获得非正规就业者如果从事正规就业能够获得的收入值。但是在现实中，只能观测到劳动者作为正规就业者或者非正规就业的其中一个收入值，简单地将正规就业者收入作为非正规就业者的“潜在收入”，会由于样本的选择性偏差带来较大的误差。倾向得分匹配方法的核心思想就是通过倾向得分匹配得到与处理组相似的控制组，作为处理组的反事实收入，进而降低样本的选择性偏差问题。

该方法的基本思路如下：首先建立劳动者选择非正规就业的条件概率模型，对模型进行估计，得出处理组和对照组选择非正规就业的倾向得分；其次将每一个处理组（IE=1）中的个体样本与对照组（IE=0）中倾向得分相近的个体样本进行匹配，使匹配后的两个样本组的劳动者仅在是否为非正规就业方面有所不同，而在其他方面相同或类似，因此对照组个体样本的收入就可以看作与之相匹配的处理组个体样本的反事实收入；最后对匹配后的样本进行回归，由此确定非正规就业对劳动者收入的影响。

本节首先使用 Logistic 回归模型来预测每个劳动者选择非正规就业的条件概率，即样本的倾向得分值，具体公式如下：

$$p_i = P(IE_i \mid Z_i) = E(IE_i) = \frac{1}{1 + e^{-(\delta + \sigma Z_i)}} \tag{14.2}$$

其估计式为

$$\ln\frac{p_i}{1-p_i}=\delta+\sigma Z_i+\mu \tag{14.3}$$

式中，p_i为第i个劳动者选择非正规就业的概率；σ为估计系数；Z_i为影响劳动者非正规就业选择的变量，包括受教育年限、年龄、年龄的平方、性别、婚姻状况、户籍、地区虚拟变量及年份虚拟变量；μ为误差项。

然后在获得样本的倾向得分后，对处理组和对照组进行匹配。文献中使用的匹配方法很多，本节选择最为经典的半径匹配和核匹配两种方法进行对比分析。半径匹配的原理是，预先设定一个常数r，然后将对照组中的倾向得分与处理组样本i的倾向得分差异小于r的样本选定为匹配对象。假设p_i和p_j分别为非正规就业和正规就业的倾向得分，IE_1和IE_0分别为非正规就业和正规就业样本的集合，π为匹配半径，则其匹配原则表达式如下：

$$\left\|P_i-P_j\right\|<\pi \quad i\in \mathrm{IE}_1, j\in \mathrm{IE}_0 \tag{14.4}$$

核匹配的原理是，通过构造核函数对对照组样本收入进行加权，以对照组所有个体收入的加权平均值作为每个处理组样本个体的反事实收入，对照组个体的倾向得分与处理组个体倾向得分差距越小，其权重越大，差距越大则权重越小，因此核匹配具有不损失样本信息的优点。核匹配方法中权重函数g（•）的表达式如下：

$$g(\hat{p}_i,\hat{p}_j)=\frac{G(\frac{\hat{p}_i-\hat{p}_j}{h})}{\sum_{K\in I_0}G(\frac{\hat{p}_i-\hat{p}_j}{h})} \quad i\in \mathrm{IE}_1, j\in \mathrm{IE}_0 \tag{14.5}$$

式中，G（•）为核函数；h为宽带参数。

使用倾向得分匹配方法需要满足两个前提条件：一是条件独立假设（conditional independence assumption)，即在控制了影响劳动者非正规就业选择的Z变量之后，个体的正规就业或非正规就业选择与其收入水平无关，即在拥有相同Z水平的情况下，正规就业者和非正规就业者都可能得到相同的收入结果，使正规就业者成为非正规就业者

的随机实验结果。二是共同支持假设（common support assumption），$0< P\left(info_i \middle| Z_i\right) <1$，即对于每一个个体，都存在从选择正规就业和非正规就业的概率，从而保证处理组的每个非正规就业样本都可以找到与之相匹配的控制组样本。

14.2.4 变量的统计性描述

变量的统计性描述见表 14-3。由表 14-3 可知，1997 年以来城镇正规就业和非正规就业者主要表现出以下统计特征：①从收入来看，T1 时期，非正规就业的平均收入高于正规就业的平均收入，T2 和 T3 时期，劳动者收入增速加快的同时，正规就业的平均收入开始超过非正规就业的平均收入，并且收入差距呈扩大趋势；②从受教育年限来看，正规就业者的平均受教育年限明显高于非正规就业者，T1 到 T3 时期，正规就业者和非正规就业者的平均受教育年限差距分别为 0.3 年、0.63 年和 0.92 年，呈扩大趋势；③年龄、性别、婚姻状况在正规和非正规就业者之间的差别和波动幅度较小；④正规就业者拥有城镇户籍的比例明显高于非正规就业者，说明从农村进入城市就业的农民工更多地进入非正规就业市场；⑤正规就业和非正规就业者的单位类型和单位规模差异明显，在政府机关、国有企业事业单位和大规模企业工作的正规就业者比重远远高于非正规就业者。

表 14-3 变量的统计性描述

变量符号	时期	正规就业		非正规就业		全部样本	
		均值	标准差	均值	标准差	均值	标准差
Wage	T1	756.08	728.44	866.08	901.31	771.63	756.13
	T2	1508.24	1501.59	1096.42	1467.83	1407.89	1503.50
	T3	2672.18	2708.39	1804.06	2564.04	2415.10	2695.46
Edu	T1	10.86	3.22	8.78	3.84	10.56	3.39
	T2	12.15	2.86	9.54	3.30	11.52	3.18
	T3	12.76	3.20	9.65	3.53	11.84	3.59
Age	T1	37.87	9.73	37.41	10.80	37.81	9.89
	T2	40.98	9.41	39.87	10.17	40.71	9.61
	T3	41.44	10.00	41.86	10.64	41.57	10.20

续表

变量符号	时期	正规就业		非正规就业		全部样本	
		均值	标准差	均值	标准差	均值	标准差
Gender	T1	0.57	0.50	0.56	0.50	0.57	0.50
	T2	0.48	0.50	0.40	0.49	0.46	0.50
	T3	0.57	0.50	0.58	0.49	0.57	0.49
Marital	T1	0.85	0.36	0.79	0.41	0.84	0.37
	T2	0.92	0.26	0.89	0.32	0.92	0.28
	T3	0.89	0.31	0.91	0.29	0.90	0.30
Huji	T1	0.91	0.28	0.75	0.43	0.89	0.31
	T2	0.94	0.24	0.76	0.43	0.89	0.31
	T3	0.91	0.29	0.69	0.46	0.84	0.37
Unit_Form	T1	0.83	0.37	0.24	0.43	0.93	0.25
	T2	0.60	0.49	0.12	0.32	0.75	0.43
	T3	0.51	0.50	0.11	0.31	0.68	0.47
Unit_Scale	T1	0.49	0.50	0.15	0.36	0.55	0.50
	T2	0.42	0.49	0.15	0.35	0.51	0.50
	T3	0.36	0.48	0.12	0.32	0.46	0.50

14.2.5 匹配平衡性检验

在对匹配后的样本进行回归分析之前，有必要对样本进行平衡性检验。平衡性检验是对处理组和对照组可观测变量差异的检验，如果变量不存在显著性差异，说明数据是平衡的，即不存在样本的选择性偏差；如果变量存在显著性差异，则说明数据是不平衡的，即存在样本的选择性偏差。对匹配前样本进行平衡性检验，可以检验是否需要进行倾向得分匹配；对匹配后的样本进行平衡性检验，可以检验匹配的效果。本节对正规就业和非正规就业的匹配平衡性检验见表 14-4。

从 P 值可以看出，在 10%的显著性水平下，匹配前，T1 时期的受教育程度、婚姻状况和户籍，T2 时期的受教育年限、年龄、年龄的平方、性别、婚姻状况、户籍，以及 T3 时期的受教育年限、年龄的平方、户籍变量具有显著性差异，说明样本存在选择性偏差。而匹配后，所有的变量在 10%的显著性水平下都不显著，说明半径匹配和核匹配方法有效地解决了样本的选择性偏差问题。

表 14-4　城镇非正规就业和正规就业的匹配平衡性检验

项目		T1			T2			T3		
		非正规	正规	P 值	非正规	正规	P 值	非正规	正规	P 值
Edu	匹配前	8.78	10.86	0.00	9.54	12.15	0.00	9.65	12.76	0.00
	半径匹配	8.94	8.98	0.87	9.88	10.01	0.52	9.72	9.78	0.69
	核匹配	8.83	8.99	0.50	9.64	9.77	0.55	9.65	9.73	0.54
Age	匹配前	37.41	37.88	0.32	39.87	40.98	0.03	41.87	41.45	0.22
	半径匹配	37.47	37.58	0.87	39.69	38.96	0.27	41.83	41.19	0.13
	核匹配	37.42	37.44	0.98	39.79	39.35	0.50	41.87	41.34	0.22
Age^2	匹配前	15.16	15.29	0.72	16.93	17.68	0.07	18.66	18.18	0.09
	半径匹配	15.18	15.26	0.87	16.76	16.19	0.28	18.62	18.06	0.11
	核匹配	15.15	15.14	0.98	16.87	16.52	0.52	18.66	18.20	0.19
Gender	匹配前	0.56	0.57	0.73	0.40	0.48	0.00	0.58	0.57	0.34
	半径匹配	0.56	0.56	0.99	0.41	0.38	0.29	0.59	0.58	0.79
	核匹配	0.56	0.56	0.91	0.41	0.39	0.66	0.58	0.58	0.73
Marital	匹配前	0.79	0.85	0.00	0.89	0.93	0.01	0.91	0.89	0.22
	半径匹配	0.80	0.80	0.93	0.89	0.88	0.73	0.91	0.90	0.88
	核匹配	0.80	0.80	0.87	0.89	0.88	0.86	0.91	0.90	0.84
Huji	匹配前	0.75	0.91	0.00	0.76	0.94	0.00	0.69	0.91	0.00
	半径匹配	0.77	0.78	0.71	0.78	0.80	0.35	0.69	0.69	0.93
	核匹配	0.76	0.77	0.60	0.77	0.78	0.50	0.69	0.70	0.61

注：限于篇幅，没有给出地区虚拟变量和年份虚拟变量的平衡性检验结果。

14.3　实证结果与分析

14.3.1　非正规就业和正规就业收入差距的实证结果

本节首先对全部非正规就业与正规就业的收入差距进行估计。为了与倾向得分匹配后样本的回归结果进行对比分析，给出了匹配前样本的回归结果。回归结果见表 14-5。从第（1）～（3）列可以看出，T1 时期，匹配前非正规就业回归系数为负但不显著，匹配后非正规就业系数显著为负，且分别比匹配前高出 6.4 个和 4.1 个百分点，表明基于未处理的原始样本得到的估计结果在一定程度上低估了非正规就业对劳动者收入的负向影响。

表 14-5　正规就业和非正规就业收入差距的回归结果

变量符号	被解释变量：月收入的对数 控制组：正规就业								
	T1			T2			T3		
	匹配前 （1）	半径匹配 （2）	核匹配 （3）	匹配前 （4）	半径匹配 （5）	核匹配 （6）	匹配前 （7）	半径匹配 （8）	核匹配 （9）
IE	-0.052	-0.116***	-0.093***	-0.187***	-0.229***	-0.240***	-0.244***	-0.257***	-0.242***
	（0.036）	（0.030）	（0.029）	（0.047）	（0.045）	（0.044）	（0.031）	（0.030）	（0.030）
Edu	0.019***	0.012***	0.011***	0.052***	0.039***	0.036***	0.032***	0.020***	0.017***
	（0.003）	（0.004）	（0.003）	（0.006）	（0.007）	（0.006）	（0.004）	（0.004）	（0.004）
Age	0.044***	0.067***	0.064***	0.032**	0.045***	0.049***	0.035***	0.027***	0.028***
	（0.008）	（0.009）	（0.009）	（0.014）	（0.014）	（0.014）	（0.009）	（0.010）	（0.010）
Age2	-0.049***	-0.084***	-0.081***	-0.033**	-0.056***	-0.060***	-0.043***	-0.040***	-0.040***
	（0.010）	（0.011）	（0.011）	（0.016）	（0.017）	（0.017）	（0.011）	（0.012）	（0.011）
Gender	0.144***	0.179***	0.208***	0.156***	0.299***	0.274***	0.213***	0.250***	0.267***
	（0.020）	（0.024）	（0.023）	（0.031）	（0.039）	（0.038）	（0.024）	（0.027）	（0.027）
Matrial	0.067*	0.076*	0.059	-0.068	-0.108	-0.118*	0.137***	0.194***	0.201***
	（0.035）	（0.041）	（0.041）	（0.065）	（0.068）	（0.067）	（0.047）	（0.057）	（0.056）
Huji	-0.109***	-0.062**	-0.103***	-0.160***	-0.164***	-0.173***	0.066**	0.074**	0.081***
	（0.032）	（0.027）	（0.027）	（0.052）	（0.046）	（0.045）	（0.033）	（0.030）	（0.030）
Unit_Form	-0.165***	-0.213***	-0.174***	0.068*	-0.012	-0.005	-0.017	-0.004	0.008
	（0.035）	（0.033）	（0.032）	（0.041）	（0.045）	（0.045）	（0.028）	（0.032）	（0.032）
Unit_Scale	0.053**	0.046*	0.038	0.082**	0.059	0.046	0.099***	0.085***	0.078***
	（0.021）	（0.028）	（0.027）	（0.034）	（0.042）	（0.042）	（0.025）	（0.030）	（0.030）
Occupation	YES	YES	YES	YES	YES	YES	YES	YES	YES
Area	YES	YES	YES	YES	YES	YES	YES	YES	YES
Year	YES	YES	YES	YES	YES	YES	YES	YES	YES
Constant	5.180***	4.860***	4.980***	5.565***	5.608***	5.568***	5.780***	6.049***	6.030***
	（0.162）	（0.169）	（0.167）	（0.277）	（0.281）	（0.277）	（0.194）	（0.203）	（0.199）
N	3783	3726	3780	2015	1940	2010	4275	4253	4275
R^2	0.245	0.234	0.228	0.260	0.195	0.199	0.286	0.199	0.208

注：括号内为 *t* 值；*、**和***分别代表在 10%、5%和 1%的统计水平上显著。

从匹配后的样本回归结果来看，T1～T3 时期，非正规就业回归系数全部为负且显著，表明在控制样本选择性偏差和可观测控制变量影响之后，非正规就业收入仍然显著低于正规就业，证明我国城镇劳动力市场存在“无法解释的”正规就业收入溢价，从而支持了二元主义的关于非正规就业是“劳动者在分割性劳动力市场下的生存选择”这一观点。20 世纪 90 年代中期以来，随着城乡劳动力流动政策的放松，大量农村剩余劳动转移到城镇就业，但是，由于正规部门的发展壮大需要时间，创造的就业岗位相对有限，大部分农民工不得不进入非正规部门，这符合二元主义对非正规就业成因的描述。同时地方政府利用户籍制度等措施对城市居民的就业机会加以保护，加剧了劳动力市场的分割性。国有企业改革造成的大批下岗职工，不得不以“再就业”的形式进入非正规部门就业，也增加了非正规就业的贫困就业特征。

从非正规就业回归系数的变化趋势来看，半径匹配下 T2 和 T3 时期非正规就业收入折价分别比 T1 时期高 11.3 个和 14.1 个百分点，核匹配下 T2 和 T3 时期非正规就业收入折价分别比 T1 时期高 14.7 个和 14.9 个百分点，表明城镇非正规就业与正规就业收入差距经历了从大幅拉大到小幅增加的变化过程，城镇劳动力市场的分割性在加剧，与正规就业相比，非正规就业者的生存境遇不仅没有得到改善，而且更加恶劣。1997～2001 年，以国有企业就业为主体的正规就业正处于深度改革期，国有企业效率低下和冗员现象严重，导致正规就业收入水平较低，而以个体、私营企业就业为主的非正规就业刚刚进入劳动力市场获得了较高的收入回报，因此非正规就业和正规就业收入差距较小，这与夏庆杰等（2012）对国有单位和非国有单位收入分配效应研究的结论相一致。2004 年之后，随着以“减员增效、下岗分流”为主的国有企业改革阶段基本完成，市场机制对劳动力的基础性配置作用越强越强，正规就业的人力资本回报率开始上升，但是由于我国处于典型的城乡二元劳动力市场，以农村转移劳动力为主的城镇非正规就业处于“无限供给”阶段，非正规就业收入增长缓慢，此时正规就业与非正规就业的收入差距开始加大，劳动力市场分割加剧。2009 年之后，随着劳动力市场的扩张和人口结构的转变，人口红利逐渐消失，劳动力市场“供求关系”发生了逆转，非正规就业收入也开始快速上涨，但是这一时期正规就业收入增长也较快，因此正规就业和非正规就业的收入差距并没有缩小，反而小幅上升。

从控制变量的回归结果中，也可以得到城镇劳动力市场的一些变化特征。为了便于论述，本节只对核匹配下的控制变量回归结果进行分析。T1～T3 时期，受教育年限的回归系数分别为 1.2%、3.9%和 2%，表明随着市场配置劳动力资源作用不断增强，劳动者教育回报率得到提高[①]。年龄回归系数为正，年龄平方回归系数为负，表明年龄对劳动力收入影响呈倒 U 形，且年龄的拐点分别在 39.5 岁、40.8 岁和 35 岁，表明 2009 年之后劳动力市场收入分配机制变化对年轻人越来越有利。性别回归系数显著为正且 T2 时期大幅增加，表明 2004 年以来劳动力市场的性别歧视加剧。已婚劳动者的收入溢价经历了由负到正的变化过程，表明 2009 年以后劳动力市场状态更有利于已婚劳动者。城镇户籍收入溢价也经历了由负到正的变化过程，表明城乡户籍分割效应增强[②]。国有单位回归系数从 T2 时期开始不显著，表明 2004 年之后由单位类型导致的收入差异消失。单位规模回归系数 T3 时期显著为正，表明 2009 年之后企业规模效应开始显现。总体来看，1997 年以来的劳动力市场化改革，使受教育年限、年龄等人力资本要素回报率得到提高，但是与此同时性别、婚姻状况、户籍和企业规模等非市场因素的分割性不断增强。

14.3.2 基于非正规就业异质性的实证结果

本节将从非正规就业的异质性的角度，对不同类型非正规就业的生存境遇变化进行考察。因此，将非正规就业分为有雇工的非正规雇佣者、无雇工的非正规自雇者和非正规受雇者三类，分别对应小微企业主、自我雇佣者和非正规受雇者，与正规就业的收入差距进行回归。

---

① T3 时期受教育年限回归系数的降低，并不意味着受教育年限的收入效应下降，而可能是因为受教育年限与收入差距的关系并不是简单的线性关系（赵剑治和陆铭，2010）。本节也试图在回归中加入受教育年限的平方项，结果显示，T3 时期的受教育年限及其平方项都显著，而在其他时期不显著，因此并没有汇报这一回归结果。

② 这一结果与余向华和陈雪娟的研究相一致（余向华和陈雪娟，2012）。这可能是由于劳动力市场化改革初期，农村转移劳动力在年龄、性别等人力资本要素上具有优势，获得较高收入，2009 年之后，随着人口红利的消失，农村转移劳动力的人力资本优势消失，城乡户籍分割效应开始显现。

限于篇幅，只给出了核匹配方法下的回归结果，见表 14-6。

表 14-6 不同类型非正规就业与正规就业收入差距的回归结果

变量符号	被解释变量：月收入的对数 匹配方法：核匹配 控制组：正规就业								
	处理组：有雇工的非正规雇佣者			处理组：无雇工的非正规自雇者			处理组：非正规受雇者		
	T1	T2	T3	T1	T2	T3	T1	T2	T3
	（1）	（2）	（3）	（4）	（5）	（6）	（7）	（8）	（9）
IE	0.115***	0.125**	-0.068*	-0.067	-0.481***	-0.115**	-0.183***	-0.292***	-0.311***
	（0.038）	（0.059）	（0.041）	（-0.042）	（-0.085）	（-0.049）	（0.025）	（0.038）	（0.027）
Edu	0.006*	0.008	0.022***	0.011***	0.036***	0.014**	0.008**	0.030***	0.016***
	（0.003）	（0.007）	（0.005）	（-0.004）	（-0.008）	（-0.006）	（0.003）	（0.005）	（0.004）
Age	0.131***	0.034**	0.043***	0.028***	0.154***	0.034**	0.052***	0.028**	0.014
	（0.010）	（0.017）	（0.014）	（-0.011）	（-0.022）	（-0.015）	（0.008）	（0.013）	（0.009）
Age2	-0.159***	-0.049**	-0.055***	-0.035***	-0.185***	-0.058***	-0.067***	-0.033**	-0.022**
	（0.012）	（0.020）	（0.016）	（-0.013）	（-0.026）	（-0.017）	（0.010）	（0.016）	（0.010）
Gender	0.178***	0.224***	0.355***	0.151***	0.273***	0.380***	0.206***	0.276***	0.212***
	（0.024）	（0.045）	（0.036）	（-0.025）	（-0.05）	（-0.037）	（0.023）	（0.035）	（0.025）
Matrial	-0.164***	-0.122	0.274***	0.250***	-0.304***	0.04	-0.065*	-0.078	0.181***
	（0.046）	（0.093）	（0.079）	（-0.045）	（-0.116）	（-0.094）	（0.039）	（0.058）	（0.049）
Huji	-0.138***	0.043	0.252***	-0.012	-0.264***	0.098**	-0.131***	-0.222***	0.025
	（0.031）	（0.062）	（0.037）	（-0.028）	（-0.056）	（-0.039）	（0.027）	（0.041）	（0.028）
Unit_Form	-0.198***	0.048	-0.048	-0.266***	-0.151**	0.116**	-0.011	0.076**	0.024
	（0.039）	（0.062）	（0.046）	（-0.045）	（-0.076）	（-0.05）	（0.029）	（0.039）	（0.029）
Unit_Scale	0.039	0.069	0.143***	0.065**	0.004	0.095**	0.070***	0.043	0.060**
	（0.030）	（0.050）	（0.040）	（-0.032）	（-0.07）	（-0.046）	（0.026）	（0.036）	（0.027）
Occupation	YES	YES	YES	YES	YES	YES	YES	YES	YES
Area	YES	YES	YES	YES	YES	YES	YES	YES	YES
Year	YES	YES	YES	YES	YES	YES	YES	YES	YES
Constant	3.834***	6.517***	5.218***	5.724***	4.441***	6.033***	5.128***	5.897***	6.541***
	（0.192）	（0.361）	（0.278）	（-0.207）	（-0.425）	（-0.295）	（0.152）	（0.253）	（0.180）
N	3342	1594	3239	3441	1617	3241	3493	1848	3810
R^2	0.332	0.196	0.234	0.216	0.235	0.269	0.243	0.276	0.224

注：括号内为 *t* 值；*、**和***分别代表在 10%、5%和 1%的统计水平上显著。

从解释变量的回归结果来看，不同类型非正规就业与正规就业收入差距表现出较大的差异，表明我国城镇非正规就业存在异质性。除前两列以外，模型（3）～（9）中解释变量的回归系数为负且基本显著，表明有雇工的非正规雇佣者、无雇工的非正规自雇者和非正规受雇者收入基本都低于正规就业收入，表明即使考虑非正规就业的异质性，我国城镇劳动力市场依然表现出较强的分割性，非正规就业是分割性劳动力市场下的生存选择。从 T3 时期来看，有雇工的非正规雇佣者、无雇工的非正规自雇者和非正规受雇者与正规就业的收入差距依次递增，表明城镇劳动者收入由高到低依次为正规就业、有雇工的非正规雇佣者、无雇工的非正规自雇者和非正规受雇者，正规就业和非正规受雇者的收入差距是城镇劳动者收入分配差距的主要来源。

从变化趋势来看，T1 和 T2 时期，有雇工的非正规雇佣者的回归系数显著为正；T3 时期，回归系数则显著为负，表明 2006 年之前从事小规模私营或个体自营活动的非正规雇主收入高于正规就业，但 2009 年之后，其收入开始明显低于正规就业，劳动力市场向着不利于小微企业经营者发展的方向转变。这可能是由于 2008 年我国先后出台了《中华人民共和国劳动合同法》《中华人民共和国劳动争议仲裁法》《中华人民共和国社会保险法》，加强对劳动者权益的保护，这无疑增加了小微企业的运营成本。与此同时在国际金融危机影响下，进出口贸易受到重创，使以外包、转包为主的小微企业的生存环境越来越恶劣，因此非正规雇佣者收入水平显著低于正规就业。从无雇工的非正规自雇者来看，T1 时期回归系数为负但不显著，T2 和 T3 时期则显著为负，表明自我雇佣者与正规就业的收入差距在拉大；从非正规受雇者来看，T1～T3 时期，回归系数全部显著为负且不断增加，表明非正规受雇者与正规就业的收入差距也在拉大。综合来看，有雇工的非正规雇佣者、无雇工的非正规自雇者和非正规受雇者与正规就业的收入差距都基本呈扩大趋势，表明劳动力市场的分割性在不断增强，非正规就业者的生存境遇不断恶化。

14.4 本章小结

本章通过对正规就业和非正规就业收入差距的研究，对 1997～2011 年非正规就业者的生存境遇状况变化进行考察。结果发现，虽然随着劳动力市场供求关系发生转变，以及政府对劳动者保护政策的强化，劳动力要素回报得到提升，但是与正规就业相比，非正规就业者的生存境遇并未得到明显改善，甚至处于越来越不利的地位，这一方面是由于非正规就业是分割性劳动力市场下，低收入劳动者为了维持生计的“生存选择”，具有天然的“弱势”特征；另一方面则是由于政府在纠正劳动力市场扭曲方面的失灵，由性别、婚姻、户籍等非市场因素导致的劳动力市场分割性的增强，使非正规就业在劳动力市场竞争中处于更加不利的地位。此外，有雇工的非正规雇佣者、无雇工的非正规自雇者和非正规受雇者三种类型非正规就业与正规就业的收入差距都在拉大，反映出政府在劳动力市场政策导向上，并未充分考虑非正规就业的重要作用及发展空间。例如，对小商小贩等“未统计就业”和个体就业过度的行政管制，以及对小微企业扶持力度不足等，极大地压缩了非正规就业的生存空间。

非正规就业作为城镇劳动力市场的重要组成部分，其境遇状况和收入水平的改善对于提升城镇居民生活水平有重要意义。因此，政府应当在促进非正规就业发展和改善非正规就业者生活境遇方面发挥积极的作用：首先，应当承认正规—非正规劳动力市场的二元分割性，以及非正规就业所具有的天然“弱势”特征，在劳动力市场政策导向上，充分考虑非正规就业者的生存环境，加强对非正规就业的扶持力度，保障非正规就业的生存空间。其次，坚定不移地继续深化劳动力市场化改革，如加快户籍制度改革、减少劳动力市场性别、婚姻歧视等，减少非市场因素导致的劳动力市场扭曲对非正规就业者收入的不利影响。最后，在具体政策实施上，考虑非正规就业的异质性特征，注重非正规就业扶持政策的差异性，一方面通过提高“最低工资标准”

等政策，提升最具“生存特征”的非正规受雇者的待遇水平，增加非正规受雇者接受教育、职业培训等渠道，提高非正规受雇者人力资本水平，同时为其提供必要的权益保护和社会保障；另一方面加强对以非正规自雇者为主体的小微型企业的扶持力度，如增加对小微型企业的金融和财税支持等，同时“简政放权”，减少对小微型企业过度的行政规制，为其提供良好的发展环境。

从长期来看，无论二元主义还是新自由主义理论都认为，非正规就业是经济发展水平较低时，劳动者面对较高“正规化成本”的阶段性选择。随着经济发展水平的提高和制度环境的完善，为所有的劳动者提供正规化的工作环境和制度保障是劳动力市场发展的必然选择。但从我国现阶段经济发展水平来看，在今后很长一段时间内，非正规就业依然是保障我国城镇就业稳定和劳动者收入来源的重要渠道。同时随着人口结构转变和产业转型升级，就业结构转型升级和劳动力市场正规化发展也是必然趋势。这要求政府在劳动力市场改革进程中，既要提高非正规就业者的境遇状况和收入水平，保障非正规就业的生存空间，又要着力于促进劳动力结构转型升级，以及非正规就业的“正规化”发展。如何通过保障非正规就业的合理发展，实现“保收入”和“促升级”的“两难”，是值得研究的重要课题。

结论与展望

经过三十多年的努力和积累，中国农村劳动持续较快地向非农部门和城市部门转移，极大地促进了中国的工业化和城市化过程，也使劳动市场发生了重大变革，农村劳动的无限供给转向了有限剩余。进入 21 世纪，农村剩余劳动的数量和结构正在发生迅速的变化，农业生产中零值剩余劳动仅有数百万人的规模，不再是农村剩余劳动的主要组成部分，而因为各种因素处于失业状态或退出劳动市场的经济活动人口成为农村剩余劳动的主力，总体数量约为 5600 万人，且以大龄、女性和受教育程度较低的人群组成，向非农部门和城市部门转移的概率较低。因此，以低廉的成本吸收和利用农村剩余劳动，这种时代已经一去不返了。

但是，这并不意味着刘易斯剩余劳动和二元经济范式不再适用于中国经济。我们观察到城市非正规部门和正规部门都创造出大量的非正规就业机会，成为农村转移劳动力和城市人力资本水平较低的群体就业的重要方式。这些非正规就业广泛存在着收入水平低、就业不稳定、劳动时间短等非充分就业现象。如果将非充分就业理解成某种程度的剩余劳动，那么，在城市经济中，剩余劳动的现象也是广泛存在的。非正规就业有可能像以前的农村地区和农业生产那样，发挥产业后备军或劳动“蓄水池”的作用。如何使这部分劳动者实现更为充分、有效和体面的就业，是未来经济发展需要长期面对的难题。

剩余劳动数量和结构的变化及劳动市场供求的巨大变革对宏观经济运行产生了重要的影响。非熟练工人的短缺和工资上涨将会成为常态，并改变中国经济运行的特征。劳动密集型产业将会受到更大的劳动成本上涨的压力，而农业生产不仅属于劳动密集型产业，还要面对其他产业对高素质的劳动者的激烈竞争，只有农产品相对价格的上涨才能使工农业之间保持暂时的均衡。由于统计的因素，这一相对价格的上涨将会表现为通货膨胀，但这一结构性通货膨胀显然不同于一般价格水平的上涨，也不是经济周期波动的准确的指示指标。

劳动供求的结构性变革需要采取一系列有针对性的应对措施，以促进劳动有效供给，为经济增长和经济发展提供必要的支撑。

第一，农业技术水平的提高和其他农业生产要素的投入对未来提高劳动供给至关重要。在农业技术水平和其他生产要素保持不变的情况下，维持目前的农业产出水平，每年仍需投入超过 1.6 亿的劳动者。提高农业技术水平，增加其他替代性要素投入，可以释放出更多的农业劳动，为维持较快的经济增长提供必要的劳动供给。实际上，这也是过去长期以来农业生产正在发生的事实。农业劳动生产效率的提高对于释放农业劳动，为非农产业提供劳动供给发挥了重要的作用。在当前剩余劳动数量迅速减少的情况下，提高农业劳动生产效率的重要性尤为突出。

第二，消除劳动力市场分割和制度障碍，促进农村剩余劳动进一步转移。在完善劳动市场制度、减少劳动流动障碍方面，学术界存在相当一致的认识。政府应努力消除制度障碍，放宽和消除户籍制度的限制，加强对劳动者的保护，完善劳动争议仲裁制度和工资集体谈判制度，将更多农民工纳入社会保障体系，改变农民工“潮汐式”的转移方式，使其更易于在城市定居，深入挖掘劳动供给的潜力。

第三，为农村剩余劳动提供更多就地转移的机会。由于性别、年龄和教育水平的结构变化，能够异地转移的剩余劳动数量已经非常有限，而非农就业是提高农民收入的主要途径，为这部分劳动者创造更多的就业转移的机会，将有利于提高其收入水平，缩小收入差距。在这部分群体数量逐渐减少的情况下，为其创造就业机会不仅必要，而且具有越来越大的可能性。

第四，为非正规就业提供必要的帮助。正确认识非正规就业在经济增长、创造就业机会、减少贫困等方面发挥的作用，消除针对非正规经济的歧视性的政策措施。降低经济社会正规制度的门槛条件，使非正规经济可以更好地利用正规制度提供的社会保障和社会服务。为非正规就业劳动者提供必要的技能培训，提高人力资本水平，发展相应的金融体系，提供必要的融资服务。

第五，正确认识我国当前通货膨胀的性质。工农业贸易条件的变化是二元经济发展的重要组成部分，是二元经济结构调整的结果和途径。由于特定的 CPI 统计方法，这一相对价格的变化将会引起 CPI 的长期和持续的上涨。这也是其他东亚经济体在经济高速增长时期，通货膨胀率一直较高的重要原因。如果将其误认为是绝对价格水平的变化，并以此作为宏观经济调控的目标和依据，就有可能会起到适得其反的效果，阻碍二元经济结构调整的正常机制发挥作用。

参 考 文 献

[1] 白暴力，2007．农民工工资收入偏低分析：现实、宏观效应与原因[J]．经济经纬（4）：75-78．

[2] 蔡昉，1995．人口迁移和流动的成因、趋势与政策[J]．中国人口科学（6）：8-16．

[3] 蔡昉，2007a．中国劳动力市场发育与就业变化[J]．经济研究（7）：4-14．

[4] 蔡昉，2007b．中国经济面临的转折及其对发展和改革的挑战[J]．中国社会科学（3）：4-12．

[5] 蔡昉，2007c．破解农村剩余劳动力之谜[J]．中国人口科学（2）：2-7．

[6] 蔡昉，2008a．刘易斯转折点：中国经济发展新阶段[M]．北京：社会科学文献出版社．

[7] 蔡昉，2008b．刘易斯转折点后的农业发展政策选择[J]．中国农村经济（8）：4-15．

[8] 蔡昉，2008c．中国就业制度改革的回顾与思考[J]．理论前沿（11）：5-8．

[9] 蔡昉，2009．未来的人口红利：中国经济增长源泉的开拓[J]．中国人口科学（1）：2-10．

[10] 蔡昉，2010a．中国发展的挑战与路径：大国经济的刘易斯转折[J]．广东商学院学报（1）：4．

[11] 蔡昉，2010b．人口转变、人口红利与刘易斯转折点[J]．经济研

究（4）：4-13.
[12] 蔡昉，2010c.“民工荒”现象：成因及政策涵义分析[J]. 开放导报（2）：5-10.
[13] 蔡昉，2011. 中国人口与劳动问题报告 NO. 12：“十二五”时期挑战：人口、就业和收入分配[M]. 北京：社会科学文献出版社.
[14] 蔡昉，王美艳，2004. 非正规就业与劳动力市场发育：解读中国城镇就业增长[J]. 经济学动态（2）：26-30.
[15] 蔡昉，王美艳，2007. 农村劳动力剩余及其相关事实的重新考察：一个反设事实法的应用[J]. 中国农村经济（10）：4-12.
[16] 蔡昉，都阳，王美艳，2005. 中国劳动力市场转型与发育[M]. 北京：商务印书馆.
[17] 蔡昉，王德文，曲玥，2009，中国产业升级的大国雁阵模型分析[J]. 经济研究（9）：4-14.
[18] 蔡岩，2009. 我国非正规就业人员社会保险问题研究[D]. 长春：东北师范大学.
[19] 曹宗平，2009. 农村剩余劳动力转移的成本分析及路径选择[J]. 山东社会科学（4）：74-77.
[20] 常进雄，2003. 农民市民化过程中的非正规就业[J]. 财经研究（12）：55-59.
[21] 常进雄，王丹枫，2010. 我国城镇正规就业与非正规就业的工资差异[J]. 数量经济技术经济研究（9）：94-106.
[22] 陈朝旭，2011. 我国通货膨胀与经济增长关系研究[J]. 当代经济研究（5）：71-75.
[23] 陈广汉，张光南，2010. 中国劳动力市场的二元结构及其工资差异研究[J]. 中山大学学报（社会科学版）（1）：195-202.
[24] 陈吉元，1991. 论中国农业剩余劳动力转移：农业现代化的必由之路[M]. 北京：经济管理出版社.
[25] 陈静敏，陆铭，陈钊，2008. 劳动力短缺时代有没有到来？[J]. 经济学动态（4）：40-44.
[26] 陈先运，2004. 农村剩余劳动力测算方法研究[J]. 统计研究（2）：

50-52.
[27] 陈志武，2011. 收入增长与经济增长为何不同步[J]. 中年读者（2）：64.
[28] 谌新民，2010. 珠三角地区用工短缺的解读：农民工转移就业风险分析[J]. 学术研究（4）：101-108.
[29] 程国强，胡冰川，徐雪高，2008. 新一轮农产品价格上涨的影响分析[J]. 管理世界（1）：57-62.
[30] 程名望，史清华，徐剑侠，2006. 中国农村劳动力转移动因与障碍的一种解释[J]. 经济研究，41（4）：68-78.
[31] 戴春芳，贺小斌，冷崇总，2008. 改革开放以来我国粮食价格波动分析[J]. 价格月刊（6）：5-12.
[32] 丁翠翠，郭庆然，2014. 外商直接投资对我国就业影响的动态效应与区域差异：基于动态面板数据模型的 GMM 估计[J]. 经济经纬，31（1）：62-67.
[33] 丁金宏，冷熙亮，宋秀坤，等，2011. 中国对非正规就业概念的移植与发展[J]. 中国人口科学（1）：8-15.
[34] 丁军军，朱建平，2006. 我国货币供应量、GDP 增长与通货膨胀的发展变化关系[J]. 全国商情（经济理论研究）（8）：43-45.
[35] 都阳，王美艳，2010. 农村剩余劳动力的新估计及其含义[J]. 广州大学学报（社会科学版）（4）：17-24.
[36] 樊纲，2005. 民工荒是一个短期暂时性问题[EB/OL].（2005-09-10）[2020-08-14]. http://finance.sina.com.cn/roll/20050910/11091957853.shtml.
[37] 方文超，2004. 进城民工与非正规就业研究[D]. 杭州：浙江大学.
[38] 干春晖，郑若谷，余典范，2011. 中国产业结构变迁对经济增长和波动的影响[J]. 经济研究（5）：4-16.
[39] 高善文，尤宏业，2011. 中国经济是否经过了刘易斯拐点[J]. 安信证券宏观研究（8）：1-26.
[40] 高颖，2008. 农村富余劳动力的供需变动及分析[J]. 人口研究，32（5）：83-90.

[41] 耿元，林玳玳，2008．中国的刘易斯转折点来到了吗：质疑 2007 年人口与劳动问题报告[J]．经济问题探索（9）：47-50．
[42] 关怀，2009．改革开放三十年劳动立法的回顾与展望[J]．法学杂志（2）：10-13．
[43] 郭剑雄，李志俊，2009．劳动力选择性转移条件下的农业发展机制[J]．经济研究，44（5）：31-41．
[44] 郭金兴，2007．1996—2005 年中国农业剩余劳动力的估算：基于随机前沿模型的分析[J]．南开经济研究（4）：72-81．
[45] 郭金兴，2008．剩余劳动的理论发展、估算方法与中国经验[J]．中国农村观察（5）：70-80．
[46] 郭金兴，王庆芳，2013．中国经济刘易斯转折的悖论、争议与共识[J]．政治经济学评论（3）：77-91．
[47] 郭熙保，黄灿，2010．刘易斯模型、劳动力异质性与我国农村劳动力选择性转移[J]．河南社会科学（2）：64-68．
[48] 郭永俊，2009．农产品价格与通货膨胀率动态关系探讨[J]．价格月刊（8）：54-57．
[49] 国际劳工组织，2000．世界就业报告 1998—1999[M]．北京：中国劳动社会保障出版社．
[50] 国家六部门联合赴印度考察团，2009a．印度非正规就业状况及其对我国的启示：上[J]．中国就业（6）：58-61．
[51] 国家六部门联合赴印度考察团，2009b．印度非正规就业状况及其对我国的启示：下[J]．中国就业（7）：58 59，42．
[52] 国家统计局，2005．国际统计年鉴[M]．北京：中国统计出版社．
[53] 国家统计局，2007．中华人民共和国 2006 年国民经济和社会发展统计公报[EB/OL].（2007-02-28）[2020-08-14]. http://www.stats.gov.cn/tjsj/tjgb/ndtjgb/qgndtjgb/200702/t20070228_30021.html.
[54] 国家统计局，2009．2008 年末全国农民工总量为 22542 万人[EB/OL].（2009-03-25）[2020-08-14].http://www.stats.gov.cn/ztjc/ztfx/fxbg/200903/t20090325_16116.html.
[55] 国家统计局，2010．2009 年农民工监测调查报告[EB/OL].

（2010-03-19）[2020-08-14]. http://www.stats.gov.cn/ztjc/ztfx/fxbg/201003/ t20100319_16135.html.
[56] 国家统计局，2011. 2011 中国发展报告[M]. 北京：中国统计出版社.
[57] 国家统计局，2012. 2011 年我国农民工调查监测报告[EB/OL].（2012-04-27）[2020-08-14]. http://www.stats.gov.cn/ztjc/ztfx/fxbg/201204/ t20120427_16154.html.
[58] 国家统计局农村经济调查司，2006. 2005 年末全国已转移农村劳动力约 1.8 亿人[J]. 调研世界（4）：10.
[59] 韩纪江，2003. 中国农村劳动力的剩余分析[J]. 中国农村经济（5）：18-81.
[60] 何枫，陈荣，郑江绥，2004. 对我国技术效率的测算：随机前沿生产函数的应用[J]. 科研管理（5）：100-103.
[61] 何景熙，1999. 不充分就业及其社会影响：成都平原及周边地区农村劳动力利用研究[J]. 中国社会科学（2）：34-50.
[62] 何平，华迎放，2008. 非正规就业群体社会保障问题研究[M]. 北京：中国劳动社会保障出版社.
[63] 侯鸿翔，王媛，樊茂勇，2000. 中国农村隐形失业问题研究[J]. 中国农村观察（5）：30-35.
[64] 胡鞍钢，杨韵新，2001. 就业模式转变：从正规化到非正规化——我国城镇非正规就业状况分析[J]. 管理世界（2）：69-78.
[65] 胡鞍钢，赵黎，2006. 我国转型期城镇非正规就业与非正规经济（1990—2004）[J]. 清华大学学报（哲学社会科学版），21（3）：111-119.
[66] 胡鞍钢，马伟，2012. 现代中国经济社会转型：从二元结构到四元结构（1949—2009）[J]. 清华大学学报（哲学社会科学版），27（1）：16-29.
[67] 胡凤霞，2011. 城镇劳动力非正规就业选择研究[D]. 杭州：浙江大学.
[68] 胡凤霞，姚先国，2013. 基于面板数据的城乡就业差异研究[J]. 人

口与经济（3）：69-74.
[69] 黄乾，2003. 农村劳动力非正规部门就业的经济学分析[J]. 中国农村经济（5）：28-80.
[70] 黄苏萍，2009. 东北区域经济增长中的非正规就业研究[D]. 哈尔滨：哈尔滨工业大学.
[71] 黄宗智，2009. 中国被忽视的非正规经济：现实与理论[J]. 开放时代（2）：51-73.
[72] 黄宗智，2000. 华北的小农与社会变迁[M]. 北京：中华书局.
[73] 黄宗智，2013. 重新认识中国劳动人民：劳动法规的历史演变与当前的非正规经济[J]. 开放时代（5）：56-73.
[74] 黄宗智，李强，潘毅，等，2011. 中国非正规经济：上[J]. 开放时代（1）：5-37.
[75] 贾先文，黄正泉，黄蔡芬，2010. 论我国农村剩余劳动力转移的“拐点”[J]. 改革与战略（1）：94-96.
[76] 姜华东，2007.“民工荒”并不能说明我国经济到了“刘易斯转折点”[J]. 开放导报（3）：57-59.
[77] 金浩，2004. 农业过剩劳动二元经济发展[M]. 天津：南开大学出版社.
[78] 康传坤，2012. 人口老龄化会阻碍城市化进程吗？：基于中国省级面板数据的实证研究[J]. 世界经济文汇（1）：91-105.
[79] 劳动保障部规划财务司，2005. 我国灵活就业情况统计分析[J]. 中国劳动（3）：56.
[80] 黎煦，2007. 刘易斯转折点与劳动力保护[J]. 首都经济贸易大学学报（4）：60-66.
[81] 李稻葵，刘霖林，王红领，2009. GDP 中劳动份额演变的 U 型规律[J]. 经济研究，44（1）：70-82.
[82] 李国华，2011. 农产品价格与通货膨胀的关系[J]. 中国农资（1）：54-55.
[83] 李宏标，1997. 中国农业剩余劳动力及其转移[A]//张保民、任常青、朴之水，等. 资源流动与缓贫[M]. 太原：山西经济出版社.

[84] 李金昌，刘波，徐蔼婷，2013．非正规部门、非正规就业与非正规经济研究的进展与展望[J]．经济统计学（季刊）（1）：58-75．
[85] 李敬辉，范志勇，2005．利率调整和通货膨胀预期对大宗商品价格波动的影响：基于中国市场粮价和通货膨胀关系的经验研究[J]．经济研究，40（6）：61-68．
[86] 李强，唐壮，2002．城市农民工与城市中的非正规就业[J]．社会学研究，17（6）：13-25．
[87] 李庆臻，金吉龙，1995．韩国现代化研究[M]．济南：济南出版社．
[88] 李瑞芬，何美丽，郭爱云，2006．农村劳动力转移：形势与对策[M]．北京：中国农业出版社．
[89] 李实，1999．中国农村劳动力流动与收入增长和分配[J]．中国社会科学（2）：16-33．
[90] 李实，邓曲恒，2004．中国城镇失业率的重新估计[J]．经济学动态（4）：44-47．
[91] 李月，2008．刘易斯转折点的跨越与挑战：对台湾 20 世纪 60—70 年代经济政策的分析及借鉴[J]．财经问题研究（9）：30-36．
[92] 李月，2009．台湾经济发展中刘易斯转折点的形成及其应对策略[J]．台湾研究集刊（1）：70-78．
[93] 林毅夫，蔡昉，李周，1994．中国的奇迹：发展战略与经济改革[M]．上海：上海三联书店．
[94] 刘根荣，2006．风险、能力、成本三重约束下中国农村剩余劳动力的流动机制[J]．当代财经（11）：10-15．
[95] 刘怀宇，马中，2011．“刘易斯转折点”假象及其对“人口红利”释放的冲击[J]．人口研究（4）：66-75．
[96] 刘建进，1997．一个农户劳动力模型及有关农业剩余劳动力的实证研究[J]．中国农村经济（6）：15-23．
[97] 刘建进，2006．中国农村劳动力转移实证研究[J]．中国劳动经济学（1）：48-81．
[98] 刘钧，2011．我国农业剩余劳动力供给的“刘易斯拐点”争论综述[J]．经济学动态（7）：94-98．

[99] 刘霖，靳云汇，2005. 货币供应、通货膨胀与中国经济增长：基于协整的实证分析[J]. 统计研究（3）：14-19.

[100] 刘社建，2007. 非正规就业的主要模式及未来发展方向[J]. 经济体制改革（2）：12-15.

[101] 刘易斯，1989. 二元经济论[M]. 施炜，谢兵，苏玉宏，译. 北京：北京经济学院出版社.

[102] 柳欣，郭金兴，2005. 总量增长、结构调整与就业问题：2004年中国宏观经济运行报告[J]. 经济学动态（3）：9-14.

[103] 卢锋，彭凯翔，2002. 中国粮价与通货膨胀关系（1987—1999）[J]. 经济学（季刊），1（3）：821-836.

[104] 陆铭，陈钊，2004. 城市化、城市倾向的经济政策与城乡收入差距[J]. 经济研究，39（6）：50-58.

[105] 罗德明，1990. 国有企业潜藏的剩余劳动与经济发展[J]. 经济研究，25（10）：52-56.

[106] 马晓河，马建蕾，2007. 中国农村劳动力到底剩余多少？[J]. 中国农村经济（12）：4-9，34.

[107] 迈耶 G M，斯蒂格利茨 J E，2003. 发展经济学前沿：未来展望[M]. 本书翻译组译. 北京：中国财政经济出版社.

[108] 毛日昇，2009. 出口、外商直接投资与中国制造业就业[J]. 经济研究，44（11）：105-117.

[109] 糜韩杰，2008. 对农村剩余劳动力统计方法：直接计算法的修正[J]. 人口研究，32（6）：76-83.

[110] 南亮进，2008. 经济发展的转折点：日本经验[M]. 关权译. 北京：社会科学文献出版社.

[111] 彭希哲，姚宇，2004. 厘清非正规就业概念，推动非正规就业发展[J]. 社会科学杂志（7）：63-72.

[112] 钱纳里 H B，鲁宾逊 S，赛尔奎因 M，1989. 工业化和经济增长的比较研究[M]. 吴奇，王松宝，伍云山，等译. 上海：上海三联出版社，上海人民出版社.

[113] 卿涛，杨仕元，岳龙华，2011. “Minami 准则”下的刘易斯转折

点研究[J]. 中国人口科学（2）：47-56，111.
[114] 屈小博，2011. 城市正规就业与非正规就业收入差距及影响因素贡献：基于收入不平等的分解[J]. 财经论丛（2）：3-8.
[115] 屈小博，2012. 中国城市正规就业与非正规就业的工资差异：基于非正规就业异质性的收入差距分解[J]. 南方经济（4）：32-42.
[116] 邵晓，任保平，2005. 我国无限劳动力供给时代有没有结束[J]. 经济学动态（5）：56-60.
[117] 石美遐，2007. 非正规就业劳动关系研究：从国际视野探讨中国模式和政策选择[M]. 北京：中国劳动社会保障出版社.
[118] 舒尔茨 T W，1987. 改造传统农业[M]. 梁小民译. 北京：商务印书馆.
[119] 宋世方，2009. 经济学家刘易斯转折点：理论与检验[J]. 经济学家（2）：69-75.
[120] 孙国锋，2011. 巴拉萨-萨缪尔森效应、刘易斯拐点和结构性通货膨胀[J]. 金融发展评论（4）：15-18.
[121] 孙自铎，2008. 中国进入“刘易斯拐点”了吗?：兼论经济增长人口红利说[J]. 经济学家（1）：117-119.
[122] 谭永忠，王庆日，冯敬俊，等，2009. 城中村问题产生的微观动因：基于对“土地租金剩余”的分析[J]. 中国土地科学（7）：4-8.
[123] 万向东，2008. 农民工非正式就业的进入条件与效果[J]. 管理世界（1）：63-74.
[124] 万向东，2009. 农民工非正式就业研究的回顾与展望[J]. 中山大学学报（社会科学版）（1）：159-170.
[125] 万向东，2012. 非正式自雇就业农民工的社会网络特征与差异：兼对波斯特“市场化悖论”的回应[J]. 学术研究（12）：62-69.
[126] 汪进，钟笑寒，2012. 中国的刘易斯转折点是否到来：理论辨析与国际经验[J]. 中国社会科学（英文版），33（3）：81-100.
[127] 王常亮，2009. 我国国有企业改革的历程、现状及发展趋势[J]. 中共乌鲁木齐市委党校学报（3）：27.

[128] 王诚，2005．劳动力供求"拐点"与中国二元经济转型[J]．中国人口科学（6）：2-10，95．

[129] 王红玲，1998．关于农业剩余劳动力数量的估计方法与实证分析[J]．经济研究，33（4）：53-56，70．

[130] 王琥生，赵军山，1988．战后日本经济社会统计[M]．北京：航空工业出版社．

[131] 王检贵，丁守海，2005．中国究竟还有多少农业剩余劳动力[J]．中国社会科学（5）：27-35，204-205．

[132] 王建香，2007．我国非公有制经济发展历程以及山东发展的现状和特点[J]．东岳论丛（4）：76-78．

[133] 王金胜，陈明，2008．我国国有企业改革：历程、思路与展望[J]．华东经济管理（8）：25-28．

[134] 王巧英，2010．农产品价格上涨不会引起通货膨胀：基于投入产出法价格模型的模拟分析[J]．经济论坛（7）：63-65．

[135] 王玉珍，2002．简析城市型二元经济结构与国企剩余劳动力的流动[J]．经济问题（7）：8-10．

[136] 王智勇，2008．中国的经济增长与通货膨胀（1981—2003）[J]．山东社会科学（1）：93-98．

[137] 魏下海，余玲铮，2012．我国城镇正规就业与非正规就业工资差异的实证研究：基于分位数回归与分解的发现[J]．数量经济技术经济研究，29（1）：78-90．

[138] 文建东，吴淑帆，2005．发展中国家非正规部门理论评述[J]．江西社会科学（10）：220-226．

[139] 《我国农民工工作"十二五"发展规划纲要研究》课题组，2010a．中国农民工问题总体趋势：观测"十二五"[J]．改革（8）：5-29．

[140] 《我国农民工工作"十二五"发展规划纲要研究》课题组，2010b．中国农民工供给态势与"十二五"时期走向[J]．改革（9）：5-14．

[141] 吴润生，左颖．2001．关于中国开展非正规部门核算的几个问

题[J]. 统计研究（5）：3-8.
[142] 吴兴陆，亓名杰，2005. 农民工迁移决策的社会文化影响因素探析[J]. 中国农村经济（1）：26-32，39.
[143] 吴要武，2007. “刘易斯转折点”来临：我国劳动力市场调整的机遇[J]. 开放导报（3）：50-56.
[144] 吴要武，2009. 非正规就业者的未来[J]. 经济研究，44（7）：91-106.
[145] 吴要武，蔡昉，2006. 中国城镇非正规就业：规模与特征[J]. 中国劳动经济学（2）：67-84.
[146] 武号，李太后，2011. 劳动密集型中小企业劳动力价格上涨原因分析与应对策略[J]. 中国市场（18）：133-134.
[147] 夏庆杰，李实，宋丽娜，等，2012. 国有单位工资结构及其就业规模变化的收入分配效应：1988—2007[J]. 经济研究（6）：127-142.
[148] 肖卫，向国成，朱有志，2011. 刘易斯转折点与库兹涅茨假说下的劳动力分流研究[J]. 中国人口科学（1）：35-44，111.
[149] 谢培秀，2004. 关于中国农村剩余劳动力数量的估计[J]. 中国人口·资源与环境，14（1）：50-53.
[150] 信长星，2007. 中国劳动和社会保障年鉴 2006[M]. 北京：中国劳动社会保障出版社.
[151] 徐从才，沈太基，1993. 论我国工农产品贸易条件及其完善：兼论我国工农业协调发展的对策[J]. 财贸经济（12）：45-51.
[152] 徐林清，2006. 中国劳动力市场分割问题研究[M]. 北京：经济科学出版社.
[153] 许永兵，1998. 粗放型经济增长方式：我国通货膨胀的深层原因[J]. 河北经贸大学学报（6）：21-24.
[154] 薛进军，高文书，2012. 中国城镇非正规就业：规模，特征和收入差距[J]. 经济社会体制比较（6）：59-69.
[155] 闫坤，程瑜，2010. 我国收入分配差距现状与财政政策选择[J]. 地方财政研究（6）：8-12，30.

[156] 严高剑，马添翼，2005．关于 DEA 方法[J]．科学管理研究（2）：54-56．

[157] 杨宜勇，2002．中国转轨时期的就业问题[M]．北京：中国劳动社会保障出版社．

[158] 杨宜勇，2007．下岗失业群体的产生、演变和发展趋势[J]．经济与管理研究（11）：8-10．

[159] 杨永华，2010．民工荒、半城市化模式和城市化模式[J]．经济学家（9）：71-76．

[160] 姚先国，来君，2005．二元社会结构中的工资决定模型与人口流动：当前“农民荒”现象分析[J]．财经研究，31（8）：68-75．

[161] 姚先国，黎煦，2005．劳动力市场分割：一个文献综述[J]．渤海大学学报（哲学社会科学版），27（1）：84-89．

[162] 姚宇，2006．中国非正规就业规模与现状研究[J]．中国劳动经济学（2）：85-109．

[163] 姚远，2007．中国货币供应、通货膨胀及经济增长关系实证研究[J]．经济与管理，21（2）：45．

[164] 叶兴庆，2011．我国本轮农产品价格上涨的原因及应对措施[J]．国际金融（2）：3-7．

[165] 尹晓颖，薛德升，闫小培，2006．“城中村”非正规部门形成发展机制：以深圳市蔡屋围为例[J]．经济地理（6）：969-973．

[166] 余向华，陈雪娟，2012．中国劳动力市场的户籍分割效应及其变迁：工资差异与机会差异双重视角下的实证研究[J]．经济研究（12）：97-110．

[167] 袁霓，2010．中国城镇非正规就业的自选择性与性别特征分析[J]．统计与决策（13）：79-84．

[168] 袁霓，2013．中国女性非正规就业研究：基于性别差异视角[D]．北京：首都经济贸易大学．

[169] 袁志刚，2010．关于中国“刘易斯拐点”的三个疑问[J]．当代经济（19）：6-8．

[170] 岳希明，2005．我国现行劳动统计的问题[J]．经济研究，40：

46-56.
[171] 翟振武，杨凡，2011. 民工荒：是刘易斯拐点还是伊斯特林人口波谷[J]. 经济理论与经济管理（8）：5-13.
[172] 张本波，2008. 我国劳动力成本上升的因素和影响[J]. 中国经贸导刊（10）：21-24.
[173] 张波，2009. 转型经济中的货币需求与M-2/GDP的变动：投机视角下基于中国市场化改革历程的实证研究[D]. 北京：中国社会科学院研究生院.
[174] 张成思，2008. 中国通胀惯性特征与货币政策启示[J]. 经济研究，43（2）：33-43.
[175] 张华初，2002. 非正规就业：发展现状与政策措施[J]. 管理世界（11）：57-62.
[176] 张培良，2006. 非正规就业正规化发展研究[D]. 北京：首都经济贸易大学.
[177] 张同升，2011. 中国农村剩余劳动力的数量与结构变化分析[J]. 中国市场（50）：13-19.
[178] 张晓波，杨进，王生林，2010. 中国经济到了刘易斯转折点了吗？：来自贫困地区的证据[J]. 浙江大学学报（人文社会科学版）（1）：54-72.
[179] 张兴华，2002. 非正规部门与城乡就业矛盾的缓解[J]. 中国农村经济（3）：61-64.
[180] 张彦，2009. 对上海市入口非正规就业规模的估算与分析[J]. 中国人口科学（3）：40-47.
[181] 章铮，2011. 劳动生产率的年龄差异与刘易斯转折点[J]. 中国农村经济（8）：12-21，32.
[182] 章铮，李敬，2007. 民工流动与乡村中年失业[J]. 市场与人口分析（4）：1-9，56.
[183] 章铮，谭琴，2005. 论劳动密集型制造业的就业效应：兼论“民工荒”[J]. 中国工业经济（7）：5-11.
[184] 赵昌文，严敏，1995. 农产品供给约束与通货膨胀[J]. 经济体

制改革（1）：96-98.
[185] 赵国庆，于晓华，曾寅初，2008. 通货膨胀预期与 Granger 因果性研究[J]. 数量经济技术经济研究（4）：29-39.
[186] 赵剑治，陆铭，2010. 关系对农村收入差距的贡献及其地区差异：一项基于回归的分解分析[J]. 经济学（季刊）（1）：363-390.
[187] 赵留彦，2007. 通货膨胀预期与粮食价格动态[J]. 经济科学（6）：30-42.
[188] 赵耀辉，1997. 中国农村劳动力流动及教育在其中的作用：以四川省为基础的研究[J]. 经济研究，32（2）：37-42，73.
[189] 赵长保，武志刚，2006. 农民工工资收入问题分析[J]. 中国劳动经济学（4）：129-136.
[190] 中国劳动和社会保障部劳动科学研究所课题组，2005. 中国灵活就业基本问题研究[J]. 经济研究参考（45）：2-16.
[191] 中国人民银行课题组，2011. 我国农产品价格上涨机制研究[J]. 经济学动态（3）：4-11.
[192] 钟钰，蓝海涛，2009. 中国农村劳动力的变动及剩余状况分析[J]. 中国人口科学（6）：41-48，111.
[193] 周健，2009. 中国农村剩余劳动力的界定与估算方法研究[J]. 社会科学战线（8）：113-119.
[194] 朱晶，李天祥，李琳，2011. 迁移成本、工资上升与刘易斯转折点：一个对“刘易斯转折点”分析框架的再讨论[J]. 农业经济问题（9）：8-17，110.
[195] 朱镜德，1999. 中国三元劳动力市场格局下的两阶段乡—城迁移理论[M]. 北京：中国经济出版社.
[196] 朱培金，王龙焰，钟玲玲，2009. 我国经济增长与通货膨胀间的分析[J]. 消费导刊（3）：58-59.
[197] 朱哲学，吴昱南，2008. 武汉农村剩余劳动力基本情况调查与分析[J]. 学习与实践（10）：157-161.
[198] 张丽宾，2011.“刘易斯拐点”尚未到来：对我国现阶段就业形势的认识问题：中[J]. 中国发展观察（2）：39-42.

[199] Aly H Y, Michael P S,1999. Privatization and surplus labor in the Egyptian textile industry[J]. Economics Letters, 63(2): 187-191.

[200] Amaral P S, Quuintin E, 2006. A competitive model of the informal sector [J]. Journal of Monetary Economics, 53(7): 1541-1553.

[201] Amuedo-Dorantes C,2004. Determinants and poverty implications of informal sector work in chile [J]. Economic Development and Cultural Change, 52(2): 347-368.

[202] Azuma Y, Grossman H I, 2008.A theory of the informal sector [J]. Economics and Politics, 20(1): 62-79.

[203] Badaoui E E, Strobl E, Walsh F, 2008.Is there an informal employment wage penalty? Evidence from South Africa [J]. Economic Development and Cultural Change, 56(3): 683-710.

[204] Baker G S, 1964. Human capital: a theoretical and empirical analysis[M]. New York: National Bureau.

[205] Banerjee B, 1983. The role of the informal sector in the migration process: A test of probabilistic migration models and labour market segmentation for India [J]. Oxford Economic Papers, 35(3): 399-422.

[206] Banerjee N, 1985. Women workers in the unorganized sector: calcutta experience[M]. London: Sangam Books.

[207] Bargain O, Kwenda P, 2011. Earnings structures, informal employment, and self-employment: new evidence from Brazil, Mexico, and South Africa [J]. Review of Income and Wealth, 57(s1): S100-S122.

[208] Bargain O, Kwenda P, 2014. The informal sector wage gap: new evidence using quantile estimations on panel data [J]. Economic Development and Cultural Change, 63(1): 117-153.

[209] Battese G E, Broca S S, 1997. Functional forms of stochastic frontier production functions and models for technical inefficiency effects: a comparative study for wheat farmers in Pakistan[J]. Journal

of Productivity Analysis, 8(4): 395-414.

[210] Battese G E, Coelli T J, 1992. Frontier production functions, technical efficiency and panel data: with application to paddy farmers in India[J]. Journal of Productivity Analysis, 3(1-2): 153-169.

[211] Battese G E, Coelli T J, 1995. A model for technical inefficiency effects in a stochastic frontier production function for panel data[J]. Empirical Economics, 20(2): 325-332.

[212] Bauer P T, 1956. Review: Lewis' theory of economic growth[J]. The American Economic Review, 46(4): 632-641.

[213] Becker K F, 2004. The informal economy: fact finding study [M]. Stockholm: Sida.

[214] Bhattacharyya A, Parker E，1999. Labor productivity and migration in Chinese agriculture: a stochastic frontier approach[J]. China Economic Review, 10(1): 59.

[215] Boeri T, Garibaldi P, 2005. Shadow sorting [A]// Frankel J A, Pissarides, C A, 2007. NBER International Seminar on Macro-economics 2005[C]. Cambridge : Mit Press.

[216] Bosch M, Esteban-Pretel J, 2009. Cyclical informality and unemployment [C]. CIRJE Discussion Papers.

[217] Bosch M, Goñi Pacchioni E, Maloney W, 2012. Trade liberalization, labor reforms and formal-informal employment dynamics[J]. Labour Economics, 19(5): 653-667.

[218] Bosch M, Maloney W F, 2008. Cyclical movements in unemployment and informality in developing countries[J]. World Bank Policy Research Working Paper Series.

[219] Brandt L, Tombe T, Zhu X D，2010. Factor market distortions across time, space and sectors in China[J]. Review of Economic Dynamics, 16(1): 39-58.

[220] Breman J C, 1980. "The Informal Sector" in research: theory and

practice [M]. Rotterdam: Erasmus University Rotterdam.

[221] Bromley D W, 2007 Environmental regulations and the problem of sustainability: Moving beyond "market failure" [J]. Ecological Economics, 63(4): 676-683.

[222] Bruhn M，2013.A tale of two species: Revisiting the effect of registration reform on informal business owners in Mexico [J]. Journal of Development Economics, 103(1): 275-283.

[223] Buckley G, 1997. Special double issue understanding the informal sector using sub-sector analysis[J]. Development in Practice, 7(4): 428-431.

[224] Camacho A, Conover E, Hoyos A, 2013. Effects of Colombia's social protection system on workers' choice between formal and informal employment[J]. The World Bank Economic Review, 28(3): 446-466.

[225] Castaño H L, Vallejo M L H, García O S，1981. El empleo en el sector informal: el caso de Colombia [J]. Lecturas de Economía，(5-6): 71-106.

[226] Castells M, Portes A, 1989. World underneath: The origins, dynamics, and effects of the informal economy[A] // Portes A, Castells M, Benton L A. The informal economy: studies in advanced and less advanced developed countries[M]. Baltimore:John Hopkins University Press.

[227] Chaudhuri T D, 1989. A theoretical analysis of the informal sector [J]. World Development, 17(3): 351-355.

[228] Chickering A, Salahdine M, 1991. the informal sector search for self-governance [A]// The silent revolution[M]. San Francisco: ICS Press.

[229] Chong A, Gradstein M, 2007. Inequality and institutions[J]. Review of Economics & Statistics, 89(3): 454-465.

[230] Colin L, 1973. Interpreting African underdevelopment: reflections

on the ILO Report on employment, incomes and equality in Kenya[J]. African Affairs, 72(289): 419-29.

[231] De Soto H, 1988. Constraints on people: The origins of underground economies and limits to their growth [R]. Beyond the Informal Sector Including the excluded in Developing Countries Institute for Contemporary Studies, San Francisco.

[232] De Soto H, 1989. The other path: the invisible revolution in the third world [J]. Human Events, 49(19): 13.

[233] De Soto H, 2000. The mystery of capital, Why capitalism triumphs in the west and fails everywhere else[M]. New York: Basic Book.

[234] Díaz Serrano L, 2010. Do legal immigrants and natives compete in the labour market? Evidence from Catalonia[J]. Working Papers No.4693 (1): 1-39.

[235] Dickens W T, Lang K, 1985. Testing dual labor market theory: a reconsideration of the evidence[J]. NBER Working Paper, 1670(6): 1-35.

[236] Dimova R, Nordman C J, Roubaud F, 2010. Allocation of labor in urban West Africa: Insights from the pattern of labor supply and skill premiums [J]. Review of Development Economics, 14(1): 74-92.

[237] Doeringer P B, Piore M J， 1985. Internal labor markets and manpower analysis [M]. Washington: M E Sharpe Incorporated.

[238] Dunlop S, 1957. The task of contemporary wage theory[A]// Dunlop J T. The theory of wage determination [M]. London: Palgrave Macmillan.

[239] Eckaus R S, 1955. The factor proportions problem in underdeveloped areas[J]. The American Economic Review, 45(4): 539-565.

[240] Ellis H S, 1966. A Note on unemployment in underdeveloped countries [J]. Zeitschrift für National konomie, 26: 64-68.

[241] Emerson K, Nabatchi T, Balogh S, 2012. An integrative framework

for collaborative governance[J]. Journal of Public Administration Research & Theory, 22: 1-29.

[242] Fan S, Pardey P G, 1997. Research, productivity, and output growth in Chinese agriculture[J].Journal of Development Economics, 53(1): 115.

[243] Fei J C H, Gustav R, Jones W O, 1964. Development of the labor surplus economy: Theory and Policy[M]. Homewood: Richard D. Irwin, Inc.

[244] Feige E L, 1979. How big is the irregular economy? [J]. Challenge: Reaching and Teaching the Gifted Child, 22(8): 5-13.

[245] Feige E L, 1981. The UK's unobserved economy: a preliminary assessment [J]. Journal of Economic Affairs, 1(4): 205.

[246] Feige E L, 2007. The underground economies: Tax evasion and information distortion [M]. Cambridge: Cambridge University Press.

[247] Fernández-Kelly P, Shefner J, 2006. Out of the shadows: political action and the informal economy in Latin America [M]. State College:The Pennsylvania State University Press.

[248] Fields G S, 1975. Rural-urban migration, urban unemployment and underemployment, and job-search activity in LDCs[J]. Journal of Development Economics, 2(2): 165.

[249] Fields G S, 1987. Public policy and the labour market in developing countries [A]// Newbery D, Stern N. The theory of taxation for developing countries[M]. Oxford University Press.

[250] Fields G S.2005, A guide to multi-sector labor market models[J]. Policy Research Working Paper Series 32547, The World Bank: 1-50.

[251] Fiess N M, Fugazza M, Maloney W F, 2010. Informal self-employment and macroeconomic fluctuations[J]. Journal of Development Economics, 91(2): 211-226.

[252] Flórez C E, 2002. The function of the urban informal sector in employment: evidence from Colombia 1984-2000[J]. SSRN Electronic Journal(4): 1-60.

[253] Gallaway J H, Bernasek A, 2002. A gender and informal sector employment in indonesia [J]. Journal of Economic Issues, 36(2): 313-332.

[254] Gang I N, Gangopadhyay S, 1987. Employment, output and the choice of techniques: the trade-off revisited [J]. Journal of Development Economics, 25(2): 321-327.

[255] Garnaut R, 2010. Macro-economic implications of the turning point[J]. China Economic Journal, 3(2): 181-190.

[256] Ge S Q, Yang D T, 2011. Labor market developments in China: a neoclassical view[J]. China Economic Review, 22(4): 611-625.

[257] Geertz, C, 1963. Old societies and new states: the quest for modernity in Asia and Africa [M]. New York: Free press of Glencoe.

[258] Gelb A, Mengistae T, Ramachandran V, et al., 2009. To formalize or not to formalize? Comparisons of microenterprise data from Southern and East Africa [J]. The Center for Global Development(4): 1-35.

[259] Gerry C, 1978. Petty production and capitalist production in Dakar: the crisis of the self-employed [J]. World Development, 6(9): 1147-1160.

[260] Gerxhani K, 2004. The informal sector in developed and less developed countries: a literature survey [J]. Public Choice, 120(3-4): 267-300.

[261] Ghosh B N, 1977. Disguised unemployment in underdeveloped countries: with special reference to India[M]. New Delhi: Heritage Publishers.

[262] Gilbert J A, Ones D S, 1998. Role of informal integration in career

advancement: Investigations in plural and multicultural organizations and implications for diversity valuation [J]. Sex Roles, 39(9-10): 685.

[263] Gindling T H, 1991. Labor market segmentation and the determination of wages in the public, private-formal, and informal sectors in San Jose, Costa Rica [J]. Economic Development and Cultural Change, 39(3): 585-605.

[264] Golley J，Meng X, 2011. Has China runs out of surplus labor[J]. China Economic Review, 22(4): 555-572.

[265] Gong X D, Van Soset A, 2002. Wage differentials and mobility in the urban labour market: a panel data analysis for Mexico[J]. Labour Economics, 9(4): 513-529.

[266] Green S, 2008. On the world's factory floor: How China's workers are changing China and the global economy[R]. Standard Chartered Bank.

[267] Grimm M, Knorringa P, Lay J, 2012. Constrained gazelles: High potentials in West Africa's informal economy [J]. World Development, 40(7): 1352-1368.

[268] Günther I, Launov A, 2012. Informal employment in developing countries: opportunity or last resort?[J]. Journal of Development Economics, 97(1): 88-98.

[269] Gupta A, 1987. A note on the effects of tax-subsidy policies on the personal distribution of income in dual economies [J]. Indian Economic Review, 22(1): 95-105.

[270] Gupta M R, 1993. Rural-urban migation, informal sector and development policies: A theoretical analysis [J]. Journal of Development Economics, 41(1): 137-151.

[271] Gupta M R, 1997. Informal sector and informal capital market in a small open less-developed economy[J]. Journal of Development Economics, 52(2): 409-428.

[272] Harding P, Jenkins R, 1991. The myth of the hidden economy: towards a new understanding of informal economic activity [J]. Contemporary Sociology, 20(3): 140-196.

[273] Harris J R, Todaro M P, 1970. Migration, unemployment and development: a two-sector analysis [J]. The American Economic Review，60(1): 126-142.

[274] Hart K, 1971. Small-scale entrepreneurs in Ghana and development planning [J]. The Journal of Development Studies, 6(4): 104-120.

[275] Hart K, 1973. Informal income opportunities and urban employment in Ghana [J]. The Journal of Modern African Studies, 11(1): 61-89.

[276] Hazans M, 2011. Informal workers across Europe: evidence from 30 countries[J]. Social Science Electronic Publishing (2): 3-25.

[277] Heckman J J, Hotz V J，1986. An investigation of the labor market earnings of panamanian males evaluating the sources of inequality[J]. Journal of Human Resources, 21(4): 507-542.

[278] Henley A, Arabsheibani G R, Carneiro F G, 2009. On defining and measuring the informal sector: Evidence from Brazil[J]. World Development, 37(5): 992-1003.

[279] Hildebrand G H, 1963. External influence and the determination of the internal wage structure[A]//Meij J L.Internal Wage Structures[M]. Amsterdam: North-Holland.

[280] House W J, 1984. Nairobi's informal sector: dynamic entrepreneurs or surplus labor[J]. Economic Development and Cultural Change, 32(2): 277-302.

[281] Huettner F, Sunder M, 2012. Axiomatic arguments for decomposing goodness of fit according to Shapley and Owen values[J]. Electronic Journal of Statistics(6): 1239-1250.

[282] Hussmanns R, 2004. Measuring the informal economy: From employment in the informal sector to informal employment[J]. Integration Working Paper(53): 1-35.

[283] ILO, 1972. Employment, incomes and equality: a strategy for increasing productive employment in Kenya[R]. Report of an inter-agency team financed by the United Nations development programme, Geneva.

[284] ILO, 1984. Urbanization, informal sector and employment: a progress report on research, advisory services and technical cooperation [R]. WEP, Geneva.

[285] ILO, 1991. The dilemma of the informal sector, Report of the Director-General[R]. 78th Session, Geneva.

[286] ILO, 2002. Women and men in the informal economy: A statistical picture [R]. International Labour Office, Geneva.

[287] ILO, 2011. Statistical update on employment in the informal economy [R]. ILO Department of Statistics, Geneva.

[288] ILO, 2013. Measuring informality: A statistical manual on the informal sector and informal employment [R].International Labour Office, Geneva.

[289] ILO, 2014. Transitioning from the informal to the formal economy [R]. Report V (1), International Labour Conference, 103rd Session (2014), Geneva.

[290] Israeli O A, 2007. Shapley-based decomposition of the R-Square of a linear regression[J]. Journal of Economic Inequality, 5(2): 199-212.

[291] Jensen L，Tim S，2003. Underemployment in America: measurement and evidence[J]. American Journal of Community Psychology, 32(9): 21-31.

[292] Johnson D G, Song Guoqing, 1999.Inflation and the real price of grain in China[A] // Findlay C, Watson A, Food security and economic reform: the challenges facing China's grain marketing system[M]. London: Macmillan Press.

[293] Johnson S, Kaufmann D, Zoido-Lobaton P, 1998. Corruption, public

finances, and the unofficial economy[J]. Social ence Electronic Publishing, 28(1), 1-49.

[294] Jorgenson D W, 1961. The development of a dual economy[J]. The Economic Journal, 71(288): 309-334.

[295] Jorgenson W E, 1967. Surplus agricultural labour and the development of a dual economy[J]. Oxford Economic Papers, 19(3): 288-312.

[296] Kay D D, 2011. The relationship between formal and informal employment in South Africa[D]. Urbana: University of Illinois at Urbana-Champaign.

[297] Kerr C, 1954. Balkanization of labor markets [M]. Cambridge: the Mit Press.

[298] Knight J, Song L, 1999. The rural-urban divide[M]. Oxford: Oxford University Press.

[299] Knight J, Deng Q H, Li S, 2011. The puzzle of migrant labor shortage and rural labor surplus in China[J]. China Economic Review, 22(4): 585-600.

[300] Koo H, Smith P C, 1983. Migration, the urban informal sector, and earnings in the Philippines[J]. Sociological Quarterly, 24(2): 219-232.

[301] Leibenstein H, 1957. The theory of underemployment in backward economies[J]. The Journal of Political Economy, 65(2): 91-103.

[302] Lewis W A, 1954. Development with unlimited supplies of labor[J]. The Manchester School, 22(2): 139-191.

[303] Lewis W A, 1972. Reflections on unlimited labour[A]// International economics and development: essays in honour of raoul prebisch[M]. New York: Academic Press.

[304] Lewis W A, 1979.The dual economy revisited[J]. The Manchester School(3): 211-229.

[305] Lewis W A, 1968. Reflections on unlimited labour[J]. Woodrow

Wilson School of Public and International Affairs, 12(5): 1-48.

[306] Loayza N A, 1996. The economics of the informal sector: a simple model and some empirical evidence from Latin America [J]. Policy Research Working Paper, 45(1): 129-162.

[307] Loayza N V, Rigolini J,2011. Informal employment: safety net or growth engine? [J]. World Development, 39(9): 1503-1515.

[308] Loayza N V, 1994. Labor regulations and the informal economy[J]. Policy Research Working Paper Series1335, The World Bank.

[309] Lyon T P, 2007. The political economy of regulation[M]. London: Edward Elgar Publishing.

[310] Maloney W F, 1998. Are labor markets in developing countries dualistic? [M]. Washington: World Bank Publications.

[311] Maloney W F, 2004. Informality revisited[J]. World Development, 32(7): 1159-1178.

[312] Mandelman F S, Montes-Rojas G, 2007. Microentrepreneurship and the business cycle: is self-employment a desired outcome? [Z]. Federal Reserve Bank of Atlanta Working Paper.

[313] Marcouiller D, de Castilla V R, Woodruff C, 1997. Formal measures of the informal-sector wage gap in Mexico, El Salvador, and Peru[J]. Economic Development and Cultural Change, 45(2): 367.

[314] Masatlioglu Y, Rigolini J, 2008. Informality traps [J]. The BE Journal of Economic Analysis & Policy, 8(1): 1-24.

[315] Mathur A, 1964. The anatomy of disguised unemployment[J]. Oxford Economic Papers, 16(2): 161-193.

[316] Minami R, Ma X X, 2010. The turning point of Chinese economy: compared with Japanese experience[J]. China Economic Journal, 3(2): 163-179.

[317] Minami R, 1968. The turning point in the Japanese economy[J]. The Quarterly Journal of Economics, 83(3): 380-402.

[318] Minami R, Akira O, 1981. Behavior of income shares in a labor

surplus economy: Japan's experience[J]. Economic Development and Cultural Change, 29(2): 309-324.
[319] Mitra A, 2006. Size of informal sector[J]. Economic and Political Weekly, 41(25): 2682-2683.
[320] Mookherjee D, 1984. Optimal incentive schemes with many agents [J]. The Review of Economic Studies, 51(3): 433-446.
[321] Moo-Ki B, 1982. The turning point in the Korean economy[J]. The Developing Economies, 20(2): 117-140.
[322] Moore W E, 1944. Agricultural population and rural economy in eastern and southern Europe[J]. The Milbank Memorial Fund Quarterly, 22(3): 279-299.
[323] Morse R M, 1971. Trends and issues in Latin American urban research, 1965-1970 (Part I) [J]. Latin American Research Review, 6(1): 30-52.
[324] Moser C, 1978. Informal sector or petty commodity production: Dualism or dependence in urban development? [J]. World Development(6): 1041-1064.
[325] Ng Y C, Li S, Tsang S,2000. The Incidence of surplus labor in rural China: a nonparametric estimation[J]. Journal of Comparative Economics, 28(3): 565-580.
[326] Nurkse R, 1953. Problems of capital formation in underdeveloped countries[M]. New York: Oxford University Press.
[327] Nwabuzor A, 2005. Corruption and development: new initiatives in economic openness and strengthened rule of law [J]. Journal of Business Ethics, 59(1-2): 121-138.
[328] OECD, 2002. China in the world economy: the domestic policy challenges[R], OECD, Paris.
[329] Osterman P, 1975. An empirical study of labor market segmentation[J]. Industrial & Labor Relations Review, 28(4): 508-523.
[330] Pavlovskaya M, 2004. Other transitions: multiple economies of

Moscow households in the 1990[J]. Annals of the Association of American Geographers, 94(2): 329-351.

[331] Perry G E, Arias S O, Fajnzylber P, et al., 2007. Informality: exit and exclusion[M]. Washington: World Bank Publications.

[332] Persson A, Malmer H, 2006. Purchasing and performing undeclared work in Sweden: part 1: results from various studies[M]. Malmo: Skatteverket.

[333] Portes A, Castells M, Benton L A, 1989. Conclusion: the policy implications of informality[M]. Baltimore: John Hopkins University Press.

[334] Portes A, Schauffler R, 1993. Competing perspectives on the Latin American informal sector [M]. Oxford: Oxford Vniversity Press.

[335] Portes A, 1983. The informal sector: definition, controversy, and relation to national development [J]. Review (Fernand Braudel Center), 7(1): 151-174.

[336] Post J R, Evans D O, 1989. Size-dependent overwinter mortality of young-of-the-year yellow perch (Perca flavescens): laboratory, in situ enclosure, and field experiments[J]. Canadian Journal of Fisheries and Aquatic Sciences, 46(11): 1958-1968.

[337] Pradhan M, Van Soest A, 1995. Formal and informal sector employment in urban areas of Bolivia[J]. Labour Economics, 2(3): 275-297.

[338] Pratap S, Quintin E, 2006. The informal sector in developing countries: output, assets and employment[D]. research paper, UNU-WIDER, United Nations University (UNU).

[339] Quassoli F, 1999. Migrants in the Italian underground economy[J]. International Journal of Urban and Regional Research, 23(2): 212-231.

[340] Raczynski D, 1978. El sector informal urbano: controversias e interrogantes[J]. Corporación de Investigaciones Económicas

para Latinoamérica, 5(15): 114.

[341] Radchenko N, 2014. Heterogeneity in informal salaried employment: evidence from the Egyptian labor market survey[J]. World Development (62): 169-188.

[342] Rains G, Fei J C H, 1961.A theory of economic development[J]. The American Economic Review, 51(10): 533-565.

[343] Ranis G, 1997. The micro-economics of "surplus Labor" [R]. Center Discussion Paper. Economic Growth Center of Yale University. No. 772.

[344] Ranis G, 2004. Labor surplus economies[R]. Economic Growth Center of Yale University. Center Discussion Paper. No. 900.

[345] Ranis G, Stewart F, 1999. V-goods and the role of the urban informal sector in development[J]. Economic Development and Cultural Change, 47(2), 259-288.

[346] Rauch J E, 1991. Economic development, urban under employment, and income inequality [R]. NBER Working Paper No. 3758 Issued in June 1991.

[347] Rawski T G, Mead R W, 1998. On the trail of China's phantom farmers[J]. World Development, 26(5), 767-781.

[348] Ray S, Bhattacharya A, 2003. Bhattacharya surplus labor in Indian manufacturing: evidence from the annual survey of industries[C]. Department of Economics Working Paper Series. Working paper 2003-14.

[349] Renooy P H, 1990. The informal economy: meaning, measurement and social significance [M]. Amsterdam:Koninklijk Nederlands Aardrijkskundig Genootschap.

[350] Robinson J, 1936. Disguised unemployment[J]. The Economic Journal, 46(182): 225-237.

[351] Robinson W C, 1969a. Types of disguised rural unemployment and some policy implications[J]. Oxford Economic Papers, New Series,

21(3):373-386.

[352] Robinson W C, 1969b. "Disguised" unemployment once again: east Pakistan, 1951-1961[J]. American Journal of Agricultural Economics, 51(3): 592-604.

[353] Rosenbaum P R, Rubin D B, 1983. The central role of the propensity score in observational studies for causal effects[J]. Biometrika, 70(1): 41-55.

[354] Rosenstein-Rodan P N, 1943. Problems of industrialisation of eastern and south-eastern Europe[J]. The Economic Journal, 53(210-211): 202-211.

[355] Rosenzweig M R, 1980. Neoclassical theory and the optimizing peasant: an econometric analysis of market family labor supply in a developing country[J]. The Quarterly Journal of Economics, 94(1): 31-55.

[356] Rosenzweig M R, 1988. Labor markets in low-income countries[J]. Handbook of Development Economics, 87(5): 713-762.

[357] Sabot R H, 1977. The meaning and measurement of urban surplus labour[J]. Oxford Economic Papers, New Series, 29(3): 389-411.

[358] Sarkar N K, 1957. A method of estimating surplus labour in peasant agriculture in over-populated under-developed countries[J]. Journal of the Royal Statistical Society. Series A (General), 120(2): 209-214.

[359] Sassen S, 1994. The informal economy: between new development and old regulations [J]. The Yale Law Journal, 103(8): 2289-2304.

[360] Sen A K, 1966. Peasants and dualism with or without surplus labor[J]. The Journal of Political Economy, 74(5): 425-450.

[361] Sen A K, 1967. Surplus labour in India: a critique of schultz's statistical test[J]. The Economic Journal, 77(305): 154-161.

[362] Sethuraman S V, 1976. Urban informal sector: concept, measurement and policy [J]. International Labour Review, 114(1):

69-81.
[363] Stark O, 1982. On modelling the informal sector[J]. World Development, 10(5): 413-416.
[364] Swaminathan M, 1991. Understanding the "informal Sector": a survey [R]. World Institute for Development Economics Research of the United Nations University.
[365] Takagi Y, 1978. Surplus labour and disguised unemployment[J]. Oxford Economic Papers, 30(3): 447-457.
[366] Taylor J B, 1981. On the relation between the variability of inflation and the average inflation rate[J]. Carnegie-Rochester Conference Series on Public Policy, 15(1): 57-85.
[367] Taylor J R, 1988. Rural employment trends and the legacy of surplus labour, 1978-1986[J]. The China Quarterly, 11(6): 736-766.
[368] Tian W, Wan G H, 2000. Technical efficiency and its determinants in China's grain production[J]. Journal of Productivity Analysis(13): 159-174.
[369] Todaro M P, 1969. A model of labor migration and urban unemployment in less developed countries[J]. The American Economic Review, 59(1): 138-148.
[370] Tokman V E, 1978. An exploration into the nature of informal-formal sector relationships [J]. World Development, 6(9): 1065-1075.
[371] Tokman V E, 1989. Economic development and labor markets segmentation in the Latin American periphery[J]. Journal of Inter-American Studies and World Affairs, 31(1-2): 23-47.
[372] Tokman V E, 1994. The informal sector in Latin America: from underground to legality [J]. Beyond Regulation: The Informal Economy in Latin America, 3-20.
[373] United Nations ,1952. Measures for the economic development of underdeveloped countries[R]. Depart of Economic and Social

Affairs, New York.

[374] Uppal J S, 1967. Measurement of disguised unemployment in Punjab agriculture[J]. The Canadian Journal of Economics and Political Science, 33(4): 590-596.

[375] Varian H R, 1984. The nonparametric approach to production analysis[J]. Econometrica: Journal of the Econometric Society, 52(3): 579-597.

[376] Viner J, 1957. Some reflections on the concept of disguised unemployment[J]. Indian Journal of Economics, 38(2):17-23.

[377] Wallerstein I, 1976. Semi-peripheral countries and the contemporary world crisis [J]. Theory and Society, 3(4): 461-483.

[378] Wang Meiyan , 2010. The rise of labor cost and the fall of labor input: has China reached Lewis turning point?[J]. China Economic Journal, 3(2): 137-153.

[379] Williams C C, Baric M, Renooy P, 2013. Tackling undeclared work in 27 European Union member states and norway[J]. European Foundation for the Improvement of Living and Working Conditions, 24(6): 1-34.

[380] Williams C C, Lansky M A, 2013. Informal employment in developed and developing economies: perspectives and policy responses [J]. International Labour Review, 152(3-4): 355-380.

[381] Williams T T, Glasgow R B, 1968. Developing estimates of economic underemployment for the rural labor force of seven southern states[J]. American Journal of Agricultural Economics, 50(5): 1432-1436.

[382] Williamson J G, 1985. The historical content of the classical labor surplus model[J]. Population and Development Review, 11(2): 171-191.

[383] Yamada G, 1996. Urban informal employment and self-employment in developing countries: theory and evidence [J]. Economic

Development and Cultural Change, 44(2):289-314.

[384] Yang Yao, Ke Zhang, 2010. Has China passed the Lewis turning point? A structural estimation based on provincial data[J]. China Economical Journal, 3(2): 155-162.

[385] Yuki K, 2007. Urbanization, informal sector, and development[J]. Journal of Development Economics (84): 76-103.